清代雄安职官年表

魏国栋　梁松涛　编

北京燕山出版社

图书在版编目（CIP）数据

清代雄安职官年表 / 魏国栋，梁松涛编 .-- 北京：
北京燕山出版社，2018.9
ISBN 978-7-5402-5259-5

Ⅰ.①清… Ⅱ.①魏…②梁… Ⅲ.①职官表－雄安
新区－清代 Ⅳ.① D691.42

中国版本图书馆 CIP 数据核字 (2018) 第 240079 号

## 清代雄安职官年表

| | | |
|---|---|---|
| 编　　者： | 魏国栋　梁松涛 | |
| 责任编辑： | 刘朝霞 | |
| 封面设计： | 吴宝祥 | |
| 出版发行： | 北京燕山出版社 | |
| 社　　址： | 北京市丰台区东铁营苇子坑路 138 号 | |
| 邮　　编： | 100079 | |
| 电话传真： | 86-10-63587071（总编室） | |
| 印　　刷： | 北京虎彩文化传播有限公司 | |
| 开　　本： | 787×1092 1/16 | |
| 字　　数： | 861 千字 | |
| 印　　张： | 153.75 | |
| 版　　次： | 2018 年 10 月第 1 版 | |
| 印　　次： | 2018 年 10 月第 1 次印刷 | |

ISBN 978-7-5402-5259-5

定　　价：4980.00 元　　（全 6 册）

# 《雄安历史文化丛书》编委会

# 《雄安历史文化丛书》总序

　　2017年4月，中共中央、国务院印发通知，决定设立河北雄安新区，燕赵大地上，又一个春天的故事于此拉开帷幕。早在2017年2月，习近平总书记专程到河北省安新县进行实地考察，在主持召开雄安新区规划建设工作座谈会时便已强调："坚持保护弘扬中华优秀传统文化，延续历史文脉，建设绿色生态宜居新城区。"10月，党的十九大胜利召开，总书记在《报告》中又特别指出："坚定文化自信，文化是一个国家、一个民族的灵魂。文化兴国运兴，文化强民族强。没有高度的文化自信，没有文化的繁荣兴盛，就没有中华民族伟大复兴。"近年出版的《习近平用典》《习近平讲故事》等书则更加表现了总书记尊重和汲取中华优秀传统文化的高尚智慧与深厚修养。雄安新区的设立是"千年大计"，根据习近平总书记的指示和指引，雄安不仅应该成为引领创新的未来之城，同时也应成为历史丰厚的文化之城，而沟通历史与未来的正是以习近平同志为核心的党中央设立雄安新区的英明决策，这也是"千年大计"更深层次的涵义。历史文脉的延续与文化自信的建立离不开文献史料的整理研究，因此，编辑一套全面呈现雄安地区历史文化、风土民俗、水文地理、物产百工面貌的《雄安历史文化丛书》，便是时代赋予历史文献工作者的一项刻不容缓、时不我待的重大课题了。

　　"雄安"之名取自雄县与安新，不仅有"雄韬伟略，国泰民安"的吉祥寓意，也表达了对历史的充分尊重。事实上，雄安位居畿辅，不仅历史悠久，而且人杰地灵。雄安一带昔称临易、易京，春秋战国时期即为燕都之一，而临易、易京之得名，则因其地临近易水，也即"风萧萧兮易水寒"之易水，直至唐代骆宾王仍赋诗咏赞："此地别燕丹，壮士发冲冠。昔时人已没，今日水犹寒。"真是千载以下，如见其人。燕赵多慷慨悲歌之士，在雄安这片土地上，这类人物与故事也是史不绝书。北宋时雄安是宋辽对峙前沿，宋将杨延昭抗辽故事在当地便广为流传。明朝弹劾权奸的名臣杨继盛，清初抗节不仕的大儒孙奇逢，则都是容城先贤，至今杨继盛家乡北河照村的村委会还悬挂着"秉忠臣铭训，思一心为民"的对联。抗日战争时期，白洋淀曾是水上游击战的战场，《小兵张嘎》的故事在中国更是尽人皆知，狼牙山五壮士中牺牲的胡德林、胡福才也都是容城青年。两千多年来，雄安孕育了忠义慷慨、淳朴善良的文化传统，这也成了今天雄安新区建设的精神资源。这些传统资源遍藏于雄安碑刻、方志、戏曲、文学与民俗文献之中。此外雄安三县境内还有众多文化遗存，如新石器时代遗址、春秋战国时期遗址、古战道等文物古迹，都有待于我们去整理与发掘。早在2013年底，习近平总书记便明确提出："要系统梳理传统文化资源，让收藏在禁宫里的文物、陈列在广阔大地上的遗产、书写在古籍里的文字都活起来。"总书记的卓识和远见已为历史文献工作者鼓足了干劲，指明了方向。

为了集中疏解北京非首都功能，深入推进京津冀协同发展，以习近平同志为核心的党中央以大禹治水的气魄，为国家级新区选址雄安，并将修复保护白洋淀生态区纳入其中，体现了高超的政治智慧和深远的历史担当。白洋淀是华北平原最大的淡水水域，漕河、南瀑河、萍河、南拒马河等多条河流在此交汇，九河下梢，汇集成淀，素有"北地西湖""华北江南"的美誉。《水经注》记载："其泽野有九十九淀，支流条分，往往经通"，曾经形成了水乡泽国、碧波万顷的升平景象。然而白洋淀属于平原半封闭式浅水型湖泊，水多则涝，水少则干，因此也曾经历过内涝与干涸的历史沧桑。康熙皇帝也对白洋淀情有独钟，曾有诗云："遥看白洋水，帆开远树丛。流平波不动，翠色满湖中。"他在位时就曾多次治理白洋淀水患。近现代以来，除去旱涝自然灾害以外，白洋淀还面临着人为污染的严重威胁。雄安新区囊括了白洋淀整个水域，在习近平总书记为规划建设雄安新区所部署的七个方面重点任务中，首要两点便是："建设绿色智慧新城，建成国际一流、绿色、现代、智慧城市；打造优美生态环境，构建蓝绿交织、清新明亮、水城共融的生态城市。"古代以水护邦，现代以水兴城，未来水城共融，为了从历史中汲取有益的经验，历代白洋淀水资源利用与治理的相关文献，以及新区所辖水文地理的相关文献，都应成为我们今天规划建设雄安的重要参考。"水会九流，堪拟碧波浮范艇。荷开十里，无劳魂梦到苏堤"，以历史连接未来，雄安与白洋淀水利文献必将在建设水城共融的绿色智慧新城中发挥重要作用，"遥看白洋水，翠色满湖中"的盛世图景也必将在伟大的新时代重现，这是每一位历史文献工作者都夙心切盼、欢欣鼓舞的事情。

在全面掌握与充分占有雄安新区地方历史文献的基础上，我们还将陆续编纂雄安系列文献，以期用现代学术、科学方法对雄安的史地人文作出系统整理和整体描述。习近平总书记曾指出："建设雄安新区是一项历史性工程，一定要保持历史耐心，有'功成不必在我'的精神境界。"这体现了总书记和党中央广阔的政治胸襟与崇高的历史抱负，同时这也是就雄安千年大计未来的创新发展而言，对于今天从事雄安规划建设与历史文献整理的工作者来说，则实在更需要有一种时不我待、尽其在我的担当精神，正是本着这种精神，我们编辑整理了《雄安历史文化丛书》系列文献，提供给投身与关心雄安新区规划建设的人们作为参考，同时也是历史文献工作者为雄安千年大计开局精心打造的一份献礼。

编者识于北京采薇阁

2018 年 6 月

# 出版说明

    2017 年 4 月 1 日，中共中央决议设立雄安新区，此举是促进国家整体发展的重要战略抉择，是现代化发展的千年大计。雄安新区位于北京、天津、保定三市腹地，除了核心区的雄县、安新、容城三县外，其辐射区域更是涵盖了周边的大城、文安、霸州、高阳、任丘等县区。雄安新区的设立，将集中疏解北京非首都功能，并且对于调整与优化京津冀产业结构及空间布局，改善区域社会环境、人文环境都有着重要意义。

    雄安新区地处燕赵腹地，北控三关，南达九省，是为畿辅重地，都南屏翰，而悠悠历史五千载，更在这片古老的大地上烙下深刻的文化印迹。现在的雄安，面临新的历史发展，以习近平同志为核心的党中央高瞻远瞩、深谋远虑，科学作出了设立雄安新区的重大决策部署。在推进雄安新区精神文明建设的背景下，对雄安地区历史文化进行发掘整理，自然是雄安新区文化建设的一部分，具有举足轻重的意义。对雄安新区及其辐射区域历史资料的挖掘整理，必然有助于新区的规划建设与长期发展。

    古之方治惟在其官，地方官长对于区域社会的影响不可谓不深，官长循酷有别，贤愚各异，因而其对所治地方之影响则或造福乡里，或鱼肉百姓，对于地方的风俗民情有着重大的影响。同时百官各有专司，职官典章的设置本身就有地方治理的丰富内涵。因此，在进行地方社会研究中，职官研究的重要性不言而喻。历史上，雄安新区地域内，其建制最早可以追溯到先秦时期，而最早置县的容城，自秦朝至今更是已有两千多年的历史。地方之内，职官作为区域内公共事务的直接管理者与决策者，对地方社会的影响无疑是明显的。职官不仅包括文职官员，也包含有守备、千总等武职人员，而各县区又因地域之不同，所设职官亦有差别，所以对于职官史料的挖掘整理有助于更好的了解区域发展的特点，同时也是对地方历史文化遗产的一种保护。为了促进对雄安新区历史文化的研究，我们根据《缙绅全书》《中枢备览》《爵秩全览》以及相关方志如《雄县新志》《容城县志》《高阳县志》《安州志》等历史文献编纂了《清代雄安职官年表》。

本书的主要依据是清代《缙绅录》资料，缙绅录亦称搢绅录，其中记载了各地官员所任官职、出身、籍贯、字号等信息。除了缙绅录中的相关职官信息外，清代至民国时期所成的各县县志中编有职官志一门，也载录了地方职官的相关信息，且县志所载与缙绅录时有出入，二者实可相互印证补充。因此我们将县志中的职官志一门辑入年表之中，以省去读者翻检之劳，亦可得参考异同之效。

本书共分三个部分：一、清代雄安职官年表；二、清代雄安职官类表；三、雄安新区清代武职名录。本书年表部分以县为单位，依年代排列。类表部分亦以县作为基本单位，按照职官名及任职先后进行排列。武职名录则作为整体按照职官名进行分类辑录。本表始自顺治元年（1644），终于民国元年（1912）。其中年代偶有断缺之处，因无从考证，只能付之阙如。本书在辑录过程中运用了多种版本的方志，为求史料的真实与准确，凡前后记载有所出入之处，皆选用最早之版本，以期更好的还原历史真实性。需要特别说明的是本书初衷在于雄安清代职官史料的首次发掘与整理，凡前后记载有所出入之处，本书在辑录过程中尚未进行过严格的考证，故此希望读者在使用中善择为幸。历史文献浩如烟海，我们经眼寓目与查考辑录的也有限，遗漏与差舛之处或恐在所难免，尚祈读者不吝指正。

2018 年 7 月编者识

# 总目录

## 第一册

# 第二册

# 第三册

# 第四册

# 第五册

# 第六册

# 第一册

# 清代容城职官年表

| 职官 | 人名 | 籍贯 | 出身 | 出处及在职时间 |
|---|---|---|---|---|
| 知县 | 白粹忠 | 山西天城卫人 | 岁贡 | 《乾隆容城县志》《光绪容城县志》《民国容城县志》顺治元年 |
| 典史 | 杨　德 | | | 《乾隆容城县志》《光绪容城县志》《民国容城县志》顺治元年 |
| 教谕 | 吴志远 | 山东海丰人 | 岁贡 | 《乾隆容城县志》《光绪容城县志》《民国容城县志》顺治二年 |
| 知县 | 江起元 | 山东曹县人 | 进士 | 《乾隆容城县志》《光绪容城县志》《民国容城县志》顺治三年 |
| 知县 | 王　荫 | 辽东盖州人 | 贡生 | 《乾隆容城县志》《光绪容城县志》《民国容城县志》顺治四年 |
| 知县 | 宋兴义 | 辽东辽阳人 | 贡生 | 《乾隆容城县志》《光绪容城县志》《民国容城县志》顺治六年 |
| 知县 | 刘成龙 | 满洲人 | 贡生 | 《乾隆容城县志》《光绪容城县志》《民国容城县志》顺治六年 |
| 教谕 | 余司仁 | 顺天宛平人 | 举人 | 《乾隆容城县志》《光绪容城县志》《民国容城县志》顺治六年 |
| 训导 | 王锡命 | 直隶保定县人 | 举人 | 《乾隆容城县志》《光绪容城县志》《民国容城县志》顺治六年 |

| 职官 | 人名 | 籍贯 | 出身 | 出处及在职时间 |
|------|------|------|------|----------------|
| 训导 | 张燮 | 直隶大兴人 | 选贡 | 《乾隆容城县志》《光绪容城县志》《民国容城县志》顺治七年 |
| 知县 | 靳台彦 | 河南卢氏县人 | 岁贡 | 《乾隆容城县志》《光绪容城县志》《民国容城县志》顺治十年 |
| 教谕 | 丁耀亢 | 山东诸城人 | 选贡 | 《乾隆容城县志》《光绪容城县志》《民国容城县志》顺治十一年 |
| 知县 | 施化远 | 江南上元人 | 举人 | 《乾隆容城县志》《光绪容城县志》《民国容城县志》顺治十二年 |
| 典史 | 娄君玉 | | | 《乾隆容城县志》《光绪容城县志》《民国容城县志》顺治十二年 |
| 训导 | 门广傅 | 直隶安平人 | | 《乾隆容城县志》《光绪容城县志》《民国容城县志》顺治十三年 |
| 知县 | 霍光祥 | 辽东铁岭卫 | 岁贡 | 《乾隆容城县志》《光绪容城县志》《民国容城县志》顺治十五年 |
| 典史 | 刘芳远 | 江南太平人 | | 《乾隆容城县志》《光绪容城县志》《民国容城县志》顺治十六年 |
| 知县 | 陈士性 | 浙江会稽人 | 恩贡 | 《乾隆容城县志》《光绪容城县志》《民国容城县志》康熙三年 |
| 知县 | 赵士麟 | 云南河阳人 | 进士 | 《乾隆容城县志》《光绪容城县志》《民国容城县志》康熙八年 |

| 职官 | 人名 | 籍贯 | 出身 | 出处及在职时间 |
|---|---|---|---|---|
| 知县 | 冯俞昌 | | 拔贡士 | 《光绪容城县志》康熙十四年 |
| 知县 | 孟长安 | 河南洛阳 | 举人 | 《光绪容城县志》康熙十八年 |
| 训导 | 周映斗 | 直隶延庆卫人 | | 《乾隆容城县志》《光绪容城县志》《民国容城县志》康熙九年 |
| 典史 | 兰国祯 | 山东招远人 | | 《乾隆容城县志》《光绪容城县志》《民国容城县志》康熙十二年 |
| 教谕 | 刘名史 | 顺天宛平人 | | 《乾隆容城县志》《光绪容城县志》《民国容城县志》康熙十六年 |
| 典史 | 胡铨 | 江南和州人 | | 《乾隆容城县志》《光绪容城县志》《民国容城县志》康熙二十年 |
| 知县 | 林最 | | | 《乾隆容城县志》《光绪容城县志》《民国容城县志》康熙二十七年 |
| 知县 | 张涛 | 山西人 | 进士 | 《乾隆容城县志》《光绪容城县志》《民国容城县志》康熙二十九年 |
| 典史 | 周说 | 河南商丘人 | | 《乾隆容城县志》《光绪容城县志》《民国容城县志》康熙三十二年 |
| 典史 | 刘源长 | 浙江人 | | 《乾隆容城县志》《光绪容城县志》《民国容城县志》康熙四十年 |

| 职官 | 人名 | 籍贯 | 出身 | 出处及在职时间 |
|---|---|---|---|---|
| 知县 | 张光祖 | 满洲人 | 举人 | 《乾隆容城县志》《光绪容城县志》《民国容城县志》康熙四十二年 |
| 教谕 | 王堪 | 文安县人 | 岁贡 | 《乾隆容城县志》《光绪容城县志》《民国容城县志》康熙四十六年 |
| 训导 | 王师旦 | 直隶宝坻人 | 岁贡 | 《乾隆容城县志》《光绪容城县志》《民国容城县志》康熙四十七年 |
| 知县 | 张焕 | | | 《乾隆容城县志》《光绪容城县志》《民国容城县志》康熙四十八年 |
| 知县 | 王一元 | 山东人 | 进士 | 《乾隆容城县志》《光绪容城县志》《民国容城县志》康熙四十九年 |
| 知县 | 陈守创 | | | 《乾隆容城县志》《光绪容城县志》《民国容城县志》康熙四十九年 |
| 典史 | 李遇春 | 山西襄陵人 | | 《乾隆容城县志》《光绪容城县志》《民国容城县志》康熙五十年 |
| 知县 | 郁士选 | 江南宜兴人 | 举人 | 《乾隆容城县志》《光绪容城县志》《民国容城县志》康熙五十六年 |
| 典史 | 薛伟 | 福建清县人 | | 《乾隆容城县志》《光绪容城县志》《民国容城县志》康熙五十七年 |

| 职官 | 人名 | 籍贯 | 出身 | 出处及在职时间 |
|---|---|---|---|---|
| 知县 | 陈 图 | | | 《乾隆容城县志》《光绪容城县志》《民国容城县志》康熙六十年 |
| 知县 | 周 松 | 福建人 | 举人 | 《乾隆容城县志》《光绪容城县志》《民国容城县志》康熙六十一年 |
| 教谕 | 孙 镈 | 赵州宁晋人 | 拔贡 | 《乾隆容城县志》《光绪容城县志》《民国容城县志》雍正三年 |
| 训导 | 刘育粹 | 奉天锦县人 | 岁贡 | 《乾隆容城县志》《光绪容城县志》《民国容城县志》雍正三年 |
| 知县 | 林廷璧 | 福建人 | 举人 | 《乾隆容城县志》《光绪容城县志》《民国容城县志》雍正四年 |
| 知县 | 李钟俾 | 福建安溪人 | 进士 | 《乾隆容城县志》《光绪容城县志》《民国容城县志》雍正六年 |
| 典史 | 王公肤 | 安州人 | 史目 | 《乾隆容城县志》《光绪容城县志》《民国容城县志》雍正八年 |
| 教谕 | 张永助 | 安平人 | 副榜 | 《乾隆容城县志》《光绪容城县志》《民国容城县志》雍正八年 |
| 典史 | 陈之复 | 贵州人 | | 《乾隆容城县志》《光绪容城县志》《民国容城县志》雍正九年 |

| 职官 | 人名 | 籍贯 | 出身 | 出处及在职时间 |
|------|------|------|------|----------------|
| 训导 | 周之哲 | 奉天宁远县人 | 岁贡 | 《乾隆容城县志》《光绪容城县志》《民国容城县志》雍正十一年 |
| 知县 | 王之麟 | 河南祥符人 | 进士 | 《乾隆容城县志》《光绪容城县志》《民国容城县志》雍正十三年 |
| 典史 | 金 杨 | 江南昆山人 | | 《乾隆容城县志》《光绪容城县志》《民国容城县志》雍正十三年 |
| 典史 | 尚绍先 | 陕西沔阳人 | | 《乾隆容城县志》《光绪容城县志》《民国容城县志》乾隆三年 |
| 典史 | 赖定瑶 | 江西瑞金人 | 监生 | 《乾隆容城县志》《光绪容城县志》《民国容城县志》乾隆四年 |
| 典史 | 刘祚永 | 江南凤阳人 | | 《乾隆容城县志》《光绪容城县志》《民国容城县志》乾隆五年 |
| 训导 | 董宗帝 | 直隶巨鹿人 | | 《乾隆容城县志》《光绪容城县志》《民国容城县志》乾隆八年 |
| 典史 | 沈熙载 | 浙江山阴人 | | 《乾隆容城县志》《光绪容城县志》《民国容城县志》乾隆九年 |
| 典史 | 蔡 基 | 浙江会稽人 | | 《乾隆容城县志》《光绪容城县志》《民国容城县志》乾隆九年 |

| 职官 | 人名 | 籍贯 | 出身 | 出处及在职时间 |
|---|---|---|---|---|
| 知县 | 王天庆 | 福建音江县人 | 例监 | 《乾隆容城县志》《光绪容城县志》《民国容城县志》乾隆十年 |
| 知县 | 程憬 | 山西祁县人 | 举人 | 《乾隆容城县志》《光绪容城县志》《民国容城县志》乾隆十年 |
| 知县加一级 | 程憬 | 山西祁县人 | 举人 | 《缙绅新书》乾隆十三年春 |
| 复设教谕 | 张永助 | 安平人 | 副榜 | 《缙绅新书》乾隆十三年春 |
| 训导 | 董宗帝 | 巨鹿人 | 岁贡 | 《缙绅新书》乾隆十三年春 |
| 典史 | 蔡基 | 浙江会稽人 | | 《缙绅新书》乾隆十三年春 |
| 知县 | 孙联捷 | 陕西富平县人 | 举人 | 《乾隆容城县志》《光绪容城县志》《民国容城县志》乾隆十四年 |
| 知县 | 吴山凤 | 湖北汉阳人 | 例监 | 《乾隆容城县志》《光绪容城县志》《民国容城县志》乾隆十五年 |
| 知县 | 刘师健 | 贵州清平人 | 优生 | 《乾隆容城县志》《光绪容城县志》《民国容城县志》乾隆十五年 |

| 职官 | 人名 | 籍贯 | 出身 | 出处及在职时间 |
|---|---|---|---|---|
| 典史 | 杨龙翔 | 山东历城人 | | 《乾隆容城县志》《光绪容城县志》《民国容城县志》乾隆十七年 |
| 教谕 | 许式玉 | 顺天大兴人 | 举人 | 《乾隆容城县志》《光绪容城县志》《民国容城县志》乾隆十七年 |
| 典史 | 董杰 | 浙江山阴人 | | 《乾隆容城县志》《光绪容城县志》《民国容城县志》乾隆十八年 |
| 知县 | 蒋元缙 | 保定府人 | 水利监 | 《乾隆容城县志》《光绪容城县志》《民国容城县志》乾隆十九年 |
| 知县 | 郭成峻 | 甘肃岷州人 | 进士 | 《乾隆容城县志》《光绪容城县志》《民国容城县志》乾隆十九年 |
| 训导 | 李廷简 | 直隶邢台人 | 岁贡 | 《乾隆容城县志》《光绪容城县志》《民国容城县志》乾隆十九年 |
| 典史 | 刘玫 | 山东蓬莱人 | | 《乾隆容城县志》《光绪容城县志》《民国容城县志》乾隆二十年 |
| 典史 | 韩嘉正 | 浙江上虞人 | | 《乾隆容城县志》《光绪容城县志》《民国容城县志》乾隆二十年 |
| 教谕 | 黄文焕 | 唐山人 | 恩贡 | 《乾隆容城县志》《光绪容城县志》《民国容城县志》乾隆二十二年 |

| 职官 | 人名 | 籍贯 | 出身 | 出处及在职时间 |
|---|---|---|---|---|
| 知县 | 任维纪 | 山西汾阳人 | 举人 | 《乾隆容城县志》《光绪容城县志》《民国容城县志》乾隆二十四年 |
| 知县 | 王克淳 | 山东黄县人 | 举人 | 《乾隆容城县志》《光绪容城县志》《民国容城县志》乾隆二十四年 |
| 典史 | 汪燕 | 湖北汉阳人 | | 《乾隆容城县志》《光绪容城县志》《民国容城县志》乾隆二十四年 |
| 典史 | 王兆元 | 浙江山阴人 | | 《乾隆容城县志》《光绪容城县志》《民国容城县志》乾隆二十四年 |
| 典史 | 杨乐咸 | 江苏武进县人 | 吏目 | 《乾隆容城县志》《光绪容城县志》《民国容城县志》乾隆二十四年 |
| 典史 | 徐仑 | 浙江会稽人 | | 《乾隆容城县志》《光绪容城县志》《民国容城县志》乾隆二十五年 |
| 知县 | 王克淳 | 山东黄县人 | 举人 | 《缙绅全本》乾隆二十五年冬 |
| 复设教谕 | 黄文焕 | 唐山人 | 恩贡 | 《缙绅全本》乾隆二十五年冬 |
| 训导 | 李廷简 | 邢台人 | 岁贡 | 《缙绅全本》乾隆二十五年冬 |

| 职官 | 人名 | 籍贯 | 出身 | 出处及在职时间 |
|---|---|---|---|---|
| 典史 | 徐 仑 | 浙江会稽人 | | 《缙绅全本》乾隆二十五年冬 |
| 训寻 | 萧 柏 | 奉天人 | 岁页 | 《乾隆容城县志》《光绪容城县志》《民国容城县志》乾隆二十六年 |
| 知县 | 王克淳 | 山东黄县人 | 举人 | 《缙绅全本》乾隆二十六年秋 |
| 复设教谕 | 李 讷 | 开州人 | 恩贡 | 《缙绅全本》乾隆二十六年秋 |
| 训导 | 萧 柏 | 承德人 | 岁贡 | 《缙绅全本》乾隆二十六年秋 |
| 典史 | 徐 仑 | 浙江会稽人 | | 《缙绅全本》乾隆二十六年秋 |
| 教谕 | 王 时 | 河间东光人 | 举人 | 《乾隆容城县志》《光绪容城县志》《民国容城县志》乾隆二十七年 |
| 知县 | 狄咏宜 | 江苏人 | 进士 | 《乾隆容城县志》《光绪容城县志》《民国容城县志》乾隆二十九年 |
| 知县 | 薛田玉 | 江南江宁人 | 进士 | 《光绪容城县志》《民国容城县志》乾隆二十九年 |

| 职官 | 人名 | 籍贯 | 出身 | 出处及在职时间 |
|---|---|---|---|---|
| 知县加一级 | 薛田玉 | 江苏无锡人 | 进士 | 《缙绅全书》乾隆三十年春 |
| 复设教谕 | 王时 | 东光人 | 举人 | 《缙绅全书》乾隆三十年春 |
| 训导 | 萧柏 | 承德人 | 岁贡 | 《缙绅全书》乾隆三十年春 |
| 典史 | 徐仑 | 浙江会稽人 | | 《缙绅全书》乾隆三十年春 |
| 知县加一级 | 薛田玉 | 江苏无锡人 | 进士 | 《爵秩全本》乾隆三十年冬 |
| 复设教谕 | 王时 | 东光人 | 举人 | 《爵秩全本》乾隆三十年冬 |
| 训导 | 萧柏 | 承德人 | 岁贡 | 《爵秩全本》乾隆三十年冬 |
| 典史 | 徐仑 | 浙江会稽人 | | 《爵秩全本》乾隆三十年冬 |
| 知县加一级 | 薛田玉 | 江苏无锡人 | 进士 | 《爵秩全本》乾隆三十三年秋 |

| 职官 | 人名 | 籍贯 | 出身 | 出处及在职时间 |
|---|---|---|---|---|
| 复设教谕 | 王 时 | 东光人 | 举人 | 《爵秩全本》乾隆三十三年秋 |
| 训导 | 萧 柏 | 承德人 | 岁贡 | 《爵秩全本》乾隆三十三年秋 |
| 县丞管典史事加二级 | 施作梅 | 浙江人 | | 《爵秩全本》乾隆三十三年秋 |
| 知县加三级 | 龚 谦 | 浙江仁和人 | | 《缙绅全书》《中枢备览》乾隆四十二年秋 |
| 复设教谕 | 刘鹏霄 | 奉天正蓝旗人 | 副榜 | 《缙绅全书》《中枢备览》乾隆四十二年秋 |
| 训导 | 吕世臣 | 锦州人 | 岁贡 | 《缙绅全书》《中枢备览》乾隆四十二年秋 |
| 巡检借补典史加三级 | 楚以祁 | 湖南永兴人 | 监生 | 《缙绅全书》《中枢备览》乾隆四十二年秋 |
| 特授知县加三级 | 董 书 | 福建建宁人 | 举人 | 《缙绅全书》《中枢备览》乾隆五十三年春 |
| 复设教谕 | 郭天秩 | 开州人 | 举人 | 《缙绅全书》《中枢备览》乾隆五十三年春 |

| 职官 | 人名 | 籍贯 | 出身 | 出处及在职时间 |
|---|---|---|---|---|
| 训导 | 唐倬 | 宛平人 | 举人 | 《缙绅全书》《中枢备览》乾隆五十三年春 |
| 典史 | 张猷珂 | 湖南安乡人 | 监生 | 《缙绅全书》《中枢备览》乾隆五十三年春 |
| 知县加一级 | 崔作谋 | 山东平度州人 | 举人 | 《缙绅全书》嘉庆元年春 |
| 训导 | 唐倬 | 宛平人 | 举人 | 《缙绅全书》嘉庆元年春 |
| 复设教谕 | 李其植 | 任县人 | 拔贡 | 《缙绅全书》嘉庆元年春 |
| 典史 | 陈廷柏 | 浙江仁和人 | 监生 | 《缙绅全书》嘉庆元年春 |
| 知县加一级 | 崔作谋 | 山东平度州人 | 举人 | 《缙绅全书》嘉庆二年冬 |
| 训导 | 唐倬 | 宛平人 | 举人 | 《缙绅全书》嘉庆二年冬 |
| 典史 | 陈廷柏 | 浙江仁和人 | 监生 | 《缙绅全书》嘉庆二年冬 |

| 职官 | 人名 | 籍贯 | 出身 | 出处及在职时间 |
|---|---|---|---|---|
| 复设教谕 | 李其植 | 任县人 | 拔贡 | 《缙绅全书》嘉庆二年冬 |
| 知县加一级 | 崔作谋 | 山东平度州人 | 举人 | 《缙绅全书》嘉庆三年秋 |
| 训导 | 侯憽 | 东光人 | 举人 | 《缙绅全书》嘉庆三年秋 |
| 复设教谕 | 李其植 | 任县人 | 拔贡 | 《缙绅全书》嘉庆三年秋 |
| 典史 | 晏渭 | 江西人 | 监生 | 《缙绅全书》嘉庆三年秋 |
| 知县加一级 | 崔作谋 | 山东平度州人 | 举人 | 《缙绅全书》嘉庆三年冬 |
| 训导 | 侯憽 | 东光人 | 举人 | 《缙绅全书》嘉庆三年冬 |
| 复设教谕 | 李其植 | 任县人 | 拔贡 | 《缙绅全书》嘉庆三年冬 |
| 典史 | 晏渭 | 江西人 | 监生 | 《缙绅全书》嘉庆三年冬 |

| 职官 | 人名 | 籍贯 | 出身 | 出处及在职时间 |
|------|------|------|------|----------------|
| 训导 | 郝思谟 | 南皮县人 | 举人 | 《光绪容城县志》《民国容城县志》嘉庆四年 |
| 知县加一级 | 章德溥 | 江西南城人 | 监生 | 《缙绅全书》嘉庆五年冬 |
| 备注：《乾隆容城县志》《光绪容城县志》《民国容城县志》嘉庆十一年记载其人名为章德浦。 | | | | |
| 训导 | 郝思谟 | 天津人 | 举人 | 《缙绅全书》嘉庆五年冬 |
| 复设教谕 | 李其植 | 任县人 | 拔贡 | 《缙绅全书》嘉庆五年冬 |
| 典史 | 晏 渭 | 江西人 | 监生 | 《缙绅全书》嘉庆五年冬 |
| 知县加一级 | 章德溥 | 江西南城人 | 监生 | 《缙绅全书》嘉庆九年春 |
| 训导 | 郝思谟 | 天津人 | 举人 | 《缙绅全书》嘉庆九年春 |
| 复设教谕 | 李其植 | 任县人 | 拔贡 | 《缙绅全书》嘉庆九年春 |

| 职官 | 人名 | 籍贯 | 出身 | 出处及在职时间 |
|------|------|------|------|----------------|
| 典史 | 宋辉远 | 浙江山阴人 | 议叙 | 《缙绅全书》嘉庆九年春 |
| 教谕 | 常润 | 宁河县人 | 举人 | 《光绪容城县志》《民国容城县志》嘉庆十年 |
| 知县 | 章德浦 | 江西人 | 监生 | 《乾隆容城县志》《光绪容城县志》《民国容城县志》嘉庆十一年 |
| 知县加一级 | 章德溥 | 江西南城人 | 监生 | 《缙绅全书》《中枢备览》嘉庆十一年春 |
| 训导 | 郝思谟 | 天津人 | 举人 | 《缙绅全书》《中枢备览》嘉庆十一年春 |
| 复设教谕 | 常润 | 顺天人 | 举人 | 《缙绅全书》《中枢备览》嘉庆十一年春 |

备注：《光绪容城县志》《民国容城县志》嘉庆十年记载其地方为宁河县人。

| 职官 | 人名 | 籍贯 | 出身 | 出处及在职时间 |
|------|------|------|------|----------------|
| 典史 | 宋辉远 | 浙江山阴人 | 议叙 | 《缙绅全书》《中枢备览》嘉庆十一年春 |
| 知县 | 章德溥 | 江西南城人 | 监生 | 《缙绅全书》嘉庆十一年夏 |

| 职官 | 人名 | 籍贯 | 出身 | 出处及在职时间 |
|---|---|---|---|---|
| 训导 | 郝思谟 | 天津人 | 举人 | 《缙绅全书》嘉庆十一年夏 |
| 复设教谕 | 常 润 | 顺天人 | 举人 | 《缙绅全书》嘉庆十一年夏 |
| 典史 | 宋辉远 | 浙江山阴人 | 议叙 | 《缙绅全书》嘉庆十一年夏 |
| 知县 | 吕祥龄 | 河南祥符县人 | 进士 | 《光绪容城县志》《民国容城县志》嘉庆十五年 |
| 知县加一级 | 吕祥龄 | 安微石埭人 | 进士 | 《缙绅全书》嘉庆十七年秋 |
| 训导 | 郝思谟 | 南皮人 | 举人 | 《缙绅全书》嘉庆十七年秋 |
| 复设教谕 | 常 润 | 宁河人 | 举人 | 《缙绅全书》嘉庆十七年秋 |
| 典史 | 丁 钟 | 安微南陵人 | 监生 | 《缙绅全书》嘉庆十七年秋 |
| 知县 | 杨傅棠 | 江苏阳湖县人 | 举人 | 《光绪容城县志》《民国容城县志》嘉庆二十一年 |

| 职官 | 人名 | 籍贯 | 出身 | 出处及在职时间 |
|---|---|---|---|---|
| 知县加一级 | 何志清 | 湖南桃源人 | | 《缙绅全书》嘉庆二十一年冬 |
| 备注：《光绪容城县志》《民国容城县志》记载其籍贯为湖北桃源人 | | | | |
| 复设教谕 | 常 润 | 宁河人 | 举人 | 《缙绅全书》嘉庆二十一年冬 |
| 训导 | 郝思谟 | 南皮人 | 举人 | 《缙绅全书》嘉庆二十一年冬 |
| 典史 | 胡兆麟 | 浙江山阴人 | 吏员 | 《缙绅全书》嘉庆二十一年冬 |
| 知县加一级 | 吕祥龄 | 河南祥符籍安徽旌德人 | | 《缙绅全书》嘉庆二十二年春 |
| 复设教谕 | 常 润 | 宁河人 | 举人 | 《缙绅全书》嘉庆二十二年春 |
| 训导 | 郝思谟 | 南皮人 | 举人 | 《缙绅全书》嘉庆二十二年春 |
| 典史 | 丁 钟 | 安徽南陵人 | 监生 | 《缙绅全书》嘉庆二十二年春 |

| 职官 | 人名 | 籍贯 | 出身 | 出处及在职时间 |
|---|---|---|---|---|
| 知县 | | | | 《缙绅全书》（大）嘉庆二十二年冬 |
| 复设教谕 | 常 润 | 顺天人 | 举人 | 《缙绅全书》（大）嘉庆二十二年冬 |

备注：《缙绅全书》嘉庆二十一年冬、嘉庆二十二年春中均载其为宁河人。

| 职官 | 人名 | 籍贯 | 出身 | 出处及在职时间 |
|---|---|---|---|---|
| 训导 | 郝思谟 | 天津人 | 举人 | 《缙绅全书》（大）嘉庆二十二年冬 |

《光绪容城县志》《民国容城县志》嘉庆四年、《缙绅全书》嘉庆二十一年冬、嘉庆二十二年春中均载其为南皮人。

| 职官 | 人名 | 籍贯 | 出身 | 出处及在职时间 |
|---|---|---|---|---|
| 典史 | 丁 钟 | 安徽南陵人 | 监生 | 《缙绅全书》（大）嘉庆二十二年冬 |
| 知县加一级 | 吕祥龄 | 河南祥符籍安徽旌德人 | 进士 | 《缙绅全书》（小）嘉庆二十二年冬 |

备注：《光绪容城县志》《民国容城县志》嘉庆十五年记载其为河南祥符县人，《缙绅全书》嘉庆十七年秋记载其为安徽石埭人。

| 职官 | 人名 | 籍贯 | 出身 | 出处及在职时间 |
|---|---|---|---|---|
| 复设教谕 | 常 润 | 宁河人 | 举人 | 《缙绅全书》（小）嘉庆二十二年冬 |

| 职官 | 人名 | 籍贯 | 出身 | 出处及在职时间 |
|---|---|---|---|---|
| 备注：《缙绅全书》（大）嘉庆二十二年冬中载其为顺天人。 | | | | |
| 训导 | 郝思谟 | 南皮人 | 举人 | 《缙绅全书》（小）嘉庆二十二年冬 |
| 备注：《缙绅全书》嘉庆十一年夏、《缙绅全书》（大）嘉庆二十二年冬中载其为天津人。 | | | | |
| 典史 | 丁 钟 | 安徽南陵人 | 监生 | 《缙绅全书》（小）嘉庆二十二年冬 |
| 知县 | 成 诚 | 浙江仁和县人 | 举人 | 《光绪容城县志》《民国容城县志》嘉庆二十三年 |
| 知县 | 何志清 | 湖北桃源人 | 举人 | 《光绪容城县志》《民国容城县志》嘉庆二十三年 |
| 知县 | 何志清 | 湖北桃源人 | 举人 | 《民国容城县志》嘉庆二十四年 |
| 典史 | 李崇庆 | 山东历城人 | 监生 | 《光绪容城县志》《民国容城县志》嘉庆二十四年 |
| 知县 | 崔 作 | | | 《民国容城县志》嘉庆二十五年 |

| 职官 | 人名 | 籍贯 | 出身 | 出处及在职时间 |
|---|---|---|---|---|
| 典史 | 王锡晋 | 陕西商州人 | | 《光绪容城县志》《民国容城县志》嘉庆二十五年 |
| 知县加一级 | 何志清 | 湖南桃源人 | 举人 | 《缙绅全书》嘉庆二十五年夏 |
| 复设教谕 | 常润 | 宁河人 | 举人 | 《缙绅全书》嘉庆二十五年夏 |

**备注：《缙绅全书》（大）嘉庆二十二年冬中载其为天津人。**

| | | | | |
|---|---|---|---|---|
| 训导 | 郝思谟 | 南皮人 | 举人 | 《缙绅全书》嘉庆二十五年夏 |

**备注：《缙绅全书》（大）嘉庆二十二年冬中载其为天津人。**

| | | | | |
|---|---|---|---|---|
| 典史 | 胡兆麟 | 浙江山阴人 | 吏员 | 《缙绅全书》嘉庆二十五年夏 |
| 典史 | 丁钟 | | | 《光绪容城县志》《民国容城县志》嘉庆年间 |
| 典史 | 王履谦 | | | 《光绪容城县志》《民国容城县志》嘉庆年间 |

| 职官 | 人名 | 籍贯 | 出身 | 出处及在职时间 |
|---|---|---|---|---|
| 教谕 | 何 骏 | 正定县人 | 副榜 | 《光绪容城县志》《民国容城县志》道光二年 |
| 教谕 | 密绍鲁 | 迁安县人 | 举人 | 《光绪容城县志》《民国容城县志》道光三年 |
| 教谕 | 阎国庆 | 万全县人 | 拔页 | 《光绪容城县志》《民国容城县志》道光四年 |
| 知县加一级 | 何志清 | 湖南桃源人 | 举人 | 《缙绅全书》《中枢备览》道光四年夏 |
| 复设教谕 | 王淑孟 | 河间人 | 恩贡 | 《缙绅全书》《中枢备览》道光四年夏 |
| 训导 | 郝思谟 | 南皮人 | 举人 | 《缙绅全书》《中枢备览》道光四年夏 |
| 备注：《缙绅全书》（大）嘉庆二十二年冬中载其为天津人。 | | | | |
| 典史 | 王锡晋 | 陕西商州人 | 监生 | 《缙绅全书》《中枢备览》道光四年夏 |
| 知县 | 何志清 | 湖南桃源人 | 举人 | 《缙绅全书》道光四年夏 |

| 职官 | 人名 | 籍贯 | 出身 | 出处及在职时间 |
|---|---|---|---|---|
| 复设教谕 | 阎国庆 | 宣化府人 | 拔贡 | 《光绪容城县志》《民国容城县志》道光四年《缙绅全书》道光四年夏 |
| **备注：《光绪容城县志》《民国容城县志》道光四年记载其地方为万全县。** | | | | |
| 训导 | 郝思谟 | 南皮人 | 举人 | 《缙绅全书》道光四年夏 |
| 典史 | 王锡晋 | 陕西商州人 | 监生 | 《缙绅全书》道光四年夏 |
| 教谕 | 张廷弼 | 天津县人 | 副榜 | 《光绪容城县志》《民国容城县志》道光五年 |
| 训导 | 杜林祀 | 赞皇县人 | 举人 | 《光绪容城县志》《民国容城县志》道光五年 |
| 训导 | 沈　静 | 故城县人 | 举人 | 《光绪容城县志》《民国容城县志》道光五年 |
| 教谕 | 姚攀云 | | | 《光绪容城县志》《民国容城县志》道光六年 |
| 教谕 | 陈嘉谟 | 天津人 | 副榜 | 《光绪容城县志》《民国容城县志》道光六年 |

| 职官 | 人名 | 籍贯 | 出身 | 出处及在职时间 |
|---|---|---|---|---|
| 知县 | 何志清 | 湖南桃源人 | 举人 | 《爵秩全览》道光六年秋 |
| 复设教谕 | 陈嘉谟 | 天津人 | 副榜 | 《爵秩全览》道光六年秋 |
| 训导 | 沈 静 | 故城县人 | 举人 | 《爵秩全览》道光六年秋 |
| 典史 | 王锡晋 | 陕西商州人 | 监生 | 《爵秩全览》道光六年秋 |
| 典史 | 方士伦 | 湖北汉川县人 | 监生 | 《光绪容城县志》《民国容城县志》道光七年 |
| 知县加一级 | 何志清 | 湖南桃源人 | | 《缙绅全书》道光七年春 |
| 复设教谕 | 陈嘉谟 | 天津人 | 副榜 | 《缙绅全书》道光七年春 |
| 训导 | 沈 静 | 故城县人 | 举人 | 《缙绅全书》道光七年春 |
| 典史 | 王锡晋 | 陕西商州人 | 监生 | 《缙绅全书》道光七年春 |

| 职官 | 人名 | 籍贯 | 出身 | 出处及在职时间 |
|---|---|---|---|---|
| 典史 | 王家驷 | 安徽歙县人 | 监生 | 《光绪容城县志》《民国容城县志》道光八年 |
| 典史 | 汪正泉 | 湖南凌县人 | 监生 | 《光绪容城县志》《民国容城县志》道光八年 |
| 经制外委把总 | 马　焕 | | | 《光绪容城县志》《民国容城县志》道光十年 |
| 知县加一级 | 何志清 | 湖南桃源人 | | 《缙绅全书》道光十年冬 |
| 复设教谕 | 陈嘉谟 | 天津人 | 副榜 | 《缙绅全书》道光十年冬 |
| 训导 | 沈　静 | 故城县人 | 举人 | 《缙绅全书》道光十年冬 |
| 典史 | 王家驷 | 安徽歙县人 | 监生 | 《缙绅全书》道光十年冬 |
| 经制外委把总 | 梁清泰 | | | 《光绪容城县志》《民国容城县志》道光十一年 |
| 知县 | 张怀湘 | 四川汉州人 | 举人 | 《光绪容城县志》《民国容城县志》道光十三年 |

| 职官 | 人名 | 籍贯 | 出身 | 出处及在职时间 |
|---|---|---|---|---|
| 职官 | 人名 | 籍贯 | 出身 | 出处及在职时间 |
| 知县 | 陈稼生 | 江苏宝山人 | 举人 | 《光绪容城县志》《民国容城县志》道光十三年 |
| 知县 | 边清黎 | | 进士 | 《光绪容城县志》《民国容城县志》道光十三年 |
| 知县加一级 | 陈稼生 | 江苏宝山人 | 举人 | 《缙绅全书》《中枢备览》道光十三年夏 |
| 复设教谕 | 陈嘉谟 | 天津人 | 副榜 | 《缙绅全书》《中枢备览》道光十三年夏 |
| 训导 | 沈　静 | 故城人 | 举人 | 《缙绅全书》《中枢备览》道光十三年夏 |
| 典史 | 王家驷 | 安徽歙县人 | 监生 | 《缙绅全书》《中枢备览》道光十三年夏 |
| 知县加一级 | 边青黎 | 河南封丘人 | 进士 | 《缙绅全书》道光十四年夏 |
| 复设教谕 | 陈嘉谟 | 天津人 | 副榜 | 《缙绅全书》道光十四年夏 |

| 职官 | 人名 | 籍贯 | 出身 | 出处及在职时间 |
|---|---|---|---|---|
| 训导 | 李湘 | 滦州人 | 举人 | 《光绪容城县志》《民国容城县志》道光十四年 |
| 训导 | 李湘 | 汉军厢黄旗人 | 举人 | 《缙绅全书》道光十四年夏 |
| 典史 | 王家驷 | 安徽歙县人 | 监生 | 《缙绅全书》道光十四年夏 |
| 知县加一级 | 晋人骥 | 山西赵城人 | 监生 | 《缙绅全书》《中枢备览》道光十六年夏 |
| 复设教谕 | 陈嘉谟 | 天津人 | 副榜 | 《缙绅全书》《中枢备览》道光十六年夏 |
| 训导 | 李湘 | 汉军厢黄旗人 | 举人 | 《缙绅全书》《中枢备览》道光十六年夏 |
| 典史 | 汪正泉 | 湖南凌县人 | 监生 | 《缙绅全书》《中枢备览》道光十六年夏 |
| 知县加一级 | 晋人骥 | 山西赵城人 | 监生 | 《缙绅全书》道光十六年秋 |
| 训导 | 李湘 | 汉军厢黄旗人 | 举人 | 《缙绅全书》道光十六年秋 |

| 职官 | 人名 | 籍贯 | 出身 | 出处及在职时间 |
|---|---|---|---|---|
| 复设教谕 | 陈嘉谟 | 天津人 | 副榜 | 《缙绅全书》道光十六年秋 |
| 典史 | 汪正泉 | 湖南沅陵人 | 监生 | 《缙绅全书》道光十六年秋 |
| 知县加一级 | 晋人骥 | 山西赵城人 | 监生 | 《缙绅全书》《中枢备览》道光十六年冬 |
| 训导 | 李 湘 | 汉军厢黄旗人 | 举人 | 《缙绅全书》《中枢备览》道光十六年冬 |
| 复设教谕 | 陈嘉谟 | 天津人 | 副榜 | 《缙绅全书》《中枢备览》道光十六年冬 |
| 典史 | 汪正泉 | 湖南沅陵人 | 监生 | 《缙绅全书》《中枢备览》道光十六年冬 |
| 知县 | 王家驷 | 安徽歙县人 | 监生 | 《光绪容城县志》《民国容城县志》道光十七年 |
| 知县 | 锡 龄 | 满州正黄旗人 | 监生 | 《光绪容城县志》《民国容城县志》道光十七年 |
| 知县加一级 | 晋人骥 | 山西赵城人 | 监生 | 《缙绅全书》道光十七年秋 |

| 职官 | 人名 | 籍贯 | 出身 | 出处及在职时间 |
|---|---|---|---|---|
| 训导 | 李 湘 | 汉军厢黄旗人 | 举人 | 《缙绅全书》道光十七年秋 |
| 复设教谕 | 陈嘉谟 | 天津人 | 副榜 | 《缙绅全书》道光十七年秋 |
| 典史 | 汪正泉 | 湖南沅陵人 | 监生 | 《缙绅全书》道光十七年秋 |
| 知县 | 喻元升 | 云南南宁县人 | 举人 | 《光绪容城县志》《民国容城县志》道光十八年 |
| 知县加一级 |  |  | 监生 | 《缙绅全书》道光十八年夏 |
| 训导 | 李 湘 | 汉军厢黄旗人 | 举人 | 《缙绅全书》道光十八年夏 |
| 复设教谕 | 陈嘉谟 | 天津人 | 副榜 | 《缙绅全书》道光十八年夏 |
| 典史 | 汪正泉 | 湖南沅陵人 | 监生 | 《缙绅全书》道光十八年夏 |
| 知县 | 姜士冠 | 江苏六合县人 | 举人 | 《光绪容城县志》《民国容城县志》道光十九年 |

| 职官 | 人名 | 籍贯 | 出身 | 出处及在职时间 |
|---|---|---|---|---|
| 知县 | 喻元升 | 云南南宁人 | 举人 | 《缙绅全书》《爵秩全览》道光十九年夏 |
| 训导 | 李湘 | 汉军厢黄旗人 | 举人 | 《缙绅全书》《爵秩全览》道光十九年夏 |
| 复设教谕 | 陈嘉谟 | 天津人 | 副榜 | 《缙绅全书》《爵秩全览》道光十九年夏 |
| 典史 | 汪正泉 | 湖南沅陵人 | 监生 | 《缙绅全书》《爵秩全览》道光十九年夏 |
| 典史 | 蔡毓英 | | | 《光绪容城县志》《民国容城县志》道光二十一年 |
| 教谕 | 沈文炳 | 清丰县人 | 恩贡 | 《光绪容城县志》《民国容城县志》道光二十年 |
| 教谕 | 吴怀玉 | | | 《光绪容城县志》《民国容城县志》道光二十年 |
| 经制外委把总 | 阎镜 | | | 《光绪容城县志》《民国容城县志》道光二十年 |
| 知县加一级 | 姜士冠 | 江苏六合县人 | 举人 | 《缙绅全书》道光二十年秋 |

| 职官 | 人名 | 籍贯 | 出身 | 出处及在职时间 |
|---|---|---|---|---|
| 训导 | 李 湘 | 汉军厢黄旗人 | 举人 | 《缙绅全书》道光二十年秋 |
| 复设教谕 | 沈文炳 | 大名人 | 恩贡 | 《缙绅全书》道光二十年秋 |
| 典史 | 汪正泉 | 湖南沅陵人 | 监生 | 《缙绅全书》道光二十年秋 |
| 知县加一级 | 姜士冠 | 江苏六合县人 | 举人 | 《缙绅全书》道光二十年冬 |
| 训导 | 李 湘 | 汉军厢黄旗人 | 举人 | 《缙绅全书》道光二十年冬 |
| 复设教谕 | 沈文炳 | 大名人 | 恩贡 | 《缙绅全书》道光二十年冬 |
| 典史 | 汪正泉 | 湖南沅陵人 | 监生 | 《缙绅全书》道光二十年冬 |
| 知县 | 杜廷楷 | 四川盐亭县人 | 进士 | 《光绪容城县志》《民国容城县志》道光二十一年 |
| 知县 | 梁绶祖 | 湖南零陵县人 | 监生 | 《光绪容城县志》《民国容城县志》道光二十一年 |

| 职官 | 人名 | 籍贯 | 出身 | 出处及在职时间 |
|------|------|------|------|------|
| 教谕 | 申承会 | 永年县人 | 拔贡 | 《光绪容城县志》《民国容城县志》道光二十一年 |
| 教谕 | 王恩诏 | | 举人 | 《光绪容城县志》《民国容城县志》道光二十一年 |
| 知县加一级 | 梁绶祖 | 湖南零陵人 | 军功 | 《缙绅全书》《中枢备览》道光二十二年春 |

**备注：《光绪容城县志》《民国容城县志》记载其出身为监生。**

| 职官 | 人名 | 籍贯 | 出身 | 出处及在职时间 |
|------|------|------|------|------|
| 复设教谕 | 申承会 | 广平人 | 恩贡 | 《缙绅全书》《中枢备览》道光二十二年春 |
| 训导 | 李 湘 | 汉军厢黄旗人 | 举人 | 《缙绅全书》《中枢备览》道光二十二年春 |
| 典史 | 汪正泉 | 湖南沅陵人 | 举人 | 《缙绅全书》《中枢备览》道光二十二年春 |
| 知县加一级 | 梁绶祖 | 湖南零陵人 | 军功 | 《缙绅全书》道光二十二年冬 |
| 复设教谕 | 申承会 | 广平人 | 拔贡 | 《缙绅全书》道光二十二年冬 |

| 职官 | 人名 | 籍贯 | 出身 | 出处及在职时间 |
|---|---|---|---|---|
| 训导 | 李 湘 | 汉军厢黄旗人 | 举人 | 《缙绅全书》道光二十二年冬 |
| 典史 | 汪正泉 | 湖南沅陵人 | 举人 | 《缙绅全书》道光二十二年冬 |
| 知县 | 恩 符 | 内务府正白旗 | 监生 | 《光绪容城县志》《民国容城县志》道光二十三年 |
| 经制外委把总 | 张玉庆 | | | 《光绪容城县志》《民国容城县志》道光二十三年 |
| 知县 | 黄顾周 | 江南南豊县人 | 举人 | 《光绪容城县志》《民国容城县志》道光二十四年 |
| 典史 | 陆调鸿 | 浙江永德县人 | 监生 | 《光绪容城县志》《民国容城县志》道光二十四年 |
| 典史 | 王廷祥 | 浙江人 | | 《光绪容城县志》《民国容城县志》道光二十四年 |
| 经制外委把总 | 李兆和 | | | 《光绪容城县志》《民国容城县志》道光二十四年 |
| 知县加一级 | 黄顾周 | 江西人 | 监生 | 《缙绅全书》道光二十五年夏 |

| 职官 | 人名 | 籍贯 | 出身 | 出处及在职时间 |
|---|---|---|---|---|
| 备注：《光绪容城县志》《民国容城县志》道光二十四年记载其籍贯为江南南丰县人，出身为举人。 | | | | |
| 复设教谕 | 申承会 | 广平人 | 拔贡 | 《缙绅全书》道光二十五年夏 |
| 训导 | 李 湘 | 汉军厢黄旗人 | 举人 | 《缙绅全书》道光二十五年夏 |
| 典史 |  | 湖南沅陵人 | 监生 | 《缙绅全书》道光二十五年夏 |
| 知县加一级 | 黄顾周 | 江西人 | 监生 | 《缙绅全书》道光二十五年秋 |
| 复设教谕 | 申承会 | 广平人 | 拔贡 | 《缙绅全书》道光二十五年秋 |
| 训导 | 李 湘 | 汉军厢黄旗人 | 举人 | 《缙绅全书》道光二十五年秋 |
| 典史 | 王廷祥 | 奉天承德人 | 监生 | 《缙绅全书》道光二十五年秋 |
| 备注：《光绪容城县志》《民国容城县志》道光二十四年记载其为浙江人。 | | | | |

| 职官 | 人名 | 籍贯 | 出身 | 出处及在职时间 |
|---|---|---|---|---|
| 知县 | 易炳晃 | 江西分宜县人 | 进士 | 《光绪容城县志》《民国容城县志》道光二十六年 |
| 知县 | 文麟 | 盛京人 | 举人 | 《光绪容城县志》《民国容城县志》道光二十六年 |
| 经制外委把总 | 左永庆 | | | 《光绪容城县志》《民国容城县志》道光二十六年 |
| 知县加一级 | 黄顾周 | 江西人 | 监生 | 《爵秩全览》道光二十六年 |
| 复设教谕 | 申承会 | 广平人 | 拔贡 | 《爵秩全览》道光二十六年 |
| 训导 | 李湘 | 汉军厢黄旗人 | 举人 | 《爵秩全览》道光二十六年 |
| 典史 | 王廷祥 | 奉天承德人 | 监生 | 《爵秩全览》道光二十六年 |
| 训导 | 纪英适 | 献县人 | 举人 | 《光绪容城县志》《民国容城县志》道光二十七年 |
| 教谕 | 陈成桂 | 丰润县人 | 举人 | 《光绪容城县志》《民国容城县志》道光二十七年 |

| 职官 | 人名 | 籍贯 | 出身 | 出处及在职时间 |
|---|---|---|---|---|
| 知县加一级 | 文 麟 | 满洲正白旗人 | 举人 | 《缙绅全书》道光二十七年夏 |
| 复设教谕 | 申承会 | 广平人 | 拔贡 | 《缙绅全书》道光二十七年夏 |
| 训导 | 张本崇 | 万全县人 | 举人 | 《光绪容城县志》《民国容城县志》道光二十七年夏 |
| 训导 | 张本崇 | 宣化府人 | | 《缙绅全书》道光二十七年夏 |

备注：《光绪容城县志》《民国容城县志》道光二十七年记载其籍贯为万全县人。

| 职官 | 人名 | 籍贯 | 出身 | 出处及在职时间 |
|---|---|---|---|---|
| 典史 | 王廷祥 | 奉天承德人 | 监生 | 《缙绅全书》道光二十七年夏 |
| 知县加一级 | 文 麟 | 满洲正白旗人 | 举人 | 《缙绅全书》道光二十七年秋 |
| 复设教谕 | 陈成桂 | 丰润县人 | 举人 | 《缙绅全书》道光二十七年秋 |
| 训导 | 张本崇 | 宣化府人 | | 《缙绅全书》道光二十七年秋 |

| 职官 | 人名 | 籍贯 | 出身 | 出处及在职时间 |
|---|---|---|---|---|
| 典史 | 王廷祥 | 奉天承德人 | 监生 | 《缙绅全书》道光二十七年秋 |
| 知县 | 文 麟 | 满洲正白旗人 | 举人 | 《爵秩全览》道光二十八年夏 |
| 复设教谕 | 陈成桂 | 遵化州人 | 举人 | 《爵秩全览》道光二十八年夏 |
| 备注：《光绪容城县志》《民国容城县志》道光二十七年记载其地方为丰润县人。 | | | | |
| 训导 | 张本崇 | 宣化府人 | 举人 | 《爵秩全览》道光二十八年夏 |
| 典史 | 王廷祥 | 奉天承德人 | 监生 | 《爵秩全览》道光二十八年夏 |
| 知县加一级 | 文 麟 | 满洲正白旗人 | 举人 | 《缙绅全书》道光二十八年冬 |
| 复设教谕 | 陈成桂 | 遵化州人 | 举人 | 《缙绅全书》道光二十八年冬 |
| 训导 | 张本崇 | 宣化府人 | 举人 | 《缙绅全书》道光二十八年冬 |

| 职官 | 人名 | 籍贯 | 出身 | 出处及在职时间 |
|---|---|---|---|---|
| 典史 | 王廷祥 | 奉天承德人 | 监生 | 《缙绅全书》道光二十八年冬 |
| 知县 | 李重华 | 山西武郎县人 | 进士 | 《光绪容城县志》《民国容城县志》道光二十九年 |
| 知县 | 杨景彬 | 贵州镇远县人 | 监生 | 《光绪容城县志》《民国容城县志》道光二十九年 |
| 训导 | 李昌第 | | | 《光绪容城县志》《民国容城县志》道光二十九年 |
| 训导 | 周焕文 | 监山县人 | 举人 | 《光绪容城县志》《民国容城县志》道光二十九年 |
| 知县加一级 | 文麟 | 满洲正白旗人 | 举人 | 《缙绅全书》道光二十九年夏 |
| 复设教谕 | 陈成桂 | 遵化州人 | 举人 | 《缙绅全书》道光二十九年夏 |
| 训导 | 张本崇 | 宣化府人 | 举人 | 《缙绅全书》道光二十九年夏 |
| 典史 | 王廷祥 | 奉天承德人 | 监生 | 《缙绅全书》道光二十九年夏 |

| 职官 | 人名 | 籍贯 | 出身 | 出处及在职时间 |
|---|---|---|---|---|
| 知县 | 晋人骥 | 山西赵城人 | 监生 | 《光绪容城县志》《民国容城县志》道光年间 |
| 知县 | 杨景彬 | 贵州镇远人 | 监生 | 《爵秩全览》咸丰元年夏 |
| 复设教谕 | 陈成桂 | 遵化州人 | 举人 | 《爵秩全览》咸丰元年夏 |
| 训导 | 周焕文 | 天津人 | 举人 | 《爵秩全览》咸丰元年夏 |
| 备注：《光绪容城县志》《民国容城县志》道光二十九年记载其地方为监山县人。 | | | | |
| 典史 | 陆调鸿 | 江苏江宁人 | 监生 | 《爵秩全览》咸丰元年夏 |
| 训导 | 赵文涵 | 涞水县人 | 举人 | 《光绪容城县志》《民国容城县志》咸丰二年 |
| 知县 | 杨景彬 | 贵州镇远人 | 监生 | 《爵秩全览》咸丰二年冬 |

| 职官 | 人名 | 籍贯 | 出身 | 出处及在职时间 |
|---|---|---|---|---|
| 复设教谕 | 陈成桂 | 遵化州人 | 举人 | 《爵秩全览》咸丰二年冬 |
| 训导 | | 锦州府人 | | 《爵秩全览》咸丰二年冬 |
| 典史 | 颜培政 | 广东连平州人 | | 《光绪容城县志》《民国容城县志》咸丰三年 |
| 知县加一级 | 杨景彬 | 贵州镇远人 | 监生 | 《缙绅全书》咸丰三年夏 |
| 复设教谕 | 陈成桂 | 遵化州人 | 举人 | 《缙绅全书》咸丰三年夏 |
| 训导 | 徐　勳 | 顺天人 | 举人 | 《缙绅全书》咸丰三年夏 |
| 典史 | 姚　淦 | 浙江慈溪人 | 职员 | 《光绪容城县志》《民国容城县志》《缙绅全书》咸丰三年夏 |
| 知县 | 郭四维 | 陕西三水县人 | 举人 | 《光绪容城县志》《民国容城县志》咸丰四年 |

| 职官 | 人名 | 籍贯 | 出身 | 出处及在职时间 |
|---|---|---|---|---|
| 知县加一级 | 黄显局 | 江西南丰人 | 议叙 | 《缙绅全书》咸丰四年春 |
| 复设教谕 | 申承会 | 广平人 | 拔贡 | 《缙绅全书》咸丰四年春 |
| 训导 | 李 湘 | 汉军厢黄旗人 | 举人 | 《缙绅全书》咸丰四年春 |
| 典史 | 王廷祥 | 奉天承德人 | 监生 | 《缙绅全书》咸丰四年春 |
| 知县 | 杨景彬 | 贵州镇远人 | 监生 | 《缙绅全书》咸丰四年 |
| 复设教谕 | 陈成桂 | 遵化州人 | 举人 | 《缙绅全书》咸丰四年 |
| 训导 | 徐 勳 | 顺天人 | 举人 | 《缙绅全书》咸丰四年 |
| 典史 | 颜培政 | 广东连平人 | 职员 | 《缙绅全书》咸丰四年 |
| 知县 | 张熙麟 | 江苏江宁县人 | 举人 | 《光绪容城县志》《民国容城县志》咸丰五年 |

| 职官 | 人名 | 籍贯 | 出身 | 出处及在职时间 |
|---|---|---|---|---|
| 知县 | 詹作周 | 浙江秀水县人 |  | 《光绪容城县志》《民国容城县志》咸丰六年 |
| 典史 | 张 锐 | 湖南人 |  | 《光绪容城县志》《民国容城县志》咸丰六年 |
| 复设教谕 | 陈成桂 | 遵化州人 | 举人 | 《爵秩全览》咸丰六年春 |
| 训导 | 徐 勳 | 顺天府人 | 举人 | 《爵秩全览》咸丰六年春 |
| 典史 | 颜培政 | 广东连平人 | 职员 | 《爵秩全览》咸丰六年春 |
| **备注：《光绪容城县志》《民国容城县志》咸丰三年记载其籍贯为广东嘉连平州人。** |||||
| 知县加一级 |  | 贵州镇远人 | 监生 | 《缙绅全书》咸丰六年春 |
| 复设教谕 | 陈成桂 | 遵化州人 | 举人 | 《缙绅全书》咸丰六年春 |
| 训导 | 徐 勳 | 顺天府人 | 举人 | 《缙绅全书》咸丰六年春 |

| 职官 | 人名 | 籍贯 | 出身 | 出处及在职时间 |
|---|---|---|---|---|
| 典史 | 颜培政 | 广东连平人 | 职员 | 《缙绅全书》咸丰六年春 |
| 知县 | 裴福德 | 山西永济人 | 监生 | 《爵秩全览》咸丰六年夏 |
| 备注：《光绪容城县志》《民国容城县志》咸丰七年记载其出身为举人。 | | | | |
| 复设教谕 | 韩玉墀 | 河间府人 | 附生 | 《爵秩全览》咸丰六年夏 |
| 训导 | 徐 勳 | 顺天府人 | 举人 | 《爵秩全览》咸丰六年夏 |
| 典史 | 颜培政 | 广东连平人 | 职员 | 《爵秩全览》咸丰六年夏 |
| 知县 | 裴福德 | 山西永济县人 | 举人 | 《光绪容城县志》《民国容城县志》咸丰七年 |
| 教谕 | 戴 淇 | 清县人 | | 《光绪容城县志》《民国容城县志》咸丰七年 |
| 复设教谕 | 韩玉墀 | 河间府人 | 附生 | 《爵秩全览》咸丰七年秋 |

| 职官 | 人名 | 籍贯 | 出身 | 出处及在职时间 |
|---|---|---|---|---|
| 训导 | 徐　勳 | 顺天府人 | 举人 | 《爵秩全览》咸丰七年秋 |
| 典史 | 颜培政 | 广东连平人 | 职员 | 《爵秩全览》咸丰七年秋 |
| 知县 | 杨景彬 | 浙江人 | | 《爵秩全览》咸丰七年冬 |
| 复设教谕 | 陈成桂 | 遵化州人 | 举人 | 《爵秩全览》咸丰七年冬 |
| 训导 | 徐　勳 | 顺天府人 | 举人 | 《爵秩全览》咸丰七年冬 |
| 典史 | 颜培政 | 广东连平人 | 职员 | 《爵秩全览》咸丰七年冬 |
| 知县加一级 | 裴福德 | 山西永济人 | 监生 | 《缙绅全书》咸丰八年冬 |
| 备注：《光绪容城县志》《民国容城县志》咸丰七年记载其出身为举人。 | | | | |
| 教谕 | 韩玉墀 | 河间人 | 附生 | 《缙绅全书》咸丰八年冬 |

| 职官 | 人名 | 籍贯 | 出身 | 出处及在职时间 |
|---|---|---|---|---|
| 训导 | 徐 勳 | 顺天府人 | 举人 | 《缙绅全书》咸丰八年冬 |
| 典史 | 颜培政 | 广东连平人 | 职员 | 《缙绅全书》咸丰八年冬 |
| 知县加一级 | 裴福德 | 山西永济人 | 监生 | 《缙绅全书》咸丰九年夏 |
| 复设教谕 | 韩玉墀 | 河间人 | 附生 | 《缙绅全书》咸丰九年夏 |
| 训导 | 徐 勳 | 顺天府人 | 举人 | 《缙绅全书》咸丰九年夏 |
| 典史 | 颜培政 | 广东连平人 | 职员 | 《缙绅全书》咸丰九年夏 |
| 知县 | 裴福德 | 山西永济人 | 监生 | 《缙绅全书》咸丰十年秋 |
| 复设教谕 | 韩玉墀 | 河间人 | 附生 | 《缙绅全书》咸丰十年秋 |
| 训导 | 徐 勳 | 顺天府人 | 举人 | 《缙绅全书》咸丰十年秋 |

| 职官 | 人名 | 籍贯 | 出身 | 出处及在职时间 |
|---|---|---|---|---|
| 典史 | | 山东人 | 监生 | 《缙绅全书》咸丰十年秋 |
| 知县 | 裴福德 | 山西永济人 | 监生 | 《缙绅全书》咸丰十年 |
| 复设教谕 | 韩玉墀 | 河间人 | 附生 | 《缙绅全书》咸丰十年 |
| 训导 | 徐 勳 | 顺天府人 | 举人 | 《缙绅全书》咸丰十年 |
| 典史 | | 山东人 | 监生 | 《缙绅全书》咸丰十年 |
| 知县加一级 | 裴福德 | 山西永济人 | 监生 | 《缙绅全书》同治四年夏 |
| 复设教谕 | 李 樾 | 顺天人 | 廪贡 | 《缙绅全书》同治四年夏 |
| 训导 | 徐文炳 | 顺天人 | 举人 | 《缙绅全书》同治四年夏 |
| 典史 | 朱立绅 | 浙江归安人 | 监生 | 《缙绅全书》同治四年夏 |

| 职官 | 人名 | 籍贯 | 出身 | 出处及在职时间 |
|---|---|---|---|---|
| 同知衔知县 | 裴福德 | 山西永济人 | 监生 | 《缙绅全书》同治五年春 |
| 复设教谕 | 李樾 | 顺天人 | 廪贡 | 《缙绅全书》同治五年春 |
| 训导 | 徐文炳 | 顺天人 | 举人 | 《缙绅全书》同治五年春 |
| 典史 | 朱立绅 | 浙江归安人 | 监生 | 《缙绅全书》同治五年春 |
| 知县 | 裴福德 | 山西永济人 | 监生 | 《爵秩全览》同治六年春 |
| 复设教谕 | 李樾 | 顺天人 | 廪贡 | 《爵秩全览》同治六年春 |
| 训导 | 徐文炳 | 顺天人 | 举人 | 《爵秩全览》同治六年春 |
| 典史 | 朱立绅 | 浙江归安人 | 监生 | 《爵秩全览》同治六年春 |
| 知县 | 裴福德 | 山西永济人 | 监生 | 《缙绅全书》同治六年春 |

| 职官 | 人名 | 籍贯 | 出身 | 出处及在职时间 |
|---|---|---|---|---|
| 复设教谕 | 李樾 | 顺天人 | 廪贡 | 《缙绅全书》同治六年春 |
| 训导 | 徐文炳 | 顺天人 | 举人 | 《缙绅全书》同治六年春 |
| 典史 | 朱立绅 | 浙江归安人 | 监生 | 《缙绅全书》同治六年春 |
| 同知衔知县 | 裴福德 | 山西永济人 | 监生 | 《缙绅全书》同治六年秋 |
| 复设教谕 | 李樾 | 顺天人 | 廪贡 | 《缙绅全书》同治六年秋 |
| 训导 | 于士琦 | 天津人 | 举人 | 《缙绅全书》同治六年秋 |
| 典史 | 朱立绅 | 浙江归安人 | 监生 | 《缙绅全书》同治六年秋 |
| 知县 | 屠立咸 | 浙江山阴人 | 供事 | 《缙绅全书》同治八年春 |
| 复设教谕 | 李樾 | 顺天人 | 廪贡 | 《缙绅全书》同治八年春 |

| 职官 | 人名 | 籍贯 | 出身 | 出处及在职时间 |
|---|---|---|---|---|
| 训导 | 于士琦 | 天津人 | 举人 | 《缙绅全书》同治八年春 |
| 典史 | 朱立绅 | 浙江归安人 | 监生 | 《缙绅全书》同治八年春 |
| 知县加一级 | 张源潞 | 湖北钟祥人 | 监生 | 《缙绅全书》同治八年冬 |
| 复设教谕 | 李衔 | 顺天人 | 恩贡 | 《缙绅全书》同治八年冬 |
| 训导 | 于士琦 | 天津人 | 举人 | 《缙绅全书》同治八年冬 |
| 典史 | 朱立绅 | 浙江归安人 | 监生 | 《缙绅全书》同治八年冬 |
| 知县 | 张源潞 | 湖北钟祥人 | 监生 | 《爵秩全览》同治九年春 |
| 复设教谕 | 李衔 | 顺天人 | 恩贡 | 《爵秩全览》同治九年春 |
| 训导 | 于士琦 | 天津人 | 举人 | 《爵秩全览》同治九年春 |

| 职官 | 人名 | 籍贯 | 出身 | 出处及在职时间 |
|---|---|---|---|---|
| 典史 | 朱立绅 | 浙江归安人 | 监生 | 《爵秩全览》同治九年春 |
| 知县加一级 | 张源潞 | 湖北钟祥人 | 监生 | 《缙绅全书》同治九年夏 |
| 训导 | 于士琦 | 天津人 | 举人 | 《缙绅全书》同治九年夏 |
| 复设教谕 | 李 衔 | 顺天人 | 恩贡 | 《缙绅全书》同治九年夏 |
| 典史 | 朱立绅 | 浙江归安人 | 监生 | 《缙绅全书》同治九年夏 |
| 知县 | 张源潞 | 湖北钟祥人 | 监生 | 《爵秩全览》同治九年秋 |
| 训导 | 于士琦 | 天津人 | 举人 | 《爵秩全览》同治九年秋 |
| 复设教谕 | 李 衔 | 顺天人 | 恩贡 | 《爵秩全览》同治九年秋 |
| 典史 | 朱立绅 | 浙江归安人 | 监生 | 《爵秩全览》同治九年秋 |

| 职官 | 人名 | 籍贯 | 出身 | 出处及在职时间 |
|---|---|---|---|---|
| 知县加一级 | 张源潞 | 湖北钟祥人 | 监生 | 《缙绅全书》同治九年冬 |
| 训导 | 于士琦 | 天津人 | 举人 | 《缙绅全书》同治九年冬 |
| 复设教谕 | 李衔 | 顺天人 | 恩贡 | 《缙绅全书》同治九年冬 |
| 典史 | 朱立绅 | 浙江归安人 | 监生 | 《缙绅全书》同治九年冬 |
| 知县加一级 | 张源潞 | 湖北钟祥人 | 监生 | 《缙绅全书》同治十年春 |
| 训导 | 于士琦 | 天津人 | 举人 | 《缙绅全书》同治十年春 |
| 复设教谕 | 李衔 | 顺天人 | 恩贡 | 《缙绅全书》同治十年春 |
| 典史 | 朱立绅 | 浙江归安人 | 监生 | 《缙绅全书》同治十年春 |
| 知县加一级 | 张源潞 | 湖北钟祥人 | 监生 | 《缙绅全书》同治十年夏 |

| 职官 | 人名 | 籍贯 | 出身 | 出处及在职时间 |
|---|---|---|---|---|
| 训导 | 于士琦 | 天津人 | 举人 | 《缙绅全书》同治十年夏 |
| 复设教谕 | 李 衔 | 顺天人 | 恩贡 | 《缙绅全书》同治十年夏 |
| 典史 | 朱立绅 | 浙江归安人 | 监生 | 《缙绅全书》同治十年夏 |
| 知县加一级 | 韩树猷 | 四川长寿人 | 进士 | 《缙绅全书》同治十一年夏 |
| 训导 | 于士琦 | 天津人 | 举人 | 《缙绅全书》同治十一年夏 |
| 复设教谕 | 刘德隆 | 锦州人 | 恩贡 | 《缙绅全书》同治十一年夏 |
| 备注：《光绪容城县志》《民国容城县志》记载其地方为奉天锦县人，出身为岁贡。 | | | | |
| 典史 | 朱立绅 | 浙江归安人 | 监生 | 《缙绅全书》同治十一年夏 |
| 知县加一级 | 韩树猷 | 四川长寿人 | 进士 | 《缙绅全书》《中枢备览》同治十一年秋 |

| 职官 | 人名 | 籍贯 | 出身 | 出处及在职时间 |
|---|---|---|---|---|
| 训导 | 于士琦 | 天津人 | 举人 | 《缙绅全书》《中枢备览》同治十一年秋 |
| 复设教谕 | 刘德隆 | 锦州人 | 恩贡 | 《缙绅全书》《中枢备览》同治十一年秋 |
| 典史 | 翟钟振 | 奉天宁远人 | 监生 | 《缙绅全书》《中枢备览》同治十一年秋 |
| 知县加一级 | 韩樹猷 | 四川长寿人 | 进士 | 《缙绅全书》同治十二年冬 |
| 训导 | 于士琦 | 天津人 | 举人 | 《缙绅全书》同治十二年冬 |
| 复设教谕 | 刘德隆 | 锦州人 | 恩贡 | 《缙绅全书》同治十二年冬 |
| 典史 | 翟钟振 | 奉天宁远人 | 监生 | 《缙绅全书》同治十二年冬 |
| 知县加一级 | 韩樹猷 | 四川长寿人 | 进士 | 《缙绅全书》同治十三年春 |
| 复设教谕 | 刘德隆 | 锦州人 | 恩贡 | 《缙绅全书》同治十三年春 |

| 职官 | 人名 | 籍贯 | 出身 | 出处及在职时间 |
|---|---|---|---|---|
| 训导 | 王化浥 | 永平人 | 举人 | 《缙绅全书》同治十三年春 |
| 典史 | 翟钟振 | 奉天宁远人 | 监生 | 《缙绅全书》同治十三年春 |
| 知县 | 韩树猷 | 四川长寿人 | 进士 | 《爵秩全览》同治十三年夏 |
| 复设教谕 | 刘德隆 | 锦州人 | 恩贡 | 《爵秩全览》同治十三年夏 |
| 训导 | 王化浥 | 永平人 | 举人 | 《爵秩全览》同治十三年夏 |
| 典史 | 翟钟振 | 奉天宁远人 | 监生 | 《爵秩全览》同治十三年夏 |
| 知县加一级 | 韩树猷 | 四川长寿人 | 进士 | 《缙绅全书》同治十三年秋 |
| 复设教谕 | 刘德隆 | 锦州人 | 恩贡 | 《缙绅全书》同治十三年秋 |
| 训导 | 王化浥 | 永平人 | 举人 | 《缙绅全书》同治十三年秋 |

| 职官 | 人名 | 籍贯 | 出身 | 出处及在职时间 |
|---|---|---|---|---|
| 典史 | 翟钟振 | 奉天宁远人 | 监生 | 《缙绅全书》同治十三年秋 |
| 知县加一级 | 韩樹猷 | 四川长寿人 | 进士 | 《缙绅全书》同治十三年冬 |
| 复设教谕 | 刘德隆 | 锦州人 | 恩贡 | 《缙绅全书》同治十三年冬 |
| 训导 | 王化湄 | 永平人 | 举人 | 《缙绅全书》同治十三年冬 |
| 典史 | 翟钟振 | 奉天宁远人 | 监生 | 《缙绅全书》同治十三年冬 |
| 知县 | 韩樹猷 | 四川长寿人 | 进士 | 《爵秩全览》同治十三年冬 |
| 复设教谕 | 刘德隆 | 锦州人 | 恩贡 | 《爵秩全览》同治十三年冬 |
| 训导 | 王化湄 | 永平人 | 举人 | 《爵秩全览》同治十三年冬 |
| 典史 | 翟钟振 | 奉天宁远人 | 监生 | 《爵秩全览》同治十三年冬 |

| 职官 | 人名 | 籍贯 | 出身 | 出处及在职时间 |
|---|---|---|---|---|
| 知县加一级 | 韩樹猷 | 四川长寿人 | 进士 | 《缙绅全书》《中枢备览》同治十三年冬 |
| 复设教谕 | 刘德隆 | 锦州人 | 恩贡 | 《缙绅全书》《中枢备览》同治十三年冬 |
| 训导 | 王化浯 | 永平人 | 举人 | 《缙绅全书》《中枢备览》同治十三年冬 |
| 典史 | 翟钟振 | 奉天宁远人 | 监生 | 《缙绅全书》《中枢备览》同治十三年冬 |
| 知县 | 韩樹猷 | 四川长寿人 | 进士 | 《爵秩全览》光绪元年夏 |
| 复设教谕 | 刘德隆 | 锦州人 | 恩贡 | 《爵秩全览》光绪元年夏 |
| 训导 | 王化浯 | 永平人 | 举人 | 《爵秩全览》光绪元年夏 |
| 典史 | 翟钟振 | 奉天宁远人 | 监生 | 《爵秩全览》光绪元年夏 |
| 知县 | 韩樹猷 | 四川长寿人 | 进士 | 《爵秩全览》光绪元年秋 |

| 职官 | 人名 | 籍贯 | 出身 | 出处及在职时间 |
|------|------|------|------|----------------|
| 复设教谕 | 刘德隆 | 锦州人 | 恩贡 | 《爵秩全览》光绪元年秋 |
| 训导 | 王化洤 | 永平人 | 举人 | 《爵秩全览》光绪元年秋 |
| 知县加一级 | 韩樹猷 | 四川长寿人 | 进士 | 《缙绅全书》光绪二年秋 |
| 复设教谕 | 刘德隆 | 锦州人 | 恩贡 | 《缙绅全书》光绪二年秋 |
| 训导 | 王化洤 | 永平人 | 举人 | 《缙绅全书》光绪二年秋 |
| 典史 | 杨明训 | 云南南宁人 | 监生 | 《缙绅全书》光绪二年秋 |
| 知县 | 韩樹猷 | 四川长寿人 | 进士 | 《爵秩全览》光绪二年冬 |
| 复设教谕 | 刘德隆 | 锦州人 | 恩贡 | 《爵秩全览》光绪二年冬 |
| 训导 | 王化洤 | 永平人 | 举人 | 《爵秩全览》光绪二年冬 |

| 职官 | 人名 | 籍贯 | 出身 | 出处及在职时间 |
|---|---|---|---|---|
| 典史 | 杨明训 | 云南南宁人 | 监生 | 《爵秩全览》光绪二年冬 |
| 知县加一级 | 韩树猷 | 四川长寿人 | 进士 | 《缙绅全书》《中枢备览》光绪三年夏 |
| 复设教谕 | 刘德隆 | 锦州人 | 恩贡 | 《缙绅全书》《中枢备览》光绪三年夏 |
| 训导 | 王化湄 | 永平人 | 举人 | 《缙绅全书》《中枢备览》光绪三年夏 |
| 典史 | 杨明训 | 云南南宁人 | 监生 | 《缙绅全书》《中枢备览》光绪三年夏 |
| 知县加一级 | 韩树猷 | 四川长寿人 | 进士 | 《缙绅全书》光绪三年秋 |
| 复设教谕 | 刘德隆 | 锦州人 | 恩贡 | 《缙绅全书》光绪三年秋 |
| 训导 | 王化湄 | 永平人 | 举人 | 《缙绅全书》光绪三年秋 |
| 典史 | 杨明训 | 云南南宁人 | 监生 | 《缙绅全书》光绪三年秋 |

| 职官 | 人名 | 籍贯 | 出身 | 出处及在职时间 |
|---|---|---|---|---|
| 知县 | 韩樹猷 | 四川长寿人 | 进士 | 《爵秩全览》光绪三年冬 |
| 复设教谕 | 刘德隆 | 锦州人 | 恩贡 | 《爵秩全览》光绪三年冬 |
| 训导 | 高 静 | 顺天府人 | 举人 | 《爵秩全览》光绪三年冬 |
| 典史 | 杨明训 | 云南南宁人 | 监生 | 《爵秩全览》光绪三年冬 |
| 知县加一级 | 韩樹猷 | 四川长寿人 | 进士 | 《缙绅全书》《中枢备览》光绪四年秋 |
| 复设教谕 | 刘德隆 | 锦州人 | 恩贡 | 《缙绅全书》《中枢备览》光绪四年秋 |
| 训导 | 高 静 | 顺天府人 | 举人 | 《缙绅全书》《中枢备览》光绪四年秋 |
| 典史 | 杨明训 | 云南南宁人 | 监生 | 《缙绅全书》《中枢备览》光绪四年秋 |
| 知县 | 韩樹猷 | 四川长寿人 | 进士 | 《爵秩全览》光绪四年冬 |

| 职官 | 人名 | 籍贯 | 出身 | 出处及在职时间 |
|---|---|---|---|---|
| 复设教谕 | 刘德隆 | 锦州人 | 恩贡 | 《爵秩全览》光绪四年冬 |
| 训导 | 高　静 | 顺天府人 | 举人 | 《爵秩全览》光绪四年冬 |
| 典史 | 杨明训 | 云南南宁人 | 监生 | 《爵秩全览》光绪四年冬 |
| 知县加一级 | 韩樹猷 | 四川长寿人 | 进士 | 《缙绅全书》光绪五年春 |
| 复设教谕 | 刘德隆 | 锦州人 | 恩贡 | 《缙绅全书》光绪五年春 |
| 训导 | 高　静 | 顺天府人 | 举人 | 《缙绅全书》光绪五年春 |
| 典史 | 杨明训 | 云南南宁人 | 监生 | 《缙绅全书》光绪五年春 |
| 知县加一级 | 韩樹猷 | 四川长寿人 | 进士 | 《缙绅全书》光绪五年秋 |
| 复设教谕 | 刘德隆 | 锦州人 | 恩贡 | 《缙绅全书》光绪五年秋 |

| 职官 | 人名 | 籍贯 | 出身 | 出处及在职时间 |
|---|---|---|---|---|
| 训导 | 高 静 | 顺天府人 | 举人 | 《缙绅全书》光绪五年秋 |
| 典史 | 杨明训 | 云南南宁人 | 监生 | 《缙绅全书》光绪五年秋 |
| 知县加一级 | 韩樹猷 | 四川长寿人 | 进士 | 《缙绅全书》《中枢备览》光绪五年冬 |
| 复设教谕 | 刘德隆 | 锦州人 | 恩贡 | 《缙绅全书》《中枢备览》光绪五年冬 |
| 训导 | 高 静 | 顺天府人 | 举人 | 《缙绅全书》《中枢备览》光绪五年冬 |
| 典史 | 杨明训 | 云南南宁人 | 监生 | 《缙绅全书》《中枢备览》光绪五年冬 |
| 知县 | 韩樹猷 | | | 《民国容城县志》光绪六年 |
| 知县加一级 | 罗经学 | 四川泸州人 | 进士 | 《缙绅全书》光绪七年春 |
| 复设教谕 | 刘德隆 | 锦州人 | 恩贡 | 《缙绅全书》光绪七年春 |

| 职官 | 人名 | 籍贯 | 出身 | 出处及在职时间 |
|---|---|---|---|---|
| 训导 | 王德兴 | 天津人 | 举人 | 《缙绅全书》光绪七年春 |
| 典史 | 杨明训 | 云南南宁人 | 监生 | 《缙绅全书》光绪七年春 |
| 知县 | 罗经学 | 四川泸州人 | 进士 | 《爵秩全览》光绪七年冬 |
| 复设教谕 | 刘德隆 | 锦州人 | 恩贡 | 《爵秩全览》光绪七年冬 |
| 训导 | 王德兴 | 天津人 | 举人 | 《爵秩全览》光绪七年冬 |
| 典史 | 杨明训 | 云南南宁人 | 监生 | 《爵秩全览》光绪七年冬 |
| 知县加一级 | 罗经学 | 四川泸州人 | 进士 | 《缙绅全书》光绪七年冬 |
| 复设教谕 | 刘德隆 | 锦州人 | 恩贡 | 《缙绅全书》光绪七年冬 |
| 训导 | 王德兴 | 天津人 | 举人 | 《缙绅全书》光绪七年冬 |

| 职官 | 人名 | 籍贯 | 出身 | 出处及在职时间 |
|---|---|---|---|---|
| 典史 | 杨明训 | 云南南宁人 | 监生 | 《缙绅全书》光绪七年冬 |
| 知县加一级 | 罗经学 | 四川泸州人 | 进士 | 《缙绅全书》光绪八年冬 |
| 复设教谕 | 刘德隆 | 锦州人 | 恩贡 | 《缙绅全书》光绪八年冬 |
| 训导 | 王德兴 | 天津人 | 举人 | 《缙绅全书》光绪八年冬 |
| 典史 | 杨明训 | 云南南宁人 | 监生 | 《缙绅全书》光绪八年冬 |
| 知县 | 李向阳 | 奉天铁岭县人 | 进士 | 《爵秩全览》光绪十年夏 |
| 复设教谕 | 刘德隆 | 锦州人 | 恩贡 | 《爵秩全览》光绪十年夏 |
| 训导 | 王德兴 | 天津人 | 举人 | 《爵秩全览》光绪十年夏 |

| 职官 | 人名 | 籍贯 | 出身 | 出处及在职时间 |
|---|---|---|---|---|
| 典史 | | | | 《爵秩全览》光绪十年夏 |
| 知县 | 李向阳 | 奉天铁岭县人 | 进士 | 《爵秩全览》光绪十年秋 |
| 复设教谕 | 刘德隆 | 锦州人 | 恩贡 | 《爵秩全览》光绪十年秋 |
| 训导 | 王德兴 | 天津人 | 举人 | 《爵秩全览》光绪十年秋 |
| 知县 | 李向阳 | 奉天铁岭县人 | 进士 | 《爵秩全览》光绪十一年春 |
| 复设教谕 | 刘德隆 | 锦州人 | 恩贡 | 《爵秩全览》光绪十一年春 |
| 训导 | 苗祖望 | 顺天府人 | 岁贡 | 《爵秩全览》光绪十一年春 |
| 典史 | 傅 旭 | 湖北孝感人 | 监生 | 《爵秩全览》光绪十一年春 |

| 职官 | 人名 | 籍贯 | 出身 | 出处及在职时间 |
|---|---|---|---|---|
| 知县 | 李向阳 | 奉天铁岭县人 | 进士 | 《爵秩全览》光绪十一年夏 |
| 复设教谕 | 刘德隆 | 锦州人 | 恩贡 | 《爵秩全览》光绪十一年夏 |
| 训导 | 苗祖望 | 顺天府人 | 岁贡 | 《爵秩全览》光绪十一年夏 |
| 知县 | 李向阳 | 奉天铁岭县人 | 进士 | 《爵秩全览》光绪十一年秋 |
| 复设教谕 | 刘德隆 | 锦州人 | 恩贡 | 《爵秩全览》光绪十一年秋 |
| 训导 | 苗祖望 | 顺天府人 | 岁贡 | 《爵秩全览》光绪十一年秋 |
| 典史 | 孙清柱 | 云南呈贡县人 | 监生 | 《爵秩全览》光绪十一年秋 |
| 知县 | 李向阳 | 奉天人 | 进士 | 《爵秩全览》光绪十二年夏 |
| 复设教谕 | 刘德隆 | 锦州人 | 恩贡 | 《爵秩全览》光绪十二年夏 |

| 职官 | 人名 | 籍贯 | 出身 | 出处及在职时间 |
|---|---|---|---|---|
| 训导 | 苗祖望 | 顺天人 | 岁贡 | 《爵秩全览》光绪十二年夏 |
| 典史 | 孙清柱 | 云南呈贡县人 | 监生 | 《爵秩全览》光绪十二年夏 |
| 知县 | 李向阳 | 奉天人 | 进士 | 《缙绅全书》光绪十二年秋 |
| 复设教谕 | 刘德隆 | 锦州人 | 恩贡 | 《缙绅全书》光绪十二年秋 |
| 训导 | 苗祖望 | 顺天人 | 岁贡 | 《缙绅全书》光绪十二年秋 |
| 典史 | 孙清柱 | 云南呈贡县人 | 监生 | 《缙绅全书》光绪十二年秋 |
| 复设教谕 | 刘德隆 | 锦州人 | 恩贡 | 《爵秩全览》光绪十三年春 |
| 训导 | 苗祖望 | 顺天人 | 岁贡 | 《爵秩全览》光绪十三年春 |
| 典史 | 孙清柱 | 云南呈贡县人 | 监生 | 《爵秩全览》光绪十三年春 |

| 职官 | 人名 | 籍贯 | 出身 | 出处及在职时间 |
|---|---|---|---|---|
| 知县 | 西拉步 | 满洲厢红旗人 | 生员 | 《缙绅全书》《中枢备览》光绪十三年夏 |
| 复设教谕 | 刘德隆 | 锦州人 | 恩贡 | 《缙绅全书》《中枢备览》光绪十三年夏 |
| 训导 | 苗祖望 | 顺天人 | 岁贡 | 《缙绅全书》《中枢备览》光绪十三年夏 |
| 典史 | 孙清柱 | 云南呈贡县人 | 监生 | 《缙绅全书》《中枢备览》光绪十三年夏 |
| 知县 | 西拉步 | 满洲厢红旗人 | 生员 | 《缙绅全书》光绪十三年冬 |
| 复设教谕 | 刘德隆 | 锦州人 | 恩贡 | 《缙绅全书》光绪十三年冬 |
| 训导 | 苗祖望 | 顺天人 | 岁贡 | 《缙绅全书》光绪十三年冬 |
| 典史 | 孙清柱 | 云南呈贡县人 | 监生 | 《缙绅全书》光绪十三年冬 |
| 知县 | 原恩瀛 | 河南温县人 | 副贡 | 《缙绅全书》光绪十四年夏 |

| 职官 | 人名 | 籍贯 | 出身 | 出处及在职时间 |
|---|---|---|---|---|
| 复设教谕 | 刘德隆 | 锦州人 | 恩贡 | 《缙绅全书》光绪十四年夏 |
| 训导 | 苗祖望 | 顺天人 | 岁贡 | 《缙绅全书》光绪十四年夏 |
| 典史 | 孙清柱 | 云南呈贡县人 | 监生 | 《缙绅全书》光绪十四年夏 |
| 知县 | 原恩瀛 | 河南温县人 | 副贡 | 《爵秩全览》光绪十四年冬 |
| 复设教谕 | 郝萱 | 顺天府人 | 廪贡 | 《爵秩全览》光绪十四年冬 |
| 备注：《光绪容城县志》《民国容城县志》记载》其地方为武清县人，出身为贡生。 | | | | |
| 训导 | 苗祖望 | 顺天人 | 岁贡 | 《爵秩全览》光绪十四年冬 |
| 典史 | 孙清柱 | 云南呈贡县人 | 监生 | 《爵秩全览》光绪十四年冬 |
| 知县 | 原恩瀛 | 河南温县人 | 副贡 | 《爵秩全览》光绪十五年夏 |

| 职官 | 人名 | 籍贯 | 出身 | 出处及在职时间 |
|------|------|------|------|----------------|
| 复设教谕 | 郝 萱 | 顺天府人 | 廪贡 | 《爵秩全览》光绪十五年夏 |
| 训导 | 苗祖望 | 顺天人 | 岁贡 | 《爵秩全览》光绪十五年夏 |
| 典史 | 孙清柱 | 云南呈贡县人 | 监生 | 《爵秩全览》光绪十五年夏 |
| 知县 | 原恩瀛 | 河南温县人 | 副贡 | 《爵秩全览》光绪十五年秋 |
| 复设教谕 | 郝 萱 | 顺天府人 | 廪贡 | 《爵秩全览》光绪十五年秋 |
| 训导 | 苗祖望 | 顺天人 | 岁贡 | 《爵秩全览》光绪十五年秋 |
| 知县 | 原恩瀛 | 河南温县人 | 副贡 | 《爵秩全览》光绪十五年冬 |
| 训导 | 苗祖望 | 顺天府人 | 岁贡 | 《爵秩全览》光绪十五年冬 |
| 复设教谕 | 郝 萱 | 顺天府人 | 廪贡 | 《爵秩全览》光绪十五年冬 |

| 职官 | 人名 | 籍贯 | 出身 | 出处及在职时间 |
|---|---|---|---|---|
| 典史 | 孙清柱 | 云南呈贡县人 | 监生 | 《爵秩全览》光绪十五年冬 |
| 知县 | 原恩瀛 | 河南温县人 | 副贡 | 《缙绅全书》光绪十六年春 |
| 训导 | 苗祖望 | 顺天府人 | 岁贡 | 《缙绅全书》光绪十六年春 |
| 复设教谕 | 郝 萱 | 顺天府人 | 廪贡 | 《缙绅全书》光绪十六年春 |
| 典史 | 孙清柱 | 云南呈贡县人 | 监生 | 《缙绅全书》光绪十六年春 |
| 知县 | | 河南温县人 | 副贡 | 《缙绅全书》光绪十六年冬 |
| 训导 | 张殿士 | 宣化府人 | 举人 | 《缙绅全书》光绪十六年冬 |
| 复设教谕 | 郝 萱 | 顺天府人 | 廪贡 | 《缙绅全书》光绪十六年冬 |
| 典史 | 孙清柱 | 云南呈贡县人 | 监生 | 《缙绅全书》光绪十六年冬 |

| 职官 | 人名 | 籍贯 | 出身 | 出处及在职时间 |
|---|---|---|---|---|
| 知县 | 俞廷猷 | 浙江临安县人 | 恩贡 | 《爵秩全览》光绪十八年春 |
| 训导 | 张殿士 | 宣化府人 | 举人 | 《爵秩全览》光绪十八年春 |
| 复设教谕 | 郝 铸 | 奉天府人 | 恩贡 | 《爵秩全览》光绪十八年春 |
| 典史 | 孙清柱 | 云南呈贡县人 | 监生 | 《爵秩全览》光绪十八年春 |
| 知县 | 俞廷猷 | 浙江临安县人 | 恩贡 | 《爵秩全览》光绪十八年秋 |
| 训导 | 张殿士 | 宣化府人 | 举人 | 《爵秩全览》光绪十八年秋 |
| 复设教谕 | 郝 铸 | 奉天府人 | 恩贡 | 《爵秩全览》光绪十八年秋 |
| 典史 | 孙清柱 | 云南呈贡县人 | 监生 | 《爵秩全览》光绪十八年秋 |
| 知县 | 俞廷猷 | 浙江临安县人 | 恩贡 | 《爵秩全览》光绪十八年冬 |

| 职官 | 人名 | 籍贯 | 出身 | 出处及在职时间 |
|------|------|------|------|----------------|
| 训导 | 张殿士 | 宣化府人 | 举人 | 《爵秩全览》光绪十八年冬 |
| 复设教谕 | 郝 铸 | 奉天府人 | 恩贡 | 《爵秩全览》光绪十八年冬 |
| 典史 | 孙清柱 | 云南呈贡县人 | 监生 | 《爵秩全览》光绪十八年冬 |
| 知县 | 俞廷猷 | 浙江临安县人 | 恩贡 | 《缙绅全书》光绪十九年春 |
| 训导 | 张殿士 | 宣化府人 | 举人 | 《缙绅全书》光绪十九年春 |
| 复设教谕 | 郝 铸 | 奉天府人 | 恩贡 | 《缙绅全书》光绪十九年春 |
| 典史 | 孙清柱 | 云南呈贡县人 | 监生 | 《缙绅全书》光绪十九年春 |
| 知县 | 俞廷猷 | 浙江临安县人 | 恩贡 | 《爵秩全览》光绪十九年夏 |
| 训导 | 张殿士 | 宣化府人 | 举人 | 《爵秩全览》光绪十九年夏 |

| 职官 | 人名 | 籍贯 | 出身 | 出处及在职时间 |
|---|---|---|---|---|
| 复设教谕 | 郝 铸 | 奉天府人 | 恩贡 | 《爵秩全览》光绪十九年夏 |
| 典史 | 孙清柱 | 云南呈贡县人 | 监生 | 《爵秩全览》光绪十九年夏 |
| 知县 | 俞廷猷 | 浙江临安人 | 恩贡 | 《爵秩全览》光绪十九年秋 |
| 复设教谕 | 郝 铸 | 奉天府人 | 恩贡 | 《爵秩全览》光绪十九年秋 |
| 训导 | 张殿士 | 宣化府人 | 举人 | 《爵秩全览》光绪十九年秋 |
| 典史 | 孙清柱 | 云南呈贡县人 | 监生 | 《爵秩全览》光绪十九年秋 |
| 知县 | 俞廷猷 | 浙江临安人 | 恩贡 | 《缙绅全书》光绪十九年冬 |
| 复设教谕 | 郝 铸 | 奉天人 | 恩贡 | 《缙绅全书》光绪十九年冬 |
| 训导 | 张殿士 | 宣化府人 | 举人 | 《缙绅全书》光绪十九年冬 |

| 职官 | 人名 | 籍贯 | 出身 | 出处及在职时间 |
|---|---|---|---|---|
| 典史 | 孙清柱 | 云南呈贡县人 | 监生 | 《缙绅全书》光绪十九年冬 |
| 知县 | 俞廷猷 | 浙江临安人 | 恩贡 | 《爵秩全览》光绪十九年冬 |
| 复设教谕 | 郝铸 | 奉天府人 | 恩贡 | 《爵秩全览》光绪十九年冬 |
| 训导 | 张殿士 | 宣化府人 | 举人 | 《爵秩全览》光绪十九年冬 |
| 典史 | 孙清柱 | 云南呈贡县人 | 监生 | 《爵秩全览》光绪十九年冬 |
| 知县 | 俞廷猷 | 浙江临安人 | 恩贡 | 《缙绅全书》《中枢备览》光绪二十年夏 |
| 复设教谕 | 郝铸 | 奉天人 | 恩贡 | 《缙绅全书》《中枢备览》光绪二十年夏 |
| 训导 | 张殿士 | 宣化府人 | 举人 | 《缙绅全书》《中枢备览》光绪二十年夏 |
| 典史 | 孙清柱 | 云南呈贡县人 | 监生 | 《缙绅全书》《中枢备览》光绪二十年夏 |

| 职官 | 人名 | 籍贯 | 出身 | 出处及在职时间 |
|---|---|---|---|---|
| 知县 | 俞廷猷 | 浙江临安人 | 恩贡 | 《爵秩全览》光绪二十年秋 |
| 复设教谕 | 郝 铸 | 奉天府人 | 恩贡 | 《爵秩全览》光绪二十年秋 |
| 训导 | 张殿士 | 宣化府人 | 举人 | 《爵秩全览》光绪二十年秋 |
| 典史 | 孙清柱 | 云南呈贡县人 | 监生 | 《爵秩全览》光绪二十年秋 |
| 知县 | 俞廷猷 | 浙江临安人 | 恩贡 | 《爵秩全览》光绪二十一年春 |
| 复设教谕 | 郝 铸 | 奉天府人 | 恩贡 | 《爵秩全览》光绪二十一年春 |
| 训导 | 张殿士 | 宣化府人 | 举人 | 《爵秩全览》光绪二十一年春 |
| 典史 | 孙清柱 | 云南呈贡县人 | 监生 | 《爵秩全览》光绪二十一年春 |
| 知县 | 俞廷猷 | 浙江临安人 | 恩贡 | 《爵秩全览》光绪二十一年夏 |

| 职官 | 人名 | 籍贯 | 出身 | 出处及在职时间 |
|---|---|---|---|---|
| 复设教谕 | 郝 铸 | 奉天府人 | 恩贡 | 《爵秩全览》光绪二十一年夏 |
| 训导 | 张殿士 | 宣化府人 | 举人 | 《爵秩全览》光绪二十一年夏 |
| 典史 | 孙清柱 | 云南呈贡县人 | 监生 | 《爵秩全览》光绪二十一年夏 |
| 知县 | 俞廷猷 | 浙江临安人 | 恩贡 | 《爵秩全览》光绪二十一年秋 |
| 复设教谕 | 郝 铸 | 奉天府人 | 恩贡 | 《爵秩全览》光绪二十一年秋 |
| 训导 | 张殿士 | 宣化府人 | 举人 | 《爵秩全览》光绪二十一年秋 |
| 典史 | 孙清柱 | 云南呈贡县人 | 监生 | 《爵秩全览》光绪二十一年秋 |
| 知县 | 俞廷猷 | 浙江临安人 | 恩贡 | 《缙绅全书》光绪二十一年冬 |
| 复设教谕 | 郝 铸 | 奉天人 | 恩贡 | 《缙绅全书》光绪二十一年冬 |

| 职官 | 人名 | 籍贯 | 出身 | 出处及在职时间 |
|---|---|---|---|---|
| 训导 | 张殿士 | 宣化府人 | 举人 | 《缙绅全书》光绪二十一年冬 |
| 典史 | 孙清柱 | 云南呈贡县人 | 监生 | 《缙绅全书》光绪二十一年冬 |
| 知县 | 俞廷猷 | 浙江临安人 | 恩贡 | 《爵秩全览》光绪二十二年春 |
| 复设教谕 | 郝铸 | 奉天府人 | 恩贡 | 《爵秩全览》光绪二十二年春 |
| 训导 | 张殿士 | 宣化府人 | 举人 | 《爵秩全览》光绪二十二年春 |
| 典史 | 孙清柱 | 云南呈贡县人 | 监生 | 《爵秩全览》光绪二十二年春 |
| 知县 | 俞廷猷 | 浙江临安人 | 恩贡 | 《缙绅全书》光绪二十二年春 |
| 复设教谕 | 郝铸 | 奉天人 | 恩贡 | 《缙绅全书》光绪二十二年春 |
| 训导 | 张殿士 | 宣化府人 | 举人 | 《缙绅全书》光绪二十二年春 |

| 职官 | 人名 | 籍贯 | 出身 | 出处及在职时间 |
|---|---|---|---|---|
| 典史 | 孙清柱 | 云南呈贡县人 | 监生 | 《缙绅全书》光绪二十二年春 |
| 知县 | 俞廷猷 | 浙江临安人 | 恩贡 | 《爵秩全览》光绪二十二年夏 |
| 复设教谕 | 郝 铸 | 奉天府人 | 恩贡 | 《爵秩全览》光绪二十二年夏 |
| 训导 | 张殿士 | 宣化府人 | 举人 | 《爵秩全览》光绪二十二年夏 |
| 典史 | 孙清柱 | 云南呈贡县人 | 监生 | 《爵秩全览》光绪二十二年夏 |
| 知县 | 俞廷猷 | 浙江临安人 | 恩贡 | 《爵秩全览》光绪二十二年秋 |
| 复设教谕 | 郝 铸 | 奉天府人 | 恩贡 | 《爵秩全览》光绪二十二年秋 |
| 训导 | 张殿士 | 宣化府人 | 举人 | 《爵秩全览》光绪二十二年秋 |
| 典史 | 孙清柱 | 云南呈贡县人 | 监生 | 《爵秩全览》光绪二十二年秋 |

| 职官 | 人名 | 籍贯 | 出身 | 出处及在职时间 |
|---|---|---|---|---|
| 知县 | 俞廷猷 | 浙江临安人 | 恩贡 | 《爵秩全览》光绪二十二年冬 |
| 复设教谕 | 郝铸 | 奉天府人 | 恩贡 | 《爵秩全览》光绪二十二年冬 |
| 训导 | 张殿士 | 宣化府人 | 举人 | 《爵秩全览》光绪二十二年冬 |
| 典史 | 孙清柱 | 云南呈贡县人 | 监生 | 《爵秩全览》光绪二十二年冬 |
| 知县 | 牛桓 | 河南人 | | 《民国容城县志》光绪三十三年 |
| 知县 | 俞廷猷 | 浙江临安人 | 恩贡 | 《爵秩全览》光绪二十三年夏 |
| 复设教谕 | 郝铸 | 奉天府人 | 恩贡 | 《爵秩全览》光绪二十三年夏 |
| 训导 | 范陈经 | 河间府人 | 举人 | 《爵秩全览》光绪二十三年夏 |
| 典史 | 孙清柱 | 云南呈贡县人 | 监生 | 《爵秩全览》光绪二十三年夏 |

| 职官 | 人名 | 籍贯 | 出身 | 出处及在职时间 |
|---|---|---|---|---|
| 知县 | 俞廷猷 | 浙江临安人 | 恩贡 | 《缙绅全书》《中枢备览》光绪二十三年秋 |
| 复设教谕 | 郝铸 | 奉天人 | 恩贡 | 《缙绅全书》《中枢备览》光绪二十三年秋 |
| 训导 | 范陈经 | 河间人 | 举人 | 《缙绅全书》《中枢备览》光绪二十三年秋 |
| 典史 | 孙清柱 | 云南呈贡县人 | 监生 | 《缙绅全书》《中枢备览》光绪二十三年秋 |
| 知县 | 俞廷猷 | 浙江临安人 | 恩贡 | 《爵秩全览》光绪二十三年冬 |
| 复设教谕 | 郝铸 | 奉天夫人 | 恩贡 | 《爵秩全览》光绪二十三年冬 |
| 训导 | 范陈经 | 河间人 | 举人 | 《爵秩全览》光绪二十三年冬 |
| 典史 | 孙清柱 | 云南呈贡县人 | 监生 | 《爵秩全览》光绪二十三年冬 |
| 知县 | 俞廷猷 | 浙江临安人 | 恩贡 | 《爵秩全览》光绪二十四年春 |

| 职官 | 人名 | 籍贯 | 出身 | 出处及在职时间 |
|---|---|---|---|---|
| 复设教谕 | 郝 铸 | 奉天夫人 | 恩贡 | 《爵秩全览》光绪二十四年春 |
| 训导 | 范陈经 | 河间人 | 举人 | 《爵秩全览》光绪二十四年春 |
| 典史 | 孙清柱 | 云南呈贡县人 | 监生 | 《爵秩全览》光绪二十四年春 |
| 知县 | 俞廷猷 | 浙江临安人 | 恩贡 | 《爵秩全览》光绪二十四年秋 |
| 复设教谕 | 郝 铸 | 奉天夫人 | 恩贡 | 《爵秩全览》光绪二十四年秋 |
| 训导 | 范陈经 | 河间人 | 举人 | 《爵秩全览》光绪二十四年秋 |
| 典史 | 孙清柱 | 云南呈贡县人 | 监生 | 《爵秩全览》光绪二十四年秋 |
| 知县 | 俞廷猷 | 浙江临安人 | 恩贡 | 《爵秩全览》光绪二十四年冬 |
| 复设教谕 | 郝 铸 | 奉天夫人 | 恩贡 | 《爵秩全览》光绪二十四年冬 |

| 职官 | 人名 | 籍贯 | 出身 | 出处及在职时间 |
|---|---|---|---|---|
| 训导 | 范陈经 | 河间人 | 举人 | 《爵秩全览》光绪二十四年冬 |
| 典史 | 孙清柱 | 云南呈贡县人 | 监生 | 《爵秩全览》光绪二十四年冬 |
| 知县 | 俞廷猷 | 浙江临安人 | 恩贡 | 《缙绅全书》光绪二十四年冬 |
| 复设教谕 | 郝　铸 | 奉天夫人 | 恩贡 | 《缙绅全书》光绪二十四年冬 |
| 训导 | 范陈经 | 河间人 | 举人 | 《缙绅全书》光绪二十四年冬 |
| 典史 | 孙清柱 | 云南呈贡县人 | 监生 | 《缙绅全书》光绪二十四年冬 |
| 知县 | 俞廷猷 | 浙江临安人 | 恩贡 | 《爵秩全览》光绪二十五年春 |
| 复设教谕 | 郝　铸 | 奉天夫人 | 恩贡 | 《爵秩全览》光绪二十五年春 |
| 训导 | 范陈经 | 河间人 | 举人 | 《爵秩全览》光绪二十五年春 |

| 职官 | 人名 | 籍贯 | 出身 | 出处及在职时间 |
|---|---|---|---|---|
| 典史 | 孙清柱 | 云南呈贡县人 | 监生 | 《爵秩全览》光绪二十五年春 |
| 知县 | 俞廷猷 | 浙江临安人 | 恩贡 | 《缙绅全书》《中枢备览》光绪二十五年春 |
| 复设教谕 | 郝铸 | 奉天夫人 | 恩贡 | 《缙绅全书》《中枢备览》光绪二十五年春 |
| 训导 | 范陈经 | 河间人 | 举人 | 《缙绅全书》《中枢备览》光绪二十五年春 |
| 典史 | 孙清柱 | 云南呈贡县人 | 监生 | 《缙绅全书》《中枢备览》光绪二十五年春 |
| 知县 | 俞廷猷 | 浙江临安人 | 恩贡 | 《爵秩全览》光绪二十五年夏 |
| 复设教谕 | 郝铸 | 奉天夫人 | 恩贡 | 《爵秩全览》光绪二十五年夏 |
| 训导 | 范陈经 | 河间人 | 举人 | 《爵秩全览》光绪二十五年夏 |
| 典史 | 孙清柱 | 云南呈贡县人 | 监生 | 《爵秩全览》光绪二十五年夏 |

| 职官 | 人名 | 籍贯 | 出身 | 出处及在职时间 |
|---|---|---|---|---|
| 知县 | 俞廷猷 | 浙江临安县人 | 恩贡 | 《缙绅全书》光绪二十五年夏 |
| 训导 | 范陈经 | 河间人 | 举人 | 《缙绅全书》光绪二十五年夏 |
| 复设教谕 | 郝铸 | 奉天府人 | 恩贡 | 《缙绅全书》光绪二十五年夏 |
| 典史 | 孙清柱 | 云南呈贡县人 | 监生 | 《缙绅全书》光绪二十五年夏 |
| 知县 | 俞廷猷 | 浙江临安县人 | 恩贡 | 《爵秩全览》光绪二十五年秋 |
| 训导 | 范陈经 | 河间人 | 举人 | 《爵秩全览》光绪二十五年秋 |
| 复设教谕 | 郝铸 | 奉天府人 | 恩贡 | 《爵秩全览》光绪二十五年秋 |
| 典史 | 孙清柱 | 云南呈贡县人 | 监生 | 《爵秩全览》光绪二十五年秋 |
| 知县 | 俞廷猷 | 浙江临安县人 | 恩贡 | 《缙绅全书》《中枢备览》光绪二十五年冬 |
| 训导 | 范陈经 | 河间人 | 举人 | 《缙绅全书》《中枢备览》光绪二十五年冬 |

| 职官 | 人名 | 籍贯 | 出身 | 出处及在职时间 |
|---|---|---|---|---|
| 复设教谕 | 郝 铸 | 奉天府人 | 恩贡 | 《缙绅全书》《中枢备览》光绪二十五年冬 |
| 典史 | 孙清柱 | 云南呈贡县人 | 监生 | 《缙绅全书》《中枢备览》光绪二十五年冬 |
| 知县 | 王思纯 | | | 《民国容城县志》光绪二十六年 |
| 知县 | 俞廷猷 | 浙江临安县人 | 恩贡 | 《缙绅全书》《中枢备览》光绪二十六年春 |
| 训导 | 范陈经 | 河间人 | 举人 | 《缙绅全书》《中枢备览》光绪二十六年春 |
| 复设教谕 | 郝 铸 | 奉天府人 | 恩贡 | 《缙绅全书》《中枢备览》光绪二十六年春 |
| 典史 | 孙清柱 | 云南呈贡县人 | 监生 | 《缙绅全书》《中枢备览》光绪二十六年春 |
| 知县 | 俞廷猷 | 浙江临安县人 | 恩贡 | 《缙绅全书》光绪二十六年夏 |
| 训导 | 范陈经 | 河间人 | 举人 | 《缙绅全书》光绪二十六年夏 |
| 复设教谕 | 郝 铸 | 奉天府人 | 恩贡 | 《缙绅全书》光绪二十六年夏 |

| 职官 | 人名 | 籍贯 | 出身 | 出处及在职时间 |
|---|---|---|---|---|
| 典史 | 孙清柱 | 云南呈贡县人 | 监生 | 《缙绅全书》光绪二十六年夏 |
| 知县 | 俞廷猷 | 浙江临安县人 | 恩贡 | 《爵秩全览》光绪二十六年秋 |
| 训导 | 范陈经 | 河间人 | 举人 | 《爵秩全览》光绪二十六年秋 |
| 复设教谕 | 郝铸 | 奉天府人 | 恩贡 | 《爵秩全览》光绪二十六年秋 |
| 典史 | 孙清柱 | 云南呈贡县人 | 监生 | 《爵秩全览》光绪二十六年秋 |
| 知县 | 俞廷猷 | 浙江临安县人 | 恩贡 | 《缙绅全书》光绪二十七年春 |
| 训导 | 范陈经 | 河间人 | 举人 | 《缙绅全书》光绪二十七年春 |
| 复设教谕 | 郝铸 | 奉天府人 | 恩贡 | 《缙绅全书》光绪二十七年春 |
| 典史 | 孙清柱 | 云南呈贡县人 | 监生 | 《缙绅全书》光绪二十七年春 |
| 知县 | 严祖庆 | 河南信阳人 | 恩贡 | 《爵秩全览》光绪二十七年冬 |

| 职官 | 人名 | 籍贯 | 出身 | 出处及在职时间 |
|---|---|---|---|---|
| 训导 | 范陈经 | 河间人 | 举人 | 《爵秩全览》光绪二十七年冬 |
| 复设教谕 | 郝　铸 | 奉天府人 | 恩贡 | 《爵秩全览》光绪二十七年冬 |
| 典史 | 孙清柱 | 云南呈贡县人 | 监生 | 《爵秩全览》光绪二十七年冬 |
| 知县 | | | 恩贡 | 《缙绅全书》《中枢备览》光绪二十七年冬 |
| 复设教谕 | 郝　铸 | 奉天锦县人 | 恩贡 | 《缙绅全书》《中枢备览》光绪二十七年冬 |
| 训导 | 范陈经 | 河间人 | 举人 | 《缙绅全书》《中枢备览》光绪二十七年冬 |
| 典史 | 孙清柱 | 云南呈贡县人 | 监生 | 《缙绅全书》《中枢备览》光绪二十七年冬 |
| 知县 | 严祖庆 | 河南信阳州人 | 恩贡 | 《爵秩全览》光绪二十八年春 |
| 复设教谕 | 郝　铸 | 奉天锦县人 | 恩贡 | 《爵秩全览》光绪二十八年春 |
| 训导 | 范陈经 | 河间人 | 举人 | 《爵秩全览》光绪二十八年春 |

| 职官 | 人名 | 籍贯 | 出身 | 出处及在职时间 |
|------|------|------|------|----------------|
| 典史 | 孙清柱 | 云南呈贡县人 | 监生 | 《爵秩全览》光绪二十八年春 |
| 知县 | 严祖庆 | 河南信阳州人 | 恩贡 | 《缙绅全书》《中枢备览》《爵秩全览》光绪二十八年夏 |
| 复设教谕 | 郝铸 | 奉天锦县人 | 恩贡 | 《缙绅全书》《中枢备览》《爵秩全览》光绪二十八年夏 |
| 训导 | 范陈经 | 河间人 | 举人 | 《缙绅全书》《中枢备览》《爵秩全览》光绪二十八年夏 |
| 典史 | 孙清柱 | 云南呈贡县人 | 监生 | 《缙绅全书》《中枢备览》《爵秩全览》光绪二十八年夏 |
| 知县 | 严祖庆 | 河南信阳州人 | 恩贡 | 《爵秩全览》光绪二十八年秋 |
| 复设教谕 | 郝铸 | 奉天锦县人 | 恩贡 | 《爵秩全览》光绪二十八年秋 |
| 训导 | 范陈经 | 河间人 | 举人 | 《爵秩全览》光绪二十八年秋 |
| 典史 | 孙清柱 | 云南呈贡县人 | 监生 | 《爵秩全览》光绪二十八年秋 |
| 知县 | 严祖庆 | 河南信阳州人 | 恩贡 | 《缙绅全书》《中枢备览》光绪二十八年冬 |

| 职官 | 人名 | 籍贯 | 出身 | 出处及在职时间 |
|---|---|---|---|---|
| 复设教谕 | 郝　铸 | 奉天锦县人 | 恩贡 | 《缙绅全书》《中枢备览》光绪二十八年冬 |
| 训导 | 范陈经 | 河间人 | 举人 | 《缙绅全书》《中枢备览》光绪二十八年冬 |
| 典史 | 孙清柱 | 云南呈贡县人 | 监生 | 《缙绅全书》《中枢备览》光绪二十八年冬 |
| 知县 | 严祖庆 | 河南信阳州人 | 恩贡 | 《爵秩全览》光绪二十九年春 |
| 复设教谕 | 郝　铸 | 奉天锦县人 | 恩贡 | 《爵秩全览》《缙绅全书》《中枢备览》光绪二十九年春 |
| 训导 | 范陈经 | 河间人 | 举人 | 《爵秩全览》《缙绅全书》《中枢备览》光绪二十九年春 |
| 典史 | 孙清柱 | 云南呈贡县人 | 监生 | 《爵秩全览》《缙绅全书》《中枢备览》光绪二十九年春 |
| 知县 | 陶承先 | 浙江会稽人 | 监生 | 《缙绅全书》《中枢备览》光绪二十九年春 |
| 知县 | 陶承先 | 浙江会稽人 | 监生 | 《缙绅全书》光绪二十九年夏 |
| 复设教谕 | 郝　铸 | 奉天锦县人 | 恩贡 | 《缙绅全书》光绪二十九年夏 |

| 职官 | 人名 | 籍贯 | 出身 | 出处及在职时间 |
|---|---|---|---|---|
| 训导 | 范陈经 | 河间人 | 举人 | 《缙绅全书》光绪二十九年夏 |
| 典史 | 孙清柱 | 云南呈贡县人 | 监生 | 《缙绅全书》光绪二十九年夏 |
| 知县 | 陶承先 | 浙江会稽人 | 监生 | 《爵秩全览》光绪二十九年秋 |
| 复设教谕 | 郝铸 | 奉天锦县人 | 恩贡 | 《爵秩全览》光绪二十九年秋 |
| 训导 | 范陈经 | 河间人 | 举人 | 《爵秩全览》光绪二十九年秋 |
| 典史 | 孙清柱 | 云南呈贡县人 | 监生 | 《爵秩全览》光绪二十九年秋 |
| 知县 | 陶承先 | 浙江会稽人 | 监生 | 《缙绅全书》《中枢备览》光绪二十九年秋 |
| 复设教谕 | 郝铸 | 奉天锦县人 | 恩贡 | 《缙绅全书》《中枢备览》光绪二十九年秋 |
| 训导 | 范陈经 | 河间人 | 举人 | 《缙绅全书》《中枢备览》光绪二十九年秋 |
| 典史 | 孙清柱 | 云南呈贡县人 | 监生 | 《缙绅全书》《中枢备览》光绪二十九年秋 |

| 职官 | 人名 | 籍贯 | 出身 | 出处及在职时间 |
|---|---|---|---|---|
| 知县 | 陶承先 | 浙江会稽人 | 监生 | 《缙绅全书》《中枢备览》光绪二十九年冬 |
| 复设教谕 | 郝 铸 | 奉天锦县人 | 恩贡 | 《缙绅全书》《中枢备览》光绪二十九年冬 |
| 训导 | 范陈经 | 河间人 | 举人 | 《缙绅全书》《中枢备览》光绪二十九年冬 |
| 典史 | 孙清柱 | 云南呈贡县人 | 监生 | 《缙绅全书》《中枢备览》光绪二十九年冬 |
| 知县 | 陶承先 | 浙江会稽人 | 监生 | 《缙绅全书》《中枢备览》光绪三十年春 |
| 复设教谕 | 郝 铸 | 奉天锦县人 | 恩贡 | 《缙绅全书》《中枢备览》光绪三十年春 |
| 训导 | 范陈经 | 河间人 | 举人 | 《缙绅全书》《中枢备览》光绪三十年春 |
| 典史 | 孙清柱 | 云南呈贡县人 | 监生 | 《缙绅全书》《中枢备览》光绪三十年春 |
| 知县 | 陶承先 | 浙江会稽人 | 监生 | 《爵秩全览》光绪三十年夏 |
| 复设教谕 | 郝 铸 | 奉天锦县人 | 恩贡 | 《爵秩全览》光绪三十年夏 |

| 职官 | 人名 | 籍贯 | 出身 | 出处及在职时间 |
|---|---|---|---|---|
| 训导 | 范陈经 | 河间人 | 举人 | 《爵秩全览》光绪三十年夏 |
| 典史 | 孙清柱 | 云南呈贡县人 | 监生 | 《爵秩全览》光绪三十年夏 |
| 知县 | 陶承先 | 浙江会稽人 | 监生 | 《缙绅全书》《中枢备览》光绪三十年夏 |
| 复设教谕 | 郝 铸 | 奉天锦县人 | 恩贡 | 《缙绅全书》《中枢备览》光绪三十年夏 |
| 训导 | 范陈经 | 河间人 | 举人 | 《缙绅全书》《中枢备览》光绪三十年夏 |
| 典史 | 孙清柱 | 云南呈贡县人 | 监生 | 《缙绅全书》《中枢备览》光绪三十年夏 |
| 知县 | 刘 寅 | 湖北黄冈人 | 监生 | 《缙绅全书》光绪三十年冬 |
| 复设教谕 | 郝 铸 | 奉天锦县人 | 恩贡 | 《缙绅全书》光绪三十年冬 |
| 训导 | 范陈经 | 河间人 | 举人 | 《缙绅全书》光绪三十年冬 |
| 典史 | 孙清柱 | 云南呈贡县人 | 监生 | 《缙绅全书》光绪三十年冬 |

| 职官 | 人名 | 籍贯 | 出身 | 出处及在职时间 |
|------|------|------|------|------------------|
| 知县 | 刘　寅 | 湖北黄冈人 | 监生 | 《缙绅全书》《中枢备览》光绪三十一年春 |
| 训导 | 范陈经 | 河间人 | 举人 | 《缙绅全书》《中枢备览》光绪三十一年春 |
| 复设教谕 | 郝　铸 | 奉天府人 | 恩贡 | 《缙绅全书》《中枢备览》光绪三十一年春 |
| 典史 | 孙清柱 | 云南呈贡县人 | 监生 | 《缙绅全书》《中枢备览》光绪三十一年春 |
| 知县 | 刘　寅 | 湖北黄冈人 | 监生 | 《爵秩全览》光绪三十一年夏 |
| 训导 | 范陈经 | 河间人 | 举人 | 《爵秩全览》光绪三十一年夏 |
| 复设教谕 | 郝　铸 | 奉天府人 | 恩贡 | 《爵秩全览》光绪三十一年夏 |
| 典史 | 孙清柱 | 云南呈贡县人 | 监生 | 《爵秩全览》光绪三十一年夏 |
| 知县 | 刘　寅 | 湖北黄冈人 | 监生 | 《缙绅全书》《中枢备览》光绪三十一年夏 |
| 训导 | 范陈经 | 河间人 | 举人 | 《缙绅全书》《中枢备览》光绪三十一年夏 |

| 职官 | 人名 | 籍贯 | 出身 | 出处及在职时间 |
|---|---|---|---|---|
| 复设教谕 | 郝 铸 | 奉天府人 | 恩贡 | 《缙绅全书》《中枢备览》光绪三十一年夏 |
| 典史 | 孙清柱 | 云南呈贡县人 | 监生 | 《缙绅全书》《中枢备览》光绪三十一年夏 |
| 知县 | 刘 寅 | 湖北黄冈人 | 监生 | 《爵秩全览》光绪三十一年秋 |
| 训导 | 范陈经 | 河间人 | 举人 | 《爵秩全览》光绪三十一年秋 |
| 复设教谕 | 郝 铸 | 奉天府人 | 恩贡 | 《爵秩全览》光绪三十一年秋 |
| 典史 | 孙清柱 | 云南呈贡县人 | 监生 | 《爵秩全览》光绪三十一年秋 |
| 知县 | 刘 寅 | 湖北黄冈人 | 监生 | 《爵秩全览》光绪三十一年冬 |
| 训导 | 范陈经 | 河间人 | 举人 | 《爵秩全览》光绪三十一年冬 |
| 复设教谕 | 郝 铸 | 奉天府人 | 恩贡 | 《爵秩全览》光绪三十一年冬 |
| 典史 | 孙清柱 | 云南呈贡县人 | 监生 | 《爵秩全览》光绪三十一年冬 |

| 职官 | 人名 | 籍贯 | 出身 | 出处及在职时间 |
|------|------|------|------|----------------|
| 知县 | 刘 寅 | 湖北黄冈人 | 监生 | 《爵秩全览》光绪三十二年春 |
| 训导 | 范陈经 | 河间人 | 举人 | 《爵秩全览》光绪三十二年春 |
| 复设教谕 | 郝 铸 | 奉天府人 | 恩贡 | 《爵秩全览》光绪三十二年春 |
| 典史 | 孙清柱 | 云南呈贡县人 | 监生 | 《爵秩全览》光绪三十二年春 |
| 知县 | 刘 寅 | 湖北黄冈人 | 监生 | 《缙绅全书》《中枢备览》光绪三十二年春 |
| 训导 | 范陈经 | 河间人 | 举人 | 《缙绅全书》《中枢备览》光绪三十二年春 |
| 复设教谕 | 郝 铸 | 奉天府人 | 恩贡 | 《缙绅全书》《中枢备览》光绪三十二年春 |
| 典史 | 孙清柱 | 云南呈贡县人 | 监生 | 《缙绅全书》《中枢备览》光绪三十二年春 |
| 知县 | 连德魁 | 奉天海城人 | 监生 | 《缙绅全书》光绪三十二年夏 |
| 训导 | 范陈经 | 河间人 | 举人 | 《缙绅全书》光绪三十二年夏 |

| 职官 | 人名 | 籍贯 | 出身 | 出处及在职时间 |
|---|---|---|---|---|
| 复设教谕 | 郝 铸 | 奉天府人 | 恩贡 | 《缙绅全书》光绪三十二年夏 |
| 典史 | 孙清柱 | 云南呈贡县人 | 监生 | 《缙绅全书》光绪三十二年夏 |
| 知县 | 连德魁 | 奉天海城人 | 监生 | 《缙绅全书》光绪三十二年秋 |
| 训导 | 范陈经 | 河间人 | 举人 | 《缙绅全书》光绪三十二年秋 |
| 复设教谕 | | 奉天人 | 恩贡 | 《缙绅全书》光绪三十二年秋 |
| 典史 | 孙清柱 | 云南呈贡县人 | 监生 | 《缙绅全书》光绪三十二年秋 |
| 知县 | 连德魁 | 奉天海城人 | 监生 | 《缙绅全书》光绪三十二年冬 |
| 训导 | 范陈经 | 河间人 | 举人 | 《缙绅全书》光绪三十二年冬 |
| 复设教谕 | | 奉天人 | 恩贡 | 《缙绅全书》光绪三十二年冬 |
| 典史 | 孙清柱 | 云南呈贡县人 | 监生 | 《缙绅全书》光绪三十二年冬 |

| 职官 | 人名 | 籍贯 | 出身 | 出处及在职时间 |
|------|------|------|------|------|
| 知县 | 连德魁 | 奉天海城人 | 监生 | 《爵秩全览》光绪三十二年冬 |
| 训导 | 范陈经 | 河间人 | 举人 | 《爵秩全览》光绪三十二年冬 |
| 典史 | 孙清柱 | 云南呈贡县人 | 监生 | 《爵秩全览》光绪三十二年冬 |
| 知县 | 连德魁 | 奉天海城人 | 监生 | 《爵秩全览》光绪三十三年春 |
| 训导 | 范陈经 | 河间人 | 举人 | 《爵秩全览》光绪三十三年春 |
| 典史 | 孙清柱 | 云南呈贡县人 | 监生 | 《爵秩全览》光绪三十三年春 |
| 知县 | 连德魁 | 奉天海城人 | 监生 | 《缙绅全书》《中枢备览》光绪三十三年夏 |
| 复设教谕 | | 奉天人 | 恩贡 | 《缙绅全书》《中枢备览》光绪三十三年夏 |
| 训导 | 范陈经 | 河间人 | 举人 | 《缙绅全书》《中枢备览》光绪三十三年夏 |
| 典史 | 孙清柱 | 云南呈贡县人 | 监生 | 《缙绅全书》《中枢备览》光绪三十三年夏 |

| 职官 | 人名 | 籍贯 | 出身 | 出处及在职时间 |
|---|---|---|---|---|
| 知县 | 连德魁 | 奉天海城人 | 监生 | 《爵秩全览》光绪三十三年秋 |
| 训导 | 范陈经 | 河间人 | 举人 | 《爵秩全览》光绪三十三年秋 |
| 典史 | 孙清柱 | 云南呈贡县人 | 监生 | 《爵秩全览》光绪三十三年秋 |
| 知县 | 连德魁 | 奉天海城人 | 监生 | 《爵秩全览》光绪三十三年冬 |
| 训导 | 范陈经 | 河间府人 | 举人 | 《爵秩全览》光绪三十三年冬 |
| 典史 | 孙清柱 | 云南呈贡县人 | 监生 | 《爵秩全览》光绪三十三年冬 |
| 知县 | 连德魁 | 奉天海城人 | 监生 | 《爵秩全览》光绪三十四年春 |
| 训导 | 范陈经 | 河间府人 | 举人 | 《爵秩全览》光绪三十四年春 |
| 典史 | 孙清柱 | 云南呈贡县人 | 监生 | 《爵秩全览》光绪三十四年春 |
| 知县 | 连德魁 | 奉天海城人 | | 《最新百官绿》光绪三十四年春 |

| 职官 | 人名 | 籍贯 | 出身 | 出处及在职时间 |
|---|---|---|---|---|
| 典史 | 孙清柱 | 云南呈贡县人 | | 《最新百官绿》光绪三十四年春 |
| 知县 | 梁成哲 | 山西徐沟人 | 进士 | 《爵秩全览》光绪三十四年夏 |
| 训导 | 李元璋 | 天津府人 | 岁贡 | 《爵秩全览》光绪三十四年夏 |
| 典史 | 孙清柱 | 云南呈贡县人 | 监生 | 《爵秩全览》光绪三十四年夏 |
| 知县 | 梁成哲 | 山西徐沟人 | 进士 | 《爵秩全览》光绪三十四年秋 |
| 训导 | 李元璋 | 天津府人 | 岁贡 | 《爵秩全览》光绪三十四年秋 |
| 典史 | 孙清柱 | 云南呈贡县人 | 监生 | 《爵秩全览》光绪三十四年秋 |
| 知县 | 梁成哲 | 山西徐沟人 | 进士 | 《爵秩全览》光绪三十四年冬 |
| 训导 | 李元璋 | 天津府人 | 岁贡 | 《爵秩全览》光绪三十四年冬 |
| 典史 | 孙清柱 | 云南呈贡县人 | 监生 | 《爵秩全览》光绪三十四年冬 |

| 职官 | 人名 | 籍贯 | 出身 | 出处及在职时间 |
|------|------|------|------|----------------|
| 知县 | 梁成哲 | 山西徐沟人 | 进士 | 《爵秩全览》宣统元年春 |
| 训导 | 李元璋 | 天津府人 | 岁贡 | 《爵秩全览》宣统元年春 |
| 典史 | 孙清柱 | 云南呈贡县人 | 监生 | 《爵秩全览》宣统元年春 |
| 知县 | 梁成哲 | 山西徐沟人 | 进士 | 《爵秩全览》宣统元年夏 |
| 训导 | 李元璋 | 天津府人 | 岁贡 | 《爵秩全览》宣统元年夏 |
| 典史 | 孙清柱 | 云南呈贡县人 | 监生 | 《爵秩全览》宣统元年夏 |
| 知县 | 梁成哲 | 山西徐沟人 | 进士 | 《爵秩全览》宣统元年秋 |
| 训导 | 李元璋 | 天津府人 | 岁贡 | 《爵秩全览》宣统元年秋 |
| 典史 | 孙清柱 | 云南呈贡县人 | 监生 | 《爵秩全览》宣统元年秋 |
| 知县 | 梁成哲 | 山西徐沟人 | 进士 | 《爵秩全览》宣统元年冬 |

| 职官 | 人名 | 籍贯 | 出身 | 出处及在职时间 |
|------|------|------|------|----------------|
| 训导 | 李元璋 | 天津府人 | 岁贡 | 《爵秩全览》宣统元年冬 |
| 典史 | 孙清柱 | 云南呈贡县人 | 监生 | 《爵秩全览》宣统元年冬 |
| 知县 | 梁成哲 | 山西徐沟人 | 进士 | 《缙绅全书》宣统元年冬 |
| 训导 | 李元璋 | 天津人 | 岁贡 | 《缙绅全书》宣统元年冬 |
| 典史 | 孙清柱 | 云南呈贡县人 | 监生 | 《缙绅全书》宣统元年冬 |
| 知县 | 梁成哲 | 山西徐沟人 | 进士 | 《爵秩全览》宣统二年春 |
| 训导 | 李元璋 | 天津人 | 岁贡 | 《爵秩全览》宣统二年春 |
| 典史 | 孙清柱 | 云南呈贡县人 | 监生 | 《爵秩全览》宣统二年春 |
| 知县 | 梁成哲 | 山西徐沟人 | 进士 | 《爵秩全览》宣统二年夏 |
| 训导 | 李元璋 | 天津人 | 岁贡 | 《爵秩全览》宣统二年夏 |

| 职官 | 人名 | 籍贯 | 出身 | 出处及在职时间 |
|---|---|---|---|---|
| 典史 | 孙清柱 | 云南呈贡县人 | 监生 | 《爵秩全览》宣统二年夏 |
| 知县 | 梁成哲 | 山西徐沟人 | 进士 | 《爵秩全览》宣统二年秋 |
| 训导 | 李元璋 | 天津人 | 岁贡 | 《爵秩全览》宣统二年秋 |
| 典史 | 孙清柱 | 云南呈贡县人 | 监生 | 《爵秩全览》宣统二年秋 |
| 知县 | 梁成哲 | 山西徐沟人 | 进士 | 《爵秩全览》宣统二年冬 |
| 训导 | 吴曾隆 | 永平府人 | 副贡 | 《爵秩全览》宣统二年冬 |
| 典史 | 孙清柱 | 云南呈贡县人 | 监生 | 《爵秩全览》宣统二年冬 |
| 知县 | 李盛銮 | | | 《民国容城县志》宣统三年 |
| 知县 | 梁成哲 | 山西徐沟人 | 进士 | 《爵秩全览》宣统三年春 |
| 训导 | 吴曾隆 | 永平府人 | 副贡 | 《爵秩全览》宣统三年春 |

| 职官 | 人名 | 籍贯 | 出身 | 出处及在职时间 |
|---|---|---|---|---|
| 典史 | 孙清柱 | 云南呈贡县人 | 监生 | 《爵秩全览》宣统三年春 |
| 知县 | 梁成哲 | 山西徐沟人 | 进士 | 《爵秩全览》宣统三年夏 |
| 训导 | 吴曾隆 | 永平府人 | 副贡 | 《爵秩全览》宣统三年夏 |
| 典史 | 孙清柱 | 云南呈贡县人 | 监生 | 《爵秩全览》宣统三年夏 |
| 知县 | 梁成哲 | 山西徐沟人 | 进士 | 《爵秩全览》宣统三年秋 |
| 训导 | 吴曾隆 | 永平府人 | 副贡 | 《爵秩全览》宣统三年秋 |
| 典史 | 孙清柱 | 云南呈贡县人 | 监生 | 《爵秩全览》宣统三年秋 |
| 知县 | 梁成哲 | 山西徐沟人 | 进士 | 《职官录》宣统三年冬 |
| 训导 | 吴曾隆 | 永平府人 | 副贡 | 《职官录》宣统三年冬 |
| 典史 | 孙清柱 | 云南呈贡县人 | 监生 | 《职官录》宣统三年冬 |

| 职官 | 人名 | 籍贯 | 出身 | 出处及在职时间 |
|------|------|------|------|----------------|
| 知县 | 梁成哲 | 山西徐沟人 | 进士 | 《职官录》宣统四年春 |
| 训导 | 吴曾隆 | 永平府人 | 副贡 | 《职官录》宣统四年春 |
| 典史 | 孙清柱 | 云南呈贡县人 | 监生 | 《职官录》宣统四年春 |
| 职官 | 人名 | 籍贯 | 出身 | 出处及在职时间 |
| 知县 | 邱赞 | 广东嘉应州 | 举人 | 《光绪容城县志》《民国容城县志》 |
| 知县 | 李灿章 | | | 《民国容城县志》 |
| 知县 | 陶承先 | | | 《民国容城县志》 |
| 知县 | 丁树屏 | | | 《民国容城县志》 |
| 知县 | 刘 寅 | | | 《民国容城县志》 |
| 知县 | 姜宗泰 | 山东莱阳县人 | | 《民国容城县志》 |

| 职官 | 人名 | 籍贯 | 出身 | 出处及在职时间 |
|---|---|---|---|---|
| 知县 | 董书 | | | 《光绪容城县志》《民国容城县志》 |
| 知县 | 龚谦 | | | 《光绪容城县志》《民国容城县志》 |
| 知县 | 崔作谋 | | | 《光绪容城县志》《民国容城县志》 |
| 知县 | 刘自谦 | | | 《光绪容城县志》《民国容城县志》 |
| 知县 | 何维绮 | | | 《光绪容城县志》《民国容城县志》 |
| 知县 | 连德魁 | | | 《民国容城县志》 |
| 知县 | 马炳炎 | | | 《民国容城县志》 |
| 知县 | 梁成哲 | | | 《民国容城县志》 |
| 知县 | 赵之培 | | | 《民国容城县志》 |
| 典史 | 万献琛 | | | 《民国容城县志》 |

| 职官 | 人名 | 籍贯 | 出身 | 出处及在职时间 |
|------|------|------|------|----------------|
| 典史 | 孙清柱 | | | 《民国容城县志》 |
| 典史 | 朱廷献 | | | 《民国容城县志》 |
| 教谕 | 刘鹏霄 | | | 《光绪容城县志》《民国容城县志》 |
| 教谕 | 李 衔 | 宁河县人 | 贡生 | 《光绪容城县志》《民国容城县志》 |
| 教谕 | 刘德隆 | 奉天锦县人 | 岁贡 | 《光绪容城县志》《民国容城县志》 |
| 教谕 | 郝 萱 | 武清县人 | 贡生 | 《光绪容城县志》《民国容城县志》 |
| 教谕 | 郝 铸 | 奉天锦县人 | 岁贡 | 《光绪容城县志》《民国容城县志》 |
| 教谕 | 柴应辰 | 顺天永清人 | 举人 | 《光绪容城县志》《民国容城县志》 |
| 训导 | 吕世臣 | | | 《光绪容城县志》《民国容城县志》 |
| 训导 | 李清叔 | | | 《光绪容城县志》《民国容城县志》 |

| 职官 | 人名 | 籍贯 | 出身 | 出处及在职时间 |
|------|------|------|------|----------------|
| 训导 | 胡士凤 | 直隶人 |  | 《乾隆容城县志》《光绪容城县志》《民国容城县志》 |
| 训导 | 张师道 | 直隶人 |  | 《乾隆容城县志》《光绪容城县志》《民国容城县志》 |
| 训导 | 韩玉墀 | 河间人 | 贡生 | 《光绪容城县志》《民国容城县志》 |
| 训导 | 于士琦 | 天津人 | 举人 | 《光绪容城县志》《民国容城县志》 |
| 训导 | 王德兴 | 天津人 | 举人 | 《光绪容城县志》《民国容城县志》 |
| 训导 | 苗祖望 | 宁河人 | 岁贡 | 《光绪容城县志》《民国容城县志》 |
| 训导 | 张殿士 | 宣化府人 | 举人 | 《光绪容城县志》《民国容城县志》 |
| 教谕训导 | 范陈经 | 河间肃宁人 | 举人 | 《民国容城县志》 |
| 教谕训导 | 吴会隆 | 栾州人 |  | 《民国容城县志》 |
| 经制外委 | 萧镇东 | 新城人 |  | 《民国容城县志》 |

| 职官 | 人名 | 籍贯 | 出身 | 出处及在职时间 |
|------|------|------|------|----------------|
| 经制外委 | 王 生 | | | 《民国容城县志》 |
| 经制外委 | 武 顺 | 新城人 | | 《民国容城县志》 |
| 经制外委把总 | 刘 德 | 定兴人 | | 《乾隆容城县志》《光绪容城县志》《民国容城县志》 |
| 经制外委把总 | 王允中 | 新城人 | | 《乾隆容城县志》《光绪容城县志》《民国容城县志》 |
| 经制外委把总 | 王 盛 | 新城人 | | 《乾隆容城县志》《光绪容城县志》《民国容城县志》 |
| 经制外委把总 | 时丕显 | 雄县人 | | 《乾隆容城县志》《光绪容城县志》《民国容城县志》 |
| 经制外委把总 | 线思永 | | | 《光绪容城县志》《民国容城县志》 |
| 经制外委把总 | 毛殿魁 | | | 《光绪容城县志》《民国容城县志》 |

# 清代容城职官类表

# 知县加一级

| 职官 | 人名 | 籍贯 | 出身 | 出处及在职时间 |
|---|---|---|---|---|
| 知县加一级 | 程 愫 | 山西祁县人 | 举人 | 《缙绅新书》乾隆十三年春 |
| 知县加一级 | 薛田玉 | 江苏无锡人 | 进士 | 《缙绅全书》乾隆三十年春 |
| 知县加一级 | 薛田玉 | 江苏无锡人 | 进士 | 《爵秩全本》乾隆三十年冬 |
| 知县加一级 | 薛田玉 | 江苏无锡人 | 进士 | 《爵秩全本》乾隆三十三年秋 |
| 知县加一级 | 崔作谋 | 山东平度州人 | 举人 | 《缙绅全书》嘉庆元年春 |
| 知县加一级 | 崔作谋 | 山东平度州人 | 举人 | 《缙绅全书》嘉庆二年冬 |
| 知县加一级 | 崔作谋 | 山东平度州人 | 举人 | 《缙绅全书》嘉庆三年秋 |
| 知县加一级 | 崔作谋 | 山东平度州人 | 举人 | 《缙绅全书》嘉庆三年冬 |

| 职官 | 人名 | 籍贯 | 出身 | 出处及在职时间 |
|---|---|---|---|---|
| 知县加一级 | 章德溥 | 江西南城人 | 监生 | 《缙绅全书》嘉庆五年冬 |
| 知县加一级 | 章德溥 | 江西南城人 | 监生 | 《缙绅全书》嘉庆九年春 |
| 知县加一级 | 章德溥 | 江西南城人 | 监生 | 《缙绅全书》《中枢备览》嘉庆十一年春 |
| 知县加一级 | 吕祥龄 | 安微石埭人 | 进士 | 《缙绅全书》嘉庆十七年秋 |
| 知县加一级 | 何志清 | 湖南桃源人 | | 《缙绅全书》嘉庆二十一年冬 |
| 知县加一级 | 吕祥龄 | 河南祥符籍安徽旌德人 | | 《缙绅全书》嘉庆二十二年春 |
| 知县加一级 | 吕祥龄 | 河南祥符籍安徽旌德人 | 进士 | 《缙绅全书》（小）嘉庆二十二年冬 |
| 备注：《光绪容城县志》《民国容城县志》嘉庆十五年记载其为河南祥符县人，《缙绅全书》嘉庆十七年秋记载其为安微石埭人。 | | | | |
| 知县加一级 | 何志清 | 湖南桃源人 | 举人 | 《缙绅全书》嘉庆二十五年夏 |

| 职官 | 人名 | 籍贯 | 出身 | 出处及在职时间 |
|---|---|---|---|---|
| 知县加一级 | 何志清 | 湖南桃源人 | 举人 | 《缙绅全书》《中枢备览》道光四年夏 |
| 知县加一级 | 何志清 | 湖南桃源人 | | 《缙绅全书》道光七年春 |
| 知县加一级 | 何志清 | 湖南桃源人 | | 《缙绅全书》道光十年冬 |
| 备注：《光绪容城县志》《民国容城县志》记载其籍贯为湖北桃源人 | | | | |
| 知县加一级 | 陈稼生 | 江苏宝山人 | 举人 | 《缙绅全书》《中枢备览》道光十三年夏 |
| 知县加一级 | 边青黎 | 河南封丘人 | 进士 | 《缙绅全书》道光十四年夏 |
| 知县加一级 | 晋人骥 | 山西赵城人 | 监生 | 《缙绅全书》《中枢备览》道光十六年夏 |
| 知县加一级 | 晋人骥 | 山西赵城人 | 监生 | 《缙绅全书》道光十六年秋 |
| 知县加一级 | 晋人骥 | 山西赵城人 | 监生 | 《缙绅全书》《中枢备览》道光十六年冬 |

| 职官 | 人名 | 籍贯 | 出身 | 出处及在职时间 |
|---|---|---|---|---|
| 知县加一级 | 晋人骥 | 山西赵城人 | 监生 | 《缙绅全书》道光十七年秋 |
| 知县加一级 | | | 监生 | 《缙绅全书》道光十八年夏 |
| 知县加一级 | 姜士冠 | 江苏六合县人 | 举人 | 《缙绅全书》道光二十年秋 |
| 知县加一级 | 姜士冠 | 江苏六合县人 | 举人 | 《缙绅全书》道光二十年冬 |
| 知县加一级 | 梁绥祖 | 湖南零陵人 | 军功 | 《缙绅全书》《中枢备览》道光二十二年春 |
| 备注：《光绪容城县志》《民国容城县志》记载其出身为监生。 | | | | |
| 知县加一级 | 梁绥祖 | 湖南零陵人 | 军功 | 《缙绅全书》道光二十二年冬 |
| 知县加一级 | 黄顾周 | 江西人 | 监生 | 《缙绅全书》道光二十五年夏 |
| 备注：《光绪容城县志》《民国容城县志》道光二十四年记载其地方为江南南丰县人，出身为举人。 | | | | |

| 职官 | 人名 | 籍贯 | 出身 | 出处及在职时间 |
|------|------|------|------|----------------|
| 知县加一级 | 黄顾周 | 江西人 | 监生 | 《缙绅全书》道光二十五年秋 |
| 知县加一级 | 黄顾周 | 江西人 | 监生 | 《爵秩全览》道光二十六年 |
| 知县加一级 | 文 麟 | 满洲正白旗人 | 举人 | 《缙绅全书》道光二十七年夏 |
| 知县加一级 | 文 麟 | 满洲正白旗人 | 举人 | 《缙绅全书》道光二十七年秋 |
| 知县加一级 | 文 麟 | 满洲正白旗人 | 举人 | 《缙绅全书》道光二十八年冬 |
| 知县加一级 | 文 麟 | 满洲正白旗人 | 举人 | 《缙绅全书》道光二十九年夏 |
| 知县加一级 | 杨景彬 | 贵州镇远人 | 监生 | 《缙绅全书》咸丰三年夏 |
| 知县加一级 | 黄显局 | 江西南丰人 | 议叙 | 《缙绅全书》咸丰四年春 |
| 知县加一级 | | 贵州镇远人 | 监生 | 《缙绅全书》咸丰六年春 |

| 职官 | 人名 | 籍贯 | 出身 | 出处及在职时间 |
|---|---|---|---|---|
| 知县加一级 | 裴福德 | 山西永济人 | 监生 | 《缙绅全书》咸丰八年冬 |
| **备注：《光绪容城县志》《民国容城县志》咸丰七年记载其出身为举人。** | | | | |
| 知县加一级 | 裴福德 | 山西永济人 | 监生 | 《缙绅全书》咸丰九年夏 |
| 知县加一级 | 裴福德 | 山西永济人 | 监生 | 《缙绅全书》同治四年夏 |
| 知县加一级 | 张源潞 | 湖北钟祥人 | 监生 | 《缙绅全书》同治八年冬 |
| 知县加一级 | 张源潞 | 湖北钟祥人 | 监生 | 《缙绅全书》同治九年夏 |
| 知县加一级 | 张源潞 | 湖北钟祥人 | 监生 | 《缙绅全书》同治九年冬 |
| 知县加一级 | 张源潞 | 湖北钟祥人 | 监生 | 《缙绅全书》同治十年春 |
| 知县加一级 | 张源潞 | 湖北钟祥人 | 监生 | 《缙绅全书》同治十年夏 |

| 职官 | 人名 | 籍贯 | 出身 | 出处及在职时间 |
|---|---|---|---|---|
| 知县加一级 | 韩樹猷 | 四川长寿人 | 进士 | 《缙绅全书》同治十一年夏 |
| 知县加一级 | 韩樹猷 | 四川长寿人 | 进士 | 《缙绅全书》《中枢备览》同治十一年秋 |
| 知县加一级 | 韩樹猷 | 四川长寿人 | 进士 | 《缙绅全书》同治十二年冬 |
| 知县加一级 | 韩樹猷 | 四川长寿人 | 进士 | 《缙绅全书》同治十三年春 |
| 知县加一级 | 韩樹猷 | 四川长寿人 | 进士 | 《缙绅全书》同治十三年秋 |
| 知县加一级 | 韩樹猷 | 四川长寿人 | 进士 | 《缙绅全书》同治十三年冬 |
| 知县加一级 | 韩樹猷 | 四川长寿人 | 进士 | 《缙绅全书》《中枢备览》同治十三年冬 |
| 知县加一级 | 韩樹猷 | 四川长寿人 | 进士 | 《缙绅全书》光绪二年秋 |
| 知县加一级 | 韩樹猷 | 四川长寿人 | 进士 | 《缙绅全书》《中枢备览》光绪三年夏 |

| 职官 | 人名 | 籍贯 | 出身 | 出处及在职时间 |
|---|---|---|---|---|
| 知县加一级 | 韩樹猷 | 四川长寿人 | 进士 | 《缙绅全书》光绪三年秋 |
| 知县加一级 | 韩樹猷 | 四川长寿人 | 进士 | 《缙绅全书》《中枢备览》光绪四年秋 |
| 知县加一级 | 韩樹猷 | 四川长寿人 | 进士 | 《缙绅全书》光绪五年春 |
| 知县加一级 | 韩樹猷 | 四川长寿人 | 进士 | 《缙绅全书》光绪五年秋 |
| 知县加一级 | 韩樹猷 | 四川长寿人 | 进士 | 《缙绅全书》《中枢备览》光绪五年冬 |
| 知县加一级 | 罗经学 | 四川泸州人 | 进士 | 《缙绅全书》光绪七年春 |
| 知县加一级 | 罗经学 | 四川泸州人 | 进士 | 《缙绅全书》光绪七年冬 |
| 知县加一级 | 罗经学 | 四川泸州人 | 进士 | 《缙绅全书》光绪八年冬 |

# 知县加三级

| 职官 | 人名 | 籍贯 | 出身 | 出处及在职时间 |
|------|------|------|------|----------------|
| 知县加三级 | 龚　谦 | 浙江仁和人 | | 《缙绅全书》《中枢备览》乾隆四十二年秋 |

# 知　县

| 职官 | 人名 | 籍贯 | 出身 | 出处及在职时间 |
|------|------|------|------|----------------|
| 知县 | 白粹忠 | 山西天城卫人 | 岁贡 | 《乾隆容城县志》《光绪容城县志》《民国容城县志》顺治元年 |
| 知县 | 江起元 | 山东曹县人 | 进士 | 《乾隆容城县志》《光绪容城县志》《民国容城县志》顺治三年 |
| 知县 | 王　荫 | 辽东盖州人 | 贡生 | 《乾隆容城县志》《光绪容城县志》《民国容城县志》顺治四年 |

| 职官 | 人名 | 籍贯 | 出身 | 出处及在职时间 |
|---|---|---|---|---|
| 知县 | 宋兴义 | 辽东辽阳人 | 贡生 | 《乾隆容城县志》《光绪容城县志》《民国容城县志》顺治六年 |
| 知县 | 刘成龙 | 满洲人 | 贡生 | 《乾隆容城县志》《光绪容城县志》《民国容城县志》顺治六年 |
| 知县 | 靳台彦 | 河南卢氏县人 | 岁贡 | 《乾隆容城县志》《光绪容城县志》《民国容城县志》顺治十年 |
| 知县 | 施化远 | 江南上元人 | 举人 | 《乾隆容城县志》《光绪容城县志》《民国容城县志》顺治十二年 |
| 知县 | 霍光祥 | 辽东铁岭卫 | 岁贡 | 《乾隆容城县志》《光绪容城县志》《民国容城县志》顺治十五年 |
| 知县 | 陈士性 | 浙江会稽人 | 恩贡 | 《乾隆容城县志》《光绪容城县志》《民国容城县志》康熙三年 |
| 知县 | 赵士麟 | 云南河阳人 | 进士 | 《乾隆容城县志》《光绪容城县志》《民国容城县志》康熙八年 |
| 知县 | 冯俞昌 | | 拔贡士 | 《光绪容城县志》康熙十四年 |
| 知县 | 孟长安 | 河南洛阳 | 举人 | 《光绪容城县志》康熙十八年 |
| 知县 | 林　最 | | | 《乾隆容城县志》《光绪容城县志》《民国容城县志》康熙二十七年 |

| 职官 | 人名 | 籍贯 | 出身 | 出处及在职时间 |
|---|---|---|---|---|
| 知县 | 张 涛 | 山西人 | 进士 | 《乾隆容城县志》《光绪容城县志》《民国容城县志》康熙二十九年 |
| 知县 | 张光祖 | 满洲人 | 举人 | 《乾隆容城县志》《光绪容城县志》《民国容城县志》康熙四十二年 |
| 知县 | 张 焕 | | | 《乾隆容城县志》《光绪容城县志》《民国容城县志》康熙四十八年 |
| 知县 | 陈守创 | | | 《乾隆容城县志》《光绪容城县志》《民国容城县志》康熙四十九年 |
| 知县 | 王一元 | 山东人 | 进士 | 《乾隆容城县志》《光绪容城县志》《民国容城县志》康熙四十九年 |
| 知县 | 郁士选 | 江南宜兴人 | 举人 | 《乾隆容城县志》《光绪容城县志》《民国容城县志》康熙五十六年 |
| 知县 | 陈 图 | | | 《乾隆容城县志》《光绪容城县志》《民国容城县志》康熙六十年 |
| 知县 | 周 松 | 福建人 | 举人 | 《乾隆容城县志》《光绪容城县志》《民国容城县志》康熙六十一年 |
| 知县 | 林廷璧 | 福建人 | 举人 | 《乾隆容城县志》《光绪容城县志》《民国容城县志》雍正四年 |
| 知县 | 李钟俼 | 福建安溪人 | 进士 | 《乾隆容城县志》《光绪容城县志》《民国容城县志》雍正六年 |

| 职官 | 人名 | 籍贯 | 出身 | 出处及在职时间 |
|------|------|------|------|----------------|
| 知县 | 王之麟 | 河南祥符 | 进士 | 《乾隆容城县志》《光绪容城县志》《民国容城县志》雍正十三年 |
| 知县 | 王天庆 | 福建音江县人 | 例监 | 《乾隆容城县志》《光绪容城县志》《民国容城县志》乾隆十年 |
| 知县 | 程愫 | 山西祁县人 | 举人 | 《乾隆容城县志》《光绪容城县志》《民国容城县志》乾隆十年 |
| 知县 | 孙联捷 | 陕西富平县人 | 举人 | 《乾隆容城县志》《光绪容城县志》《民国容城县志》乾隆十四年 |
| 知县 | 吴山凤 | 湖北汉阳人 | 例监 | 《乾隆容城县志》《光绪容城县志》《民国容城县志》乾隆十五年 |
| 知县 | 刘师健 | 贵州清平人 | 优生 | 《乾隆容城县志》《光绪容城县志》《民国容城县志》乾隆十五年 |
| 知县 | 蒋元缙 | 保定府人 | 水利监 | 《乾隆容城县志》《光绪容城县志》《民国容城县志》乾隆十九年 |
| 知县 | 郭成峻 | 甘肃岷州人 | 进士 | 《乾隆容城县志》《光绪容城县志》《民国容城县志》乾隆十九年 |
| 知县 | 任维纪 | 山西汾阳人 | 举人 | 《乾隆容城县志》《光绪容城县志》《民国容城县志》乾隆二十四年 |
| 知县 | 王克淳 | 山东黄县人 | 举人 | 《乾隆容城县志》《光绪容城县志》《民国容城县志》乾隆二十四年 |
| 知县 | 王克淳 | 山东黄县人 | 举人 | 《缙绅全本》乾隆二十五年冬 |

| 职官 | 人名 | 籍贯 | 出身 | 出处及在职时间 |
|------|------|------|------|----------------|
| 知县 | 王克淳 | 山东黄县人 | 举人 | 《缙绅全本》乾隆二十六年秋 |
| 知县 | 狄咏宜 | 江苏人 | 进士 | 《乾隆容城县志》《光绪容城县志》《民国容城县志》乾隆二十九年 |

| 职官 | 人名 | 籍贯 | 出身 | 出处及在职时间 |
|------|------|------|------|----------------|
| 知县 | 薛田玉 | 江南江宁人 | 进士 | 《光绪容城县志》《民国容城县志》乾隆二十九年 |
| 知县 | 章德浦 | 江西人 | 监生 | 《光绪容城县志》《民国容城县志》嘉庆十一年 |
| 知县 | 章德溥 | 江西南城人 | 监生 | 《缙绅全书》嘉庆十一年夏 |
| **备注：《光绪容城县志》《民国容城县志》记载其人名为章德浦** | | | | |
| 知县 | 吕祥龄 | 河南祥符县人 | 进士 | 《光绪容城县志》《民国容城县志》嘉庆十五年 |
| 知县 | 杨傅棻 | 江苏阳湖县人 | 举人 | 《光绪容城县志》《民国容城县志》嘉庆二十一年 |
| 知县 | 成　諴 | 浙江仁和县人 | 举人 | 《光绪容城县志》《民国容城县志》嘉庆二十三年 |
| 知县 | 何志清 | 湖北桃源人 | 举人 | 《光绪容城县志》《民国容城县志》嘉庆二十三年 |

| 职官 | 人名 | 籍贯 | 出身 | 出处及在职时间 |
|---|---|---|---|---|
| 知县 | 何志清 | 湖北桃源人 | 举人 | 《民国容城县志》嘉庆二十四年 |
| 知县 | 崔　作 | | | 《民国容城县志》嘉庆二十五年 |
| 知县 | 何志清 | 湖南桃源人 | 举人 | 《缙绅全书》道光四年夏 |
| 知县 | 何志清 | 湖南桃源人 | 举人 | 《爵秩全览》道光六年秋 |
| **备注：《光绪容城县志》《民国容城县志》记载其籍贯为湖北桃源县人** | | | | |
| 知县 | 张怀湍 | 四川汉州人 | 举人 | 《光绪容城县志》《民国容城县志》道光十三年 |

| 职官 | 人名 | 籍贯 | 出身 | 出处及在职时间 |
|---|---|---|---|---|
| 知县 | 陈稼生 | 江苏宝山人 | 举人 | 《光绪容城县志》《民国容城县志》道光十三年 |
| 知县 | 边清黎 | | 进士 | 《光绪容城县志》《民国容城县志》道光十三年 |
| 知县 | 王家驷 | 安徽歙县人 | 监生 | 《光绪容城县志》《民国容城县志》道光十七年 |

| 职官 | 人名 | 籍贯 | 出身 | 出处及在职时间 |
|------|------|------|------|----------------|
| 知县 | 锡龄 | 满州正黄旗人 | 监生 | 《光绪容城县志》《民国容城县志》道光十七年 |

| 职官 | 人名 | 籍贯 | 出身 | 出处及在职时间 |
|------|------|------|------|----------------|
| 知县 | 喻元升 | 云南南宁县人 | 举人 | 《光绪容城县志》《民国容城县志》道光十八年 |
| 知县 | 姜士冠 | 江苏六合县人 | 举人 | 《光绪容城县志》《民国容城县志》道光十九年 |
| 知县 | 喻元升 | 云南南宁人 | 举人 | 《缙绅全书》《爵秩全览》道光十九年夏 |
| 知县 | 杜廷楷 | 四川盐亭县人 | 进士 | 《光绪容城县志》《民国容城县志》道光二十一年 |
| 知县 | 梁绥祖 | 湖南零陵县人 | 监生 | 《光绪容城县志》《民国容城县志》道光二十一年 |
| 知县 | 恩 符 | 内务府正白旗 | 监生 | 《光绪容城县志》《民国容城县志》道光二十三年 |
| 知县 | 黄顾周 | 江南南丰县人 | 举人 | 《光绪容城县志》《民国容城县志》道光二十四年 |
| 知县 | 易炳晃 | 江西分宜县人 | 进士 | 《光绪容城县志》《民国容城县志》道光二十六年 |
| 知县 | 文 麟 | 盛京人 | 举人 | 《光绪容城县志》《民国容城县志》道光二十六年 |

| 职官 | 人名 | 籍贯 | 出身 | 出处及在职时间 |
|---|---|---|---|---|
| 知县 | 文 麟 | 满洲正白旗人 | 举人 | 《爵秩全览》道光二十八年夏 |
| 知县 | 李重华 | 山西武郎县人 | 进士 | 《光绪容城县志》《民国容城县志》道光二十九年 |
| 知县 | 杨景彬 | 贵州镇远县人 | 监生 | 《光绪容城县志》《民国容城县志》道光二十九年 |
| 知县 | 晋人骥 | 山西赵城人 | 监生 | 《光绪容城县志》《民国容城县志》道光年间 |
| 知县 | 邱赞 | 广东嘉应州人 | | 《光绪容城县志》《民国容城县志》 |
| 知县 | 杨景彬 | 贵州镇远人 | 监生 | 《爵秩全览》咸丰元年夏 |
| 知县 | 杨景彬 | 贵州镇远人 | 监生 | 《爵秩全览》咸丰二年冬 |
| 知县 | 郭四维 | 陕西三水县人 | 举人 | 《光绪容城县志》《民国容城县志》咸丰四年 |
| 知县 | 杨景彬 | 贵州镇远人 | 监生 | 《缙绅全书》咸丰四年 |

| 职官 | 人名 | 籍贯 | 出身 | 出处及在职时间 |
|------|------|------|------|----------------|
| 知县 | 张熙麟 | 江苏江宁县人 | 举人 | 《光绪容城县志》《民国容城县志》咸丰五年 |
| 知县 | 詹作周 | 浙江秀水县人 | | 《光绪容城县志》《民国容城县志》咸丰六年 |
| 知县 | 裴福德 | 山西永济人 | 监生 | 《爵秩全览》咸丰六年夏 |
| 备注：《光绪容城县志》《民国容城县志》咸丰七年记载其出身为举人。 | | | | |
| 知县 | 杨景彬 | 贵州镇远人 | | 《爵秩全览》咸丰七年冬 |
| 知县 | 裴福德 | 山西永济人 | 监生 | 《缙绅全书》咸丰十年秋 |
| 知县 | 裴福德 | 山西永济人 | 监生 | 《缙绅全书》咸丰十年 |
| 知县 | 裴福德 | 山西永济人 | 监生 | 《爵秩全览》同治六年春 |

| 职官 | 人名 | 籍贯 | 出身 | 出处及在职时间 |
|---|---|---|---|---|
| 知县 | 裴福德 | 山西永济人 | 监生 | 《缙绅全书》同治六年春 |
| 知县 | 屠立咸 | 浙江山阴人 | 供事 | 《缙绅全书》同治八年春 |
| 知县 | 张源潞 | 湖北钟祥人 | 监生 | 《爵秩全览》同治九年春 |
| 知县 | 张源潞 | 湖北钟祥人 | 监生 | 《爵秩全览》同治九年秋 |
| 知县 | 韩树猷 | 四川长寿人 | 进士 | 《爵秩全览》同治十三年夏 |
| 知县 | 韩树猷 | 四川长寿人 | 进士 | 《爵秩全览》同治十三年冬 |
| 知县 | 韩树猷 | 四川长寿人 | 进士 | 《爵秩全览》光绪元年夏 |
| 知县 | 韩树猷 | 四川长寿人 | 进士 | 《爵秩全览》光绪元年秋 |

| 职官 | 人名 | 籍贯 | 出身 | 出处及在职时间 |
|---|---|---|---|---|
| 知县 | 韩樹猷 | 四川长寿人 | 进士 | 《爵秩全览》光绪二年冬 |
| 知县 | 韩樹猷 | 四川长寿人 | 进士 | 《爵秩全览》光绪三年冬 |
| 知县 | 韩樹猷 | 四川长寿人 | 进士 | 《爵秩全览》光绪四年冬 |
| 知县 | 韩樹猷 | | | 《民国容城县志》光绪六年 |
| 知县 | 罗经学 | 四川泸州人 | 进士 | 《爵秩全览》光绪七年冬 |
| 知县 | 李向阳 | 奉天铁岭县人 | 进士 | 《爵秩全览》光绪十年夏 |
| 知县 | 李向阳 | 奉天铁岭县人 | 进士 | 《爵秩全览》光绪十年秋 |
| 知县 | 李向阳 | 奉天铁岭县人 | 进士 | 《爵秩全览》光绪十一年春 |
| 知县 | 李向阳 | 奉天铁岭县人 | 进士 | 《爵秩全览》光绪十一年夏 |

| 职官 | 人名 | 籍贯 | 出身 | 出处及在职时间 |
|---|---|---|---|---|
| 知县 | 李向阳 | 奉天铁岭县人 | 进士 | 《爵秩全览》光绪十一年秋 |
| 知县 | 李向阳 | 奉天人 | 进士 | 《爵秩全览》光绪十二年夏 |
| 知县 | 李向阳 | 奉天人 | 进士 | 《缙绅全书》光绪十二年秋 |
| 知县 | 西拉步 | 满洲厢红旗人 | 生员 | 《缙绅全书》《中枢备览》光绪十三年夏 |
| 知县 | 西拉步 | 满洲厢红旗人 | 生员 | 《缙绅全书》光绪十三年冬 |
| 知县 | 原恩瀛 | 河南温县人 | 副贡 | 《缙绅全书》光绪十四年夏 |
| 知县 | 原恩瀛 | 河南温县人 | 副贡 | 《爵秩全览》光绪十四年冬 |
| 知县 | 原恩瀛 | 河南温县人 | 副贡 | 《爵秩全览》光绪十五年夏 |
| 知县 | 原恩瀛 | 河南温县人 | 副贡 | 《爵秩全览》光绪十五年秋 |

| 职官 | 人名 | 籍贯 | 出身 | 出处及在职时间 |
|---|---|---|---|---|
| 知县 | 原恩瀛 | 河南温县人 | 副贡 | 《爵秩全览》光绪十五年冬 |
| 知县 | 原恩瀛 | 河南温县人 | 副贡 | 《缙绅全书》光绪十六年春 |
| 知县 | | 河南温县人 | 副贡 | 《缙绅全书》光绪十六年冬 |
| 知县 | 俞廷猷 | 浙江临安县人 | 恩贡 | 《爵秩全览》光绪十八年春 |
| 知县 | 俞廷猷 | 浙江临安县人 | 恩贡 | 《爵秩全览》光绪十八年秋 |
| 知县 | 俞廷猷 | 浙江临安县人 | 恩贡 | 《爵秩全览》光绪十八年冬 |
| 知县 | 俞廷猷 | 浙江临安县人 | 恩贡 | 《缙绅全书》光绪十九年春 |
| 知县 | 俞廷猷 | 浙江临安县人 | 恩贡 | 《爵秩全览》光绪十九年夏 |
| 知县 | 俞廷猷 | 浙江临安人 | 恩贡 | 《爵秩全览》光绪十九年秋 |

| 职官 | 人名 | 籍贯 | 出身 | 出处及在职时间 |
|---|---|---|---|---|
| 知县 | 俞廷猷 | 浙江临安人 | 恩贡 | 《缙绅全书》光绪十九年冬 |
| 知县 | 俞廷猷 | 浙江临安人 | 恩贡 | 《爵秩全览》光绪十九年冬 |
| 知县 | 俞廷猷 | 浙江临安人 | 恩贡 | 《缙绅全书》《中枢备览》光绪二十年夏 |
| 知县 | 俞廷猷 | 浙江临安人 | 恩贡 | 《爵秩全览》光绪二十年秋 |
| 知县 | 俞廷猷 | 浙江临安人 | 恩贡 | 《爵秩全览》光绪二十一年春 |
| 知县 | 俞廷猷 | 浙江临安人 | 恩贡 | 《爵秩全览》光绪二十一年夏 |
| 知县 | 俞廷猷 | 浙江临安人 | 恩贡 | 《爵秩全览》光绪二十一年秋 |
| 知县 | 俞廷猷 | 浙江临安人 | 恩贡 | 《缙绅全书》光绪二十一年冬 |
| 知县 | 俞廷猷 | 浙江临安人 | 恩贡 | 《爵秩全览》光绪二十二年春 |

| 职官 | 人名 | 籍贯 | 出身 | 出处及在职时间 |
|---|---|---|---|---|
| 知县 | 俞廷猷 | 浙江临安人 | 恩贡 | 《缙绅全书》光绪二十二年春 |
| 知县 | 俞廷猷 | 浙江临安人 | 恩贡 | 《爵秩全览》光绪二十二年夏 |
| 知县 | 俞廷猷 | 浙江临安人 | 恩贡 | 《爵秩全览》光绪二十二年秋 |
| 知县 | 俞廷猷 | 浙江临安人 | 恩贡 | 《爵秩全览》光绪二十二年冬 |
| 知县 | 牛　桓 | 河南人 | | 《民国容城县志》光绪三十三年 |
| 知县 | 俞廷猷 | 浙江临安人 | 恩贡 | 《爵秩全览》光绪二十三年夏 |
| 知县 | 俞廷猷 | 浙江临安人 | 恩贡 | 《缙绅全书》《中枢备览》光绪二十三年秋 |
| 知县 | 俞廷猷 | 浙江临安人 | 恩贡 | 《爵秩全览》光绪二十三年冬 |
| 知县 | 俞廷猷 | 浙江临安人 | 恩贡 | 《爵秩全览》光绪二十四年春 |

| 职官 | 人名 | 籍贯 | 出身 | 出处及在职时间 |
|------|------|------|------|----------------|
| 知县 | 俞廷猷 | 浙江临安人 | 恩贡 | 《爵秩全览》光绪二十四年秋 |
| 知县 | 俞廷猷 | 浙江临安人 | 恩贡 | 《爵秩全览》光绪二十四年冬 |
| 知县 | 俞廷猷 | 浙江临安人 | 恩贡 | 《缙绅全书》光绪二十四年冬 |
| 知县 | 俞廷猷 | 浙江临安人 | 恩贡 | 《爵秩全览》光绪二十五年春 |
| 知县 | 俞廷猷 | 浙江临安人 | 恩贡 | 《缙绅全书》《中枢备览》光绪二十五年春 |
| 知县 | 俞廷猷 | 浙江临安人 | 恩贡 | 《爵秩全览》光绪二十五年夏 |
| 知县 | 俞廷猷 | 浙江临安县人 | 恩贡 | 《缙绅全书》光绪二十五年夏 |
| 知县 | 俞廷猷 | 浙江临安县人 | 恩贡 | 《爵秩全览》光绪二十五年秋 |
| 知县 | 俞廷猷 | 浙江临安县人 | 恩贡 | 《缙绅全书》《中枢备览》光绪二十五年冬 |

| 职官 | 人名 | 籍贯 | 出身 | 出处及在职时间 |
|---|---|---|---|---|
| 知县 | 王思纯 | | | 《民国容城县志》光绪二十六年 |
| 知县 | 俞廷猷 | 浙江临安县人 | 恩贡 | 《缙绅全书》《中枢备览》光绪二十六年春 |
| 知县 | 俞廷猷 | 浙江临安县人 | 恩贡 | 《缙绅全书》光绪二十六年夏 |
| 知县 | 俞廷猷 | 浙江临安县人 | 恩贡 | 《爵秩全览》光绪二十六年秋 |
| 知县 | 俞廷猷 | 浙江临安县人 | 恩贡 | 《缙绅全书》光绪二十七年春 |
| 知县 | 严祖庆 | 河南信阳人 | 恩贡 | 《爵秩全览》光绪二十七年冬 |
| 知县 | | | 恩贡 | 《缙绅全书》《中枢备览》光绪二十七年冬 |
| 知县 | 严祖庆 | 河南信阳州人 | 恩贡 | 《爵秩全览》光绪二十八年春 |
| 知县 | 严祖庆 | 河南信阳州人 | 恩贡 | 《缙绅全书》《中枢备览》《爵秩全览》光绪二十八年夏 |

| 职官 | 人名 | 籍贯 | 出身 | 出处及在职时间 |
|---|---|---|---|---|
| 知县 | 严祖庆 | 河南信阳州人 | 恩贡 | 《爵秩全览》光绪二十八年秋 |
| 知县 | 严祖庆 | 河南信阳州人 | 恩贡 | 《缙绅全书》《中枢备览》光绪二十八年冬 |
| 知县 | 严祖庆 | 河南信阳州人 | 恩贡 | 《爵秩全览》光绪二十九年春 |
| 知县 | 陶承先 | 浙江会稽人 | 监生 | 《缙绅全书》《中枢备览》光绪二十九年春 |
| 知县 | 陶承先 | 浙江会稽人 | 监生 | 《缙绅全书》光绪二十九年夏 |
| 知县 | 陶承先 | 浙江会稽人 | 监生 | 《爵秩全览》光绪二十九年秋 |
| 知县 | 陶承先 | 浙江会稽人 | 监生 | 《缙绅全书》《中枢备览》光绪二十九年秋 |
| 知县 | 陶承先 | 浙江会稽人 | 监生 | 《缙绅全书》《中枢备览》光绪二十九年冬 |
| 知县 | 陶承先 | 浙江会稽人 | 监生 | 《缙绅全书》《中枢备览》光绪三十年春 |
| 知县 | 陶承先 | 浙江会稽人 | 监生 | 《爵秩全览》光绪三十年夏 |

| 职官 | 人名 | 籍贯 | 出身 | 出处及在职时间 |
|---|---|---|---|---|
| 知县 | 陶承先 | 浙江会稽人 | 监生 | 《缙绅全书》《中枢备览》光绪三十年夏 |
| 知县 | 刘 寅 | 湖北黄冈人 | 监生 | 《缙绅全书》光绪三十年冬 |
| 知县 | 刘 寅 | 湖北黄冈人 | 监生 | 《缙绅全书》《中枢备览》光绪三十一年春 |
| 知县 | 刘 寅 | 湖北黄冈人 | 监生 | 《爵秩全览》光绪三十一年夏 |
| 知县 | 刘 寅 | 湖北黄冈人 | 监生 | 《缙绅全书》《中枢备览》光绪三十一年夏 |
| 知县 | 刘 寅 | 湖北黄冈人 | 监生 | 《爵秩全览》光绪三十一年秋 |
| 知县 | 刘 寅 | 湖北黄冈人 | 监生 | 《爵秩全览》光绪三十一年冬 |
| 知县 | 刘 寅 | 湖北黄冈人 | 监生 | 《爵秩全览》光绪三十二年春 |
| 知县 | 刘 寅 | 湖北黄冈人 | 监生 | 《缙绅全书》《中枢备览》光绪三十二年春 |
| 知县 | 连德魁 | 奉天海城人 | 监生 | 《缙绅全书》光绪三十二年夏 |

| 职官 | 人名 | 籍贯 | 出身 | 出处及在职时间 |
|---|---|---|---|---|
| 知县 | 连德魁 | 奉天海城人 | 监生 | 《缙绅全书》光绪三十二年秋 |
| 知县 | 连德魁 | 奉天海城人 | 监生 | 《缙绅全书》光绪三十二年冬 |
| 知县 | 连德魁 | 奉天海城人 | 监生 | 《爵秩全览》光绪三十二年冬 |
| 知县 | 连德魁 | 奉天海城人 | 监生 | 《爵秩全览》光绪三十三年春 |
| 知县 | 连德魁 | 奉天海城人 | 监生 | 《缙绅全书》《中枢备览》光绪三十三年夏 |
| 知县 | 连德魁 | 奉天海城人 | 监生 | 《爵秩全览》光绪三十三年秋 |
| 知县 | 连德魁 | 奉天海城人 | 监生 | 《爵秩全览》光绪三十三年冬 |
| 知县 | 连德魁 | 奉天海城人 | 监生 | 《爵秩全览》光绪三十四年春 |
| 知县 | 连德魁 | 奉天海城人 | | 《最新百官绿》光绪三十四年春 |

| 职官 | 人名 | 籍贯 | 出身 | 出处及在职时间 |
|------|------|------|------|----------------|
| 知县 | 梁成哲 | 山西徐沟人 | 进士 | 《爵秩全览》光绪三十四年夏 |
| 知县 | 梁成哲 | 山西徐沟人 | 进士 | 《爵秩全览》光绪三十四年秋 |
| 知县 | 梁成哲 | 山西徐沟人 | 进士 | 《爵秩全览》光绪三十四年冬 |
| 知县 | 梁成哲 | 山西徐沟人 | 进士 | 《爵秩全览》宣统元年春 |
| 知县 | 梁成哲 | 山西徐沟人 | 进士 | 《爵秩全览》宣统元年夏 |
| 知县 | 梁成哲 | 山西徐沟人 | 进士 | 《爵秩全览》宣统元年秋 |
| 知县 | 梁成哲 | 山西徐沟人 | 进士 | 《爵秩全览》宣统元年冬 |
| 知县 | 梁成哲 | 山西徐沟人 | 进士 | 《缙绅全书》宣统元年冬 |
| 知县 | 梁成哲 | 山西徐沟人 | 进士 | 《爵秩全览》宣统二年春 |

| 职官 | 人名 | 籍贯 | 出身 | 出处及在职时间 |
|---|---|---|---|---|
| 知县 | 梁成哲 | 山西徐沟人 | 进士 | 《爵秩全览》宣统二年夏 |
| 知县 | 梁成哲 | 山西徐沟人 | 进士 | 《爵秩全览》宣统二年秋 |
| 知县 | 梁成哲 | 山西徐沟人 | 进士 | 《爵秩全览》宣统二年冬 |
| 知县 | 李盛銮 | | | 《民国容城县志》宣统三年 |
| 知县 | 梁成哲 | 山西徐沟人 | 进士 | 《爵秩全览》宣统三年春 |
| 知县 | 梁成哲 | 山西徐沟人 | 进士 | 《爵秩全览》宣统三年夏 |
| 知县 | 梁成哲 | 山西徐沟人 | 进士 | 《爵秩全览》宣统三年秋 |
| 知县 | 梁成哲 | 山西徐沟人 | 进士 | 《职官录》宣统三年冬 |
| 知县 | 梁成哲 | 山西徐沟人 | 进士 | 《职官录》宣统四年春 |
| 知县 | 李灿章 | | | 《民国容城县志》 |

| 职官 | 人名 | 籍贯 | 出身 | 出处及在职时间 |
|------|------|------|------|----------------|
| 知县 | 陶承先 | | | 《民国容城县志》 |
| 知县 | 丁树屏 | | | 《民国容城县志》 |
| 知县 | 刘　寅 | | | 《民国容城县志》 |
| 知县 | 姜宗泰 | 山东莱阳县人 | | 《民国容城县志》 |
| 知县 | 董书 | | | 《光绪容城县志》《民国容城县志》 |
| 知县 | 龚谦 | | | 《光绪容城县志》《民国容城县志》 |
| 知县 | 崔作谟 | | | 《光绪容城县志》《民国容城县志》 |
| 知县 | 刘自谦 | | | 《光绪容城县志》《民国容城县志》 |
| 知县 | 何维绮 | | | 《光绪容城县志》《民国容城县志》 |
| 知县 | 连德魁 | | | 《民国容城县志》 |

| 职官 | 人名 | 籍贯 | 出身 | 出处及在职时间 |
|------|------|------|------|----------------|
| 知县 | 马炳炎 | | | 《民国容城县志》 |
| 知县 | 梁成哲 | | | 《民国容城县志》 |
| 知县 | 赵之培 | | | 《民国容城县志》 |

# 训 导

| 职官 | 人名 | 籍贯 | 出身 | 出处及在职时间 |
|------|------|------|------|----------------|
| 训导 | 王锡命 | 直隶保定人 | 举人 | 《乾隆容城县志》《光绪容城县志》《民国容城县志》顺治六年 |
| 训导 | 张燮 | 直隶大兴人 | 选贡 | 《乾隆容城县志》《光绪容城县志》《民国容城县志》顺治七年 |
| 训导 | 门广傅 | 直隶安平人 | | 《乾隆容城县志》《光绪容城县志》《民国容城县志》顺治十三年 |
| 训导 | 周映斗 | 直隶延庆卫人 | | 《乾隆容城县志》《光绪容城县志》《民国容城县志》康熙九年 |

| 职官 | 人名 | 籍贯 | 出身 | 出处及在职时间 |
|---|---|---|---|---|
| 训导 | 王师旦 | 直隶宝坻人 | 岁贡 | 《乾隆容城县志》《光绪容城县志》《民国容城县志》康熙四十七年 |
| 训导 | 刘育粹 | 奉天锦县人 | 岁贡 | 《乾隆容城县志》《光绪容城县志》《民国容城县志》雍正三年 |
| 训导 | 周之哲 | 奉天宁远县人 | 岁贡 | 《乾隆容城县志》《光绪容城县志》《民国容城县志》雍正十一年 |
| 训导 | 董宗帝 | 直隶巨鹿人 | | 《乾隆容城县志》《光绪容城县志》《民国容城县志》乾隆八年 |
| 训导 | 董宗帝 | 巨鹿人 | 岁贡 | 《缙绅新书》乾隆十三年春 |
| 训导 | 李廷简 | 直隶邢台人 | 岁贡 | 《乾隆容城县志》《光绪容城县志》《民国容城县志》乾隆十九年 |
| 训导 | 李廷简 | 邢台人 | 岁贡 | 《缙绅全本》乾隆二十五年冬 |
| 训导 | 萧　柏 | 奉天人 | 岁贡 | 《乾隆容城县志》《光绪容城县志》《民国容城县志》乾隆二十六年 |
| 训导 | 萧　柏 | 承德人 | 岁贡 | 《缙绅全本》乾隆二十六年秋 |
| 训导 | 萧　柏 | 承德人 | 岁贡 | 《缙绅全书》乾隆三十年春 |

| 职官 | 人名 | 籍贯 | 出身 | 出处及在职时间 |
|---|---|---|---|---|
| 训导 | 萧 柏 | 承德人 | 岁贡 | 《爵秩全本》乾隆三十年冬 |
| 训导 | 萧 柏 | 承德人 | 岁贡 | 《爵秩全本》乾隆三十三年秋 |
| 训导 | 吕世臣 | 锦州人 | 岁贡 | 《缙绅全书》《中枢备览》乾隆四十二年秋 |
| 训导 | 唐 倬 | 宛平人 | 举人 | 《缙绅全书》《中枢备览》乾隆五十三年春 |
| 训导 | 唐 倬 | 宛平人 | 举人 | 《缙绅全书》嘉庆元年春 |
| 训导 | 唐 倬 | 宛平人 | 举人 | 《缙绅全书》嘉庆二年冬 |
| 训导 | 侯 憼 | 东光人 | 举人 | 《缙绅全书》嘉庆三年秋 |
| 训导 | 侯 憼 | 东光人 | 举人 | 《缙绅全书》嘉庆三年冬 |
| 训导 | 郝思谟 | 南皮县人 | 举人 | 《光绪容城县志》《民国容城县志》嘉庆四年 |

| 职官 | 人名 | 籍贯 | 出身 | 出处及在职时间 |
|---|---|---|---|---|
| 训导 | 郝思谟 | 天津人 | 举人 | 《缙绅全书》嘉庆五年冬 |

**备注：《光绪容城县志》《民国容城县志》嘉庆四年记载其地方为南皮县人。**

| 职官 | 人名 | 籍贯 | 出身 | 出处及在职时间 |
|---|---|---|---|---|
| 训导 | 郝思谟 | 天津人 | 举人 | 《缙绅全书》嘉庆九年春 |
| 训导 | 郝思谟 | 天津人 | 举人 | 《缙绅全书》《中枢备览》嘉庆十一年春 |
| 训导 | 郝思谟 | 天津人 | 举人 | 《缙绅全书》嘉庆十一年夏 |
| 训导 | 郝思谟 | 南皮人 | 举人 | 《缙绅全书》嘉庆十七年秋 |
| 训导 | 郝思谟 | 南皮人 | 举人 | 《缙绅全书》嘉庆二十一年冬 |
| 训导 | 郝思谟 | 南皮人 | 举人 | 《缙绅全书》嘉庆二十二年春 |
| 训导 | 郝思谟 | 天津人 | 举人 | 《缙绅全书》（大）嘉庆二十二年冬 |

| 职官 | 人名 | 籍贯 | 出身 | 出处及在职时间 |
|---|---|---|---|---|
| 备注：《光绪容城县志》《民国容城县志》嘉庆四年、《缙绅全书》嘉庆二十一年冬、嘉庆二十二年春中均载其为南皮人。 | | | | |
| 训导 | 郝思谟 | 南皮人 | 举人 | 《缙绅全书》（小）嘉庆二十二年冬 |
| 备注：《缙绅全书》嘉庆十一年夏、《缙绅全书》（大）嘉庆二十二年冬中载其为天津人。 | | | | |
| 训导 | 郝思谟 | 南皮人 | 举人 | 《缙绅全书》嘉庆二十五年夏 |
| 备注：《缙绅全书》（大）嘉庆二十二年冬中载其为天津人。 | | | | |
| 训导 | 郝思谟 | 南皮人 | 举人 | 《缙绅全书》《中枢备览》道光四年夏 |
| 备注：《缙绅全书》（大）嘉庆二十二年冬中载其为天津人。 | | | | |
| 训导 | 郝思谟 | 南皮人 | 举人 | 《缙绅全书》道光四年夏 |
| 训导 | 杜林祀 | 赞皇县人 | 举人 | 《光绪容城县志》《民国容城县志》道光五年 |
| 训导 | 沈　静 | 故城县人 | 举人 | 《光绪容城县志》《民国容城县志》道光五年 |

| 职官 | 人名 | 籍贯 | 出身 | 出处及在职时间 |
|---|---|---|---|---|
| 训导 | 沈 静 | 故城县人 | 举人 | 《爵秩全览》道光六年秋 |
| 训导 | 沈 静 | 故城县人 | 举人 | 《缙绅全书》道光七年春 |
| 训导 | 沈 静 | 故城县人 | 举人 | 《缙绅全书》道光十年冬 |
| 训导 | 沈 静 | 故城人 | 举人 | 《缙绅全书》《中枢备览》道光十三年夏 |
| 训导 | 李 湘 | 滦州人 | 举人 | 《光绪容城县志》《民国容城县志》道光十四年 |
| 训导 | 李 湘 | 汉军厢黄旗人 | 举人 | 《缙绅全书》道光十四年夏 |
| 训导 | 李 湘 | 汉军厢黄旗人 | 举人 | 《缙绅全书》《中枢备览》道光十六年夏 |
| 训导 | 李 湘 | 汉军厢黄旗人 | 举人 | 《缙绅全书》道光十六年秋 |
| 训导 | 李 湘 | 汉军厢黄旗人 | 举人 | 《缙绅全书》《中枢备览》道光十六年冬 |

| 职官 | 人名 | 籍贯 | 出身 | 出处及在职时间 |
|------|------|------|------|----------------|
| 训导 | 李 湘 | 汉军厢黄旗人 | 举人 | 《缙绅全书》道光十七年秋 |
| 训导 | 李 湘 | 汉军厢黄旗人 | 举人 | 《缙绅全书》道光十八年夏 |
| 训导 | 李 湘 | 汉军厢黄旗人 | 举人 | 《缙绅全书》《爵秩全览》道光十九年夏 |
| 训导 | 李 湘 | 汉军厢黄旗人 | 举人 | 《缙绅全书》道光二十年秋 |
| 训导 | 李 湘 | 汉军厢黄旗人 | 举人 | 《缙绅全书》道光二十年冬 |
| 训导 | 李 湘 | 汉军厢黄旗人 | 举人 | 《缙绅全书》《中枢备览》道光二十二年春 |
| 训导 | 李 湘 | 汉军厢黄旗人 | 举人 | 《缙绅全书》道光二十二年冬 |
| 训导 | 李 湘 | 汉军厢黄旗人 | 举人 | 《缙绅全书》道光二十五年夏 |
| 训导 | 李 湘 | 汉军厢黄旗人 | 举人 | 《缙绅全书》道光二十五年秋 |

| 职官 | 人名 | 籍贯 | 出身 | 出处及在职时间 |
|------|------|------|------|----------------|
| 训导 | 李　湘 | 汉军厢黄旗人 | 举人 | 《爵秩全览》道光二十六年 |
| 训导 | 纪英适 | 献县人 | 举人 | 《光绪容城县志》《民国容城县志》道光二十七年 |
| 训导 | 张本崇 | 万全县 | 举人 | 《光绪容城县志》《民国容城县志》道光二十七年 |
| 训导 | 张本崇 | 宣化府人 | | 《缙绅全书》道光二十七年夏 |

备注：《光绪容城县志》《民国容城县志》道光二十七年记载其地方为万全县人。

| | | | | |
|------|------|------|------|----------------|
| 训导 | 张本崇 | 宣化府人 | | 《缙绅全书》道光二十七年秋 |

备注：《光绪容城县志》《民国容城县志》道光二十七年记载其地方为万全县人。

| | | | | |
|------|------|------|------|----------------|
| 训导 | 张本崇 | 宣化府人 | 举人 | 《爵秩全览》道光二十八年夏 |
| 训导 | 张本崇 | 宣化府人 | 举人 | 《缙绅全书》道光二十八年冬 |
| 训导 | 李昌第 | | | 《光绪容城县志》《民国容城县志》道光二十九年 |

| 职官 | 人名 | 籍贯 | 出身 | 出处及在职时间 |
|---|---|---|---|---|
| 训导 | 周焕文 | 监山县人 | 举人 | 《光绪容城县志》《民国容城县志》道光二十九年 |
| 训导 | 张本崇 | 宣化府人 | 举人 | 《缙绅全书》道光二十九年夏 |
| 训导 | 周焕文 | 天津人 | 举人 | 《爵秩全览》咸丰元年夏 |
| **备注：《光绪容城县志》《民国容城县志》道光二十九年记载其地方为监山县人。** | | | | |
| 训导 | 赵文涵 | 涞水县人 | 举人 | 《光绪容城县志》《民国容城县志》咸丰二年 |
| 训导 | | 锦州府人 | | 《爵秩全览》咸丰二年冬 |
| 训导 | 徐 勳 | 顺天人 | 举人 | 《缙绅全书》咸丰三年夏 |
| 训导 | 李 湘 | 汉军厢黄旗人 | 举人 | 《缙绅全书》咸丰四年春 |
| 训导 | 徐 勳 | 顺天人 | 举人 | 《缙绅全书》咸丰四年 |

| 职官 | 人名 | 籍贯 | 出身 | 出处及在职时间 |
|------|------|------|------|----------------|
| 训导 | 徐 勳 | 顺天府人 | 举人 | 《爵秩全览》咸丰六年春 |
| 训导 | 徐 勳 | 顺天府人 | 举人 | 《缙绅全书》咸丰六年春 |
| 训导 | 徐 勳 | 顺天府人 | 举人 | 《爵秩全览》咸丰六年夏 |
| 训导 | 徐 勳 | 顺天府人 | 举人 | 《爵秩全览》咸丰七年秋 |
| 训导 | 徐 勳 | 顺天府人 | 举人 | 《爵秩全览》咸丰七年冬 |
| 训导 | 徐 勳 | 顺天府人 | 举人 | 《缙绅全书》咸丰八年冬 |
| 训导 | 徐 勳 | 顺天府人 | 举人 | 《缙绅全书》咸丰九年夏 |
| 训导 | 徐 勳 | 顺天府人 | 举人 | 《缙绅全书》咸丰十年秋 |
| 训导 | 徐 勳 | 顺天府人 | 举人 | 《缙绅全书》咸丰十年 |

| 职官 | 人名 | 籍贯 | 出身 | 出处及在职时间 |
|---|---|---|---|---|
| 训导 | 徐文炳 | 顺天人 | 举人 | 《缙绅全书》同治四年夏 |
| 训导 | 徐文炳 | 顺天人 | 举人 | 《缙绅全书》同治五年春 |
| 训导 | 徐文炳 | 顺天人 | 举人 | 《爵秩全览》同治六年春 |
| 训导 | 徐文炳 | 顺天人 | 举人 | 《缙绅全书》同治六年春 |
| 训导 | 于士琦 | 天津人 | 举人 | 《缙绅全书》同治六年秋 |
| 训导 | 于士琦 | 天津人 | 举人 | 《缙绅全书》同治八年春 |
| 训导 | 于士琦 | 天津人 | 举人 | 《缙绅全书》同治八年冬 |
| 训导 | 于士琦 | 天津人 | 举人 | 《爵秩全览》同治九年春 |
| 训导 | 于士琦 | 天津人 | 举人 | 《缙绅全书》同治九年夏 |

| 职官 | 人名 | 籍贯 | 出身 | 出处及在职时间 |
|---|---|---|---|---|
| 训导 | 于士琦 | 天津人 | 举人 | 《爵秩全览》同治九年秋 |
| 训导 | 于士琦 | 天津人 | 举人 | 《缙绅全书》同治九年冬 |
| 训导 | 于士琦 | 天津人 | 举人 | 《缙绅全书》同治十年春 |
| 训导 | 于士琦 | 天津人 | 举人 | 《缙绅全书》同治十年夏 |
| 训导 | 于士琦 | 天津人 | 举人 | 《缙绅全书》同治十一年夏 |
| 训导 | 于士琦 | 天津人 | 举人 | 《缙绅全书》《中枢备览》同治十一年秋 |
| 训导 | 于士琦 | 天津人 | 举人 | 《缙绅全书》同治十二年冬 |
| 训导 | 王化湣 | 永平人 | 举人 | 《缙绅全书》同治十三年春 |
| 训导 | 王化湣 | 永平人 | 举人 | 《爵秩全览》同治十三年夏 |

| 职官 | 人名 | 籍贯 | 出身 | 出处及在职时间 |
|---|---|---|---|---|
| 训导 | 王化渭 | 永平人 | 举人 | 《缙绅全书》同治十三年秋 |
| 训导 | 王化渭 | 永平人 | 举人 | 《缙绅全书》同治十三年冬 |
| 训导 | 王化渭 | 永平人 | 举人 | 《爵秩全览》同治十三年冬 |
| 训导 | 王化渭 | 永平人 | 举人 | 《缙绅全书》《中枢备览》同治十三年冬 |
| 训导 | 王化渭 | 永平人 | 举人 | 《爵秩全览》光绪元年夏 |
| 训导 | 王化渭 | 永平人 | 举人 | 《爵秩全览》光绪元年秋 |
| 训导 | 王化渭 | 永平人 | 举人 | 《缙绅全书》光绪二年秋 |
| 训导 | 王化渭 | 永平人 | 举人 | 《爵秩全览》光绪二年冬 |
| 训导 | 王化渭 | 永平人 | 举人 | 《缙绅全书》《中枢备览》光绪三年夏 |

| 职官 | 人名 | 籍贯 | 出身 | 出处及在职时间 |
|------|------|------|------|----------------|
| 训导 | 王化湄 | 永平人 | 举人 | 《缙绅全书》光绪三年秋 |
| 训导 | 高 静 | 顺天府人 | 举人 | 《爵秩全览》光绪三年冬 |
| 训导 | 高 静 | 顺天府人 | 举人 | 《缙绅全书》《中枢备览》光绪四年秋 |
| 训导 | 高 静 | 顺天府人 | 举人 | 《爵秩全览》光绪四年冬 |
| 训导 | 高 静 | 顺天府人 | 举人 | 《缙绅全书》光绪五年春 |
| 训导 | 高 静 | 顺天府人 | 举人 | 《缙绅全书》光绪五年秋 |
| 训导 | 高 静 | 顺天府人 | 举人 | 《缙绅全书》《中枢备览》光绪五年冬 |
| 训导 | 王德兴 | 天津人 | 举人 | 《缙绅全书》光绪七年春 |
| 训导 | 王德兴 | 天津人 | 举人 | 《爵秩全览》光绪七年冬 |

| 职官 | 人名 | 籍贯 | 出身 | 出处及在职时间 |
|---|---|---|---|---|
| 训导 | 王德兴 | 天津人 | 举人 | 《缙绅全书》光绪七年冬 |
| 训导 | 王德兴 | 天津人 | 举人 | 《缙绅全书》光绪八年冬 |
| 训导 | 王德兴 | 天津人 | 举人 | 《爵秩全览》光绪十年夏 |
| 训导 | 王德兴 | 天津人 | 举人 | 《爵秩全览》光绪十年秋 |
| 训导 | 苗祖望 | 顺天府人 | 岁贡 | 《爵秩全览》光绪十一年春 |
| 训导 | 苗祖望 | 顺天府人 | 岁贡 | 《爵秩全览》光绪十一年夏 |
| 训导 | 苗祖望 | 顺天府人 | 岁贡 | 《爵秩全览》光绪十一年秋 |
| 训导 | 苗祖望 | 顺天人 | 岁贡 | 《爵秩全览》光绪十二年夏 |
| 训导 | 苗祖望 | 顺天人 | 岁贡 | 《缙绅全书》光绪十二年秋 |

| 职官 | 人名 | 籍贯 | 出身 | 出处及在职时间 |
|---|---|---|---|---|
| 训导 | 苗祖望 | 顺天人 | 岁贡 | 《爵秩全览》光绪十三年春 |
| 训导 | 苗祖望 | 顺天人 | 岁贡 | 《缙绅全书》《中枢备览》光绪十三年夏 |
| 训导 | 苗祖望 | 顺天人 | 岁贡 | 《缙绅全书》光绪十三年冬 |
| 训导 | 苗祖望 | 顺天人 | 岁贡 | 《缙绅全书》光绪十四年夏 |
| 训导 | 苗祖望 | 顺天人 | 岁贡 | 《爵秩全览》光绪十四年冬 |
| 训导 | 苗祖望 | 顺天人 | 岁贡 | 《爵秩全览》光绪十五年夏 |
| 训导 | 苗祖望 | 顺天人 | 岁贡 | 《爵秩全览》光绪十五年秋 |
| 训导 | 苗祖望 | 顺天府人 | 岁贡 | 《爵秩全览》光绪十五年冬 |
| 训导 | 苗祖望 | 顺天府人 | 岁贡 | 《缙绅全书》光绪十六年春 |

| 职官 | 人名 | 籍贯 | 出身 | 出处及在职时间 |
|---|---|---|---|---|
| 训导 | 张殿士 | 宣化府人 | 举人 | 《缙绅全书》光绪十六年冬 |
| 训导 | 张殿士 | 宣化府人 | 举人 | 《爵秩全览》光绪十八年春 |
| 训导 | 张殿士 | 宣化府人 | 举人 | 《爵秩全览》光绪十八年秋 |
| 训导 | 张殿士 | 宣化府人 | 举人 | 《爵秩全览》光绪十八年冬 |
| 训导 | 张殿士 | 宣化府人 | 举人 | 《缙绅全书》光绪十九年春 |
| 训导 | 张殿士 | 宣化府人 | 举人 | 《爵秩全览》光绪十九年夏 |
| 训导 | 张殿士 | 宣化府人 | 举人 | 《爵秩全览》光绪十九年秋 |
| 训导 | 张殿士 | 宣化府人 | 举人 | 《缙绅全书》光绪十九年冬 |
| 训导 | 张殿士 | 宣化府人 | 举人 | 《爵秩全览》光绪十九年冬 |

| 职官 | 人名 | 籍贯 | 出身 | 出处及在职时间 |
|------|------|------|------|----------------|
| 训导 | 张殿士 | 宣化府人 | 举人 | 《缙绅全书》《中枢备览》光绪二十年夏 |
| 训导 | 张殿士 | 宣化府人 | 举人 | 《爵秩全览》光绪二十年秋 |
| 训导 | 张殿士 | 宣化府人 | 举人 | 《爵秩全览》光绪二十一年春 |
| 训导 | 张殿士 | 宣化府人 | 举人 | 《爵秩全览》光绪二十一年夏 |
| 训导 | 张殿士 | 宣化府人 | 举人 | 《爵秩全览》光绪二十一年秋 |
| 训导 | 张殿士 | 宣化府人 | 举人 | 《缙绅全书》光绪二十一年冬 |
| 训导 | 张殿士 | 宣化府人 | 举人 | 《爵秩全览》光绪二十二年春 |
| 训导 | 张殿士 | 宣化府人 | 举人 | 《缙绅全书》光绪二十二年春 |
| 训导 | 张殿士 | 宣化府人 | 举人 | 《爵秩全览》光绪二十二年夏 |

| 职官 | 人名 | 籍贯 | 出身 | 出处及在职时间 |
|---|---|---|---|---|
| 训导 | 张殿士 | 宣化府人 | 举人 | 《爵秩全览》光绪二十二年秋 |
| 训导 | 张殿士 | 宣化府人 | 举人 | 《爵秩全览》光绪二十二年冬 |
| 训导 | 范陈经 | 河间府人 | 举人 | 《爵秩全览》光绪二十三年夏 |
| 训导 | 范陈经 | 河间人 | 举人 | 《缙绅全书》《中枢备览》光绪二十三年秋 |
| 训导 | 范陈经 | 河间人 | 举人 | 《爵秩全览》光绪二十三年冬 |
| 训导 | 范陈经 | 河间人 | 举人 | 《爵秩全览》光绪二十四年春 |
| 训导 | 范陈经 | 河间人 | 举人 | 《爵秩全览》光绪二十四年秋 |
| 训导 | 范陈经 | 河间人 | 举人 | 《爵秩全览》光绪二十四年冬 |
| 训导 | 范陈经 | 河间人 | 举人 | 《缙绅全书》光绪二十四年冬 |

| 职官 | 人名 | 籍贯 | 出身 | 出处及在职时间 |
|---|---|---|---|---|
| 训导 | 范陈经 | 河间人 | 举人 | 《爵秩全览》光绪二十五年春 |
| 训导 | 范陈经 | 河间人 | 举人 | 《缙绅全书》《中枢备览》光绪二十五年春 |
| 训导 | 范陈经 | 河间人 | 举人 | 《爵秩全览》光绪二十五年夏 |
| 训导 | 范陈经 | 河间人 | 举人 | 《缙绅全书》光绪二十五年夏 |
| 训导 | 范陈经 | 河间人 | 举人 | 《爵秩全览》光绪二十五年秋 |
| 训导 | 范陈经 | 河间人 | 举人 | 《缙绅全书》《中枢备览》光绪二十五年冬 |
| 训导 | 范陈经 | 河间人 | 举人 | 《缙绅全书》《中枢备览》光绪二十六年春 |
| 训导 | 范陈经 | 河间人 | 举人 | 《缙绅全书》光绪二十六年夏 |
| 训导 | 范陈经 | 河间人 | 举人 | 《爵秩全览》光绪二十六年秋 |

| 职官 | 人名 | 籍贯 | 出身 | 出处及在职时间 |
|---|---|---|---|---|
| 训导 | 范陈经 | 河间人 | 举人 | 《缙绅全书》光绪二十七年春 |
| 训导 | 范陈经 | 河间人 | 举人 | 《爵秩全览》光绪二十七年冬 |
| 训导 | 范陈经 | 河间人 | 举人 | 《缙绅全书》《中枢备览》光绪二十七年冬 |
| 训导 | 范陈经 | 河间人 | 举人 | 《爵秩全览》光绪二十八年春 |
| 训导 | 范陈经 | 河间人 | 举人 | 《缙绅全书》《中枢备览》《爵秩全览》光绪二十八年夏 |
| 训导 | 范陈经 | 河间人 | 举人 | 《爵秩全览》光绪二十八年秋 |
| 训导 | 范陈经 | 河间人 | 举人 | 《缙绅全书》《中枢备览》光绪二十八年冬 |
| 训导 | 范陈经 | 河间人 | 举人 | 《爵秩全览》《缙绅全书》《中枢备览》光绪二十九年春 |
| 训导 | 范陈经 | 河间人 | 举人 | 《缙绅全书》光绪二十九年夏 |

| 职官 | 人名 | 籍贯 | 出身 | 出处及在职时间 |
|---|---|---|---|---|
| 训导 | 范陈经 | 河间人 | 举人 | 《爵秩全览》光绪二十九年秋 |
| 训导 | 范陈经 | 河间人 | 举人 | 《缙绅全书》《中枢备览》光绪二十九年秋 |
| 训导 | 范陈经 | 河间人 | 举人 | 《缙绅全书》《中枢备览》光绪二十九年冬 |
| 训导 | 范陈经 | 河间人 | 举人 | 《缙绅全书》《中枢备览》光绪三十年春 |
| 训导 | 范陈经 | 河间人 | 举人 | 《爵秩全览》光绪三十年夏 |
| 训导 | 范陈经 | 河间人 | 举人 | 《缙绅全书》《中枢备览》光绪三十年夏 |
| 训导 | 范陈经 | 河间人 | 举人 | 《缙绅全书》光绪三十年冬 |
| 训导 | 范陈经 | 河间人 | 举人 | 《缙绅全书》《中枢备览》光绪三十一年春 |
| 训导 | 范陈经 | 河间人 | 举人 | 《爵秩全览》光绪三十一年夏 |

| 职官 | 人名 | 籍贯 | 出身 | 出处及在职时间 |
|---|---|---|---|---|
| 训导 | 范陈经 | 河间人 | 举人 | 《缙绅全书》《中枢备览》光绪三十一年夏 |
| 训导 | 范陈经 | 河间人 | 举人 | 《爵秩全览》光绪三十一年秋 |
| 训导 | 范陈经 | 河间人 | 举人 | 《爵秩全览》光绪三十一年冬 |
| 训导 | 范陈经 | 河间人 | 举人 | 《爵秩全览》光绪三十二年春 |
| 训导 | 范陈经 | 河间人 | 举人 | 《缙绅全书》《中枢备览》光绪三十二年春 |
| 训导 | 范陈经 | 河间人 | 举人 | 《缙绅全书》光绪三十二年夏 |
| 训导 | 范陈经 | 河间人 | 举人 | 《缙绅全书》光绪三十二年秋 |
| 训导 | 范陈经 | 河间人 | 举人 | 《缙绅全书》光绪三十二年冬 |
| 训导 | 范陈经 | 河间人 | 举人 | 《爵秩全览》光绪三十二年冬 |

| 职官 | 人名 | 籍贯 | 出身 | 出处及在职时间 |
| --- | --- | --- | --- | --- |
| 训导 | 范陈经 | 河间人 | 举人 | 《爵秩全览》光绪三十三年春 |
| 训导 | 范陈经 | 河间人 | 举人 | 《缙绅全书》《中枢备览》光绪三十三年夏 |
| 训导 | 范陈经 | 河间人 | 举人 | 《爵秩全览》光绪三十三年秋 |
| 训导 | 范陈经 | 河间府人 | 举人 | 《爵秩全览》光绪三十三年冬 |
| 训导 | 范陈经 | 河间府人 | 举人 | 《爵秩全览》光绪三十四年春 |
| 训导 | 李元璋 | 天津府人 | 岁贡 | 《爵秩全览》光绪三十四年夏 |
| 训导 | 李元璋 | 天津府人 | 岁贡 | 《爵秩全览》光绪三十四年秋 |
| 训导 | 李元璋 | 天津府人 | 岁贡 | 《爵秩全览》光绪三十四年冬 |
| 训导 | 李元璋 | 天津府人 | 岁贡 | 《爵秩全览》宣统元年春 |

| 职官 | 人名 | 籍贯 | 出身 | 出处及在职时间 |
|---|---|---|---|---|
| 训导 | 李元璋 | 天津府人 | 岁贡 | 《爵秩全览》宣统元年夏 |
| 训导 | 李元璋 | 天津府人 | 岁贡 | 《爵秩全览》宣统元年秋 |
| 训导 | 李元璋 | 天津府人 | 岁贡 | 《爵秩全览》宣统元年冬 |
| 训导 | 李元璋 | 天津人 | 岁贡 | 《缙绅全书》宣统元年冬 |
| 训导 | 李元璋 | 天津人 | 岁贡 | 《爵秩全览》宣统二年春 |
| 训导 | 李元璋 | 天津人 | 岁贡 | 《爵秩全览》宣统二年夏 |
| 训导 | 李元璋 | 天津人 | 岁贡 | 《爵秩全览》宣统二年秋 |
| 训导 | 吴曾隆 | 永平府人 | 副贡 | 《爵秩全览》宣统二年冬 |
| 训导 | 吴曾隆 | 永平府人 | 副贡 | 《爵秩全览》宣统三年春 |

| 职官 | 人名 | 籍贯 | 出身 | 出处及在职时间 |
|------|------|------|------|----------------|
| 训导 | 吴曾隆 | 永平府人 | 副贡 | 《爵秩全览》宣统三年夏 |
| 训导 | 吴曾隆 | 永平府人 | 副贡 | 《爵秩全览》宣统三年秋 |
| 训导 | 吴曾隆 | 永平府人 | 副贡 | 《职官录》宣统三年冬 |
| 训导 | 吴曾隆 | 永平府人 | 副贡 | 《职官录》宣统四年春 |
| 训导 | 吕世臣 | | | 《光绪容城县志》《民国容城县志》 |
| 训导 | 李清叔 | | | 《光绪容城县志》《民国容城县志》 |
| 训导 | 胡士凤 | 直隶人 | | 《乾隆容城县志》《民国容城县志》《光绪容城县志》 |
| 训导 | 张师道 | 直隶人 | | 《乾隆容城县志》《民国容城县志》《光绪容城县志》 |
| | | | | |

# 巡检借补典史加三级

| 职官 | 人名 | 籍贯 | 出身 | 出处及在职时间 |
|---|---|---|---|---|
| 巡检借补典史加三级 | 楚以祁 | 湖南人 | 监生 | 《缙绅全书》《中枢备览》乾隆四十二年秋 |

# 同知衔知县

| 职官 | 人名 | 籍贯 | 出身 | 出处及在职时间 |
|---|---|---|---|---|
| 同知衔知县 | 裴福德 | 山西永济人 | 监生 | 《缙绅全书》同治五年春 |
| 同知衔知县 | 裴福德 | 山西永济人 | 监生 | 《缙绅全书》同治六年秋 |

# 特授知县加三级

| 职官 | 人名 | 籍贯 | 出身 | 出处及在职时间 |
|---|---|---|---|---|
| 特授知县加三级 | 董 书 | 福建建宁人 | 举人 | 《缙绅全书》《中枢备览》乾隆五十三年春 |

# 经制外委把总

| 职官 | 人名 | 籍贯 | 出身 | 出处及在职时间 |
|---|---|---|---|---|
| 经制外委把总 | 马焕 | | | 《光绪容城县志》《民国容城县志》道光十年 |
| 经制外委把总 | 梁清泰 | | | 《光绪容城县志》《民国容城县志》道光十一年 |
| 经制外委把总 | 阎 镜 | | | 《光绪容城县志》《民国容城县志》道光二十年 |
| 经制外委把总 | 张玉庆 | | | 《光绪容城县志》《民国容城县志》道光二十三年 |
| 经制外委把总 | 李兆和 | | | 《光绪容城县志》《民国容城县志》道光二十四年 |

| 职官 | 人名 | 籍贯 | 出身 | 出处及在职时间 |
|---|---|---|---|---|
| 经制外委把总 | 左永庆 | | | 《光绪容城县志》《民国容城县志》道光二十六年 |
| 经制外委把总 | 刘 德 | | 定兴人 | 《乾隆容城县志》《光绪容城县志》《民国容城县志》 |
| 经制外委把总 | 王允中 | | 新城人 | 《乾隆容城县志》《光绪容城县志》《民国容城县志》 |
| 经制外委把总 | 王 盛 | | 新城人 | 《乾隆容城县志》《光绪容城县志》《民国容城县志》 |
| 经制外委把总 | 时丕显 | | 雄县人 | 《乾隆容城县志》《光绪容城县志》《民国容城县志》 |
| 经制外委把总 | 线思永 | | | 《乾隆容城县志》《光绪容城县志》《民国容城县志》 |
| 经制外委把总 | 毛殿魁 | | | 《乾隆容城县志》《光绪容城县志》《民国容城县志》 |

# 经制外委

| 职官 | 人名 | 籍贯 | 出身 | 出处及在职时间 |
|---|---|---|---|---|
| 经制外委 | 萧镇东 | 新城人 | | 《民国容城县志》 |

| 职官 | 人名 | 籍贯 | 出身 | 出处及在职时间 |
|---|---|---|---|---|
| 经制外委 | 王　生 | 邑人 | | 《民国各城县志》 |
| 经制外委 | 武　顺 | 新城人 | | 《民国容城县志》 |

# 教谕训导

| 职官 | 人名 | 籍贯 | 出身 | 出处及在职时间 |
|---|---|---|---|---|
| 教谕训导 | 吴会隆 | 栾州人 | | 《民国容城县志》 |
| 教谕训导 | 苗陈经 | 河间隶宁人 | 举人 | 《民国容城县志》 |

# 教 谕

| 职官 | 人名 | 籍贯 | 出身 | 出处及在职时间 |
|---|---|---|---|---|
| 教谕 | 吴志远 | 山东海丰人 | 岁贡 | 《乾隆容城县志》《光绪容城县志》《民国容城县志》顺治二年 |
| 教谕 | 余司仁 | 顺天宛平人 | 举人 | 《乾隆容城县志》《光绪容城县志》《民国容城县志》顺治六年 |
| 教谕 | 丁耀亢 | 山东诸城人 | 选贡 | 《乾隆容城县志》《光绪容城县志》《民国容城县志》顺治十一年 |
| 教谕 | 刘名史 | 顺天宛平人 | | 《乾隆容城县志》《光绪容城县志》《民国容城县志》康熙十六年 |
| 教谕 | 王堪 | 文安县人 | 岁贡 | 《乾隆容城县志》《光绪容城县志》《民国容城县志》康熙四十六年 |
| 教谕 | 孙镈 | 赵州宁晋人 | 拔贡 | 《乾隆容城县志》《光绪容城县志》《民国容城县志》雍正三年 |
| 教谕 | 张永助 | 安平人 | 副榜 | 《乾隆容城县志》《光绪容城县志》《民国容城县志》雍正八年 |
| 教谕 | 许式玉 | 顺天大兴人 | 举人 | 《乾隆容城县志》《光绪容城县志》《民国容城县志》乾隆十七年 |

| 职官 | 人名 | 籍贯 | 出身 | 出处及在职时间 |
|---|---|---|---|---|
| 教谕 | 黄文焕 | 唐山人 | 恩贡 | 《乾隆容城县志》《光绪容城县志》《民国容城县志》乾隆二十二年 |
| 教谕 | 王　时 | 河间东光人 | 举人 | 《乾隆容城县志》《光绪容城县志》《民国容城县志》乾隆二十七年 |
| 教谕 | 常　润 | 宁河县人 | 举人 | 《光绪容城县志》《民国容城县志》嘉庆十年 |
| 教谕 | 何　骏 | 正定县人 | 副榜 | 《光绪容城县志》《民国容城县志》道光二年 |
| 教谕 | 密绍鲁 | 迁安县人 | 举人 | 《光绪容城县志》《民国容城县志》道光三年 |
| 教谕 | 阎国庆 | 万全县人 | 拔贡 | 《光绪容城县志》《民国容城县志》道光四年 |
| 教谕 | 张廷弼 | 天津县人 | 副榜 | 《光绪容城县志》《民国容城县志》道光五年 |
| 教谕 | 姚攀云 | | | 《光绪容城县志》《民国容城县志》道光六年 |
| 教谕 | 陈嘉谟 | 天津人 | 副榜 | 《光绪容城县志》《民国容城县志》道光六年 |
| 教谕 | 沈文炳 | 清丰县人 | 恩贡 | 《光绪容城县志》《民国容城县志》道光二十年 |

| 职官 | 人名 | 籍贯 | 出身 | 出处及在职时间 |
|---|---|---|---|---|
| 教谕 | 吴怀玉 | | | 《光绪容城县志》《民国容城县志》道光二十年 |
| 教谕 | 申承会 | 永年县人 | 拔贡 | 《光绪容城县志》《民国容城县志》道光二十一年 |
| 教谕 | 王恩诏 | | 举人 | 《光绪容城县志》《民国容城县志》道光二十一年 |
| 教谕 | 陈成桂 | 丰润县人 | 举人 | 《光绪容城县志》《民国容城县志》道光二十七年 |
| 教谕 | 戴　淇 | 清县人 | | 《光绪容城县志》《民国容城县志》咸丰七年 |
| 教谕 | 韩玉墀 | 河间人 | 附生 | 《缙绅全书》咸丰八年冬 |
| 教谕 | 刘鹏霄 | | | 《光绪容城县志》《民国容城县志》 |
| 教谕 | 李　衔 | 宁河县人 | 贡生 | 《光绪容城县志》《民国容城县志》 |
| 教谕 | 刘德隆 | 奉天锦县人 | 岁贡 | 《光绪容城县志》《民国容城县志》 |
| 教谕 | 郝　萱 | 武清县人 | 贡生 | 《光绪容城县志》《民国容城县志》 |

| 职官 | 人名 | 籍贯 | 出身 | 出处及在职时间 |
|---|---|---|---|---|
| 教谕 | 郝 铸 | 奉天锦县人 | 岁贡 | 《光绪容城县志》《民国容城县志》 |
| 教谕 | 柴应辰 | 顺天永清人 | 举人 | 《光绪容城县志》《民国容城县志》 |

# 复设教谕

| 复设教谕 | 张永助 | 安平人 | 副榜 | 《缙绅新书》乾隆十三年春 |
|---|---|---|---|---|
| 复设教谕 | 黄文焕 | 唐山人 | 恩贡 | 《缙绅全本》乾隆二十五年冬 |
| 复设教谕 | 李 讷 | 开州人 | 恩贡 | 《缙绅全本》乾隆二十六年秋 |
| 复设教谕 | 王 时 | 东光人 | 举人 | 《缙绅全书》乾隆三十年春 |
| 复设教谕 | 王 时 | 东光人 | 举人 | 《爵秩全本》乾隆三十年冬 |
| 复设教谕 | 王 时 | 东光人 | 举人 | 《爵秩全本》乾隆三十三年秋 |

| 职官 | 人名 | 籍贯 | 出身 | 出处及在职时间 |
|---|---|---|---|---|
| 复设教谕 | 刘鹏霄 | 奉天人 | 副榜 | 《缙绅全书》《中枢备览》乾隆四十二年秋 |
| 复设教谕 | 郭天秩 | 开州人 | 举人 | 《缙绅全书》《中枢备览》乾隆五十三年春 |
| 复设教谕 | 李其植 | 任县人 | 拔贡 | 《缙绅全书》嘉庆元年春 |
| 复设教谕 | 李其植 | 任县人 | 拔贡 | 《缙绅全书》嘉庆二年冬 |
| 复设教谕 | 李其植 | 任县人 | 拔贡 | 《缙绅全书》嘉庆三年秋 |
| 复设教谕 | 李其植 | 任县人 | 拔贡 | 《缙绅全书》嘉庆三年冬 |
| 复设教谕 | 李其植 | 任县人 | 拔贡 | 《缙绅全书》嘉庆五年冬 |
| 复设教谕 | 李其植 | 任县人 | 拔贡 | 《缙绅全书》嘉庆九年春 |
| 复设教谕 | 常　润 | 顺天人 | 举人 | 《缙绅全书》《中枢备览》嘉庆十一年春 |
| 备注:《光绪容城县志》《民国容城县志》嘉庆十年记载其地方为宁河县人。 | | | | |

| 职官 | 人名 | 籍贯 | 出身 | 出处及在职时间 |
|---|---|---|---|---|
| 复设教谕 | 常 润 | 顺天人 | 举人 | 《缙绅全书》嘉庆十一年夏 |
| 复设教谕 | 常 润 | 宁河人 | 举人 | 《缙绅全书》嘉庆十七年秋 |
| 复设教谕 | 常 润 | 宁河人 | 举人 | 《缙绅全书》嘉庆二十一年冬 |
| 复设教谕 | 常 润 | 宁河人 | 举人 | 《缙绅全书》嘉庆二十二年春 |
| 复设教谕 | 常 润 | 顺天人 | 举人 | 《缙绅全书》（大）嘉庆二十二年冬 |
| 备注：《缙绅全书》嘉庆二十一年冬、嘉庆二十二年春中均载其为宁河人。 | | | | |
| 复设教谕 | 常 润 | 宁河人 | 举人 | 《缙绅全书》（小）嘉庆二十二年冬 |
| 备注：《缙绅全书》（大）嘉庆二十二年冬中载其为顺天人。 | | | | |
| 复设教谕 | 常 润 | 宁河人 | 举人 | 《缙绅全书》嘉庆二十五年夏 |
| 备注：《缙绅全书》（大）嘉庆二十二年冬中载其为天津人。 | | | | |

| 职官 | 人名 | 籍贯 | 出身 | 出处及在职时间 |
|---|---|---|---|---|
| 复设教谕 | 王淑孟 | 河间人 | 恩贡 | 《缙绅全书》《中枢备览》道光四年夏 |
| 复设教谕 | 阎国庆 | 宣化府人 | 拔贡 | 《缙绅全书》道光四年夏 |
| **备注：《光绪容城县志》《民国容城县志》道光四年记载其地方为万全县。** | | | | |
| 复设教谕 | 陈嘉谟 | 天津人 | 副榜 | 《爵秩全览》道光六年秋 |
| 复设教谕 | 陈嘉谟 | 天津人 | 副榜 | 《缙绅全书》道光七年春 |
| 复设教谕 | 陈嘉谟 | 天津人 | 副榜 | 《缙绅全书》道光十年冬 |
| 复设教谕 | 陈嘉谟 | 天津人 | 副榜 | 《缙绅全书》《中枢备览》道光十三年夏 |
| 复设教谕 | 陈嘉谟 | 天津人 | 副榜 | 《缙绅全书》道光十四年夏 |
| 复设教谕 | 陈嘉谟 | 天津人 | 副榜 | 《缙绅全书》《中枢备览》道光十六年夏 |
| 复设教谕 | 陈嘉谟 | 天津人 | 副榜 | 《缙绅全书》道光十六年秋 |

| 职官 | 人名 | 籍贯 | 出身 | 出处及在职时间 |
|------|------|------|------|----------------|
| 复设教谕 | 陈嘉谟 | 天津人 | 副榜 | 《缙绅全书》《中枢备览》道光十六年冬 |
| 复设教谕 | 陈嘉谟 | 天津人 | 副榜 | 《缙绅全书》道光十七年秋 |
| 复设教谕 | 陈嘉谟 | 天津人 | 副榜 | 《缙绅全书》道光十八年夏 |
| 复设教谕 | 陈嘉谟 | 天津人 | 副榜 | 《缙绅全书》《爵秩全览》道光十九年夏 |
| 复设教谕 | 沈文炳 | 大名人 | 恩贡 | 《缙绅全书》道光二十年秋 |
| 复设教谕 | 沈文炳 | 大名人 | 恩贡 | 《缙绅全书》道光二十年冬 |
| 复设教谕 | 申承会 | 广平人 | 恩贡 | 《缙绅全书》《中枢备览》道光二十二年春 |
| 复设教谕 | 申承会 | 广平人 | 拔贡 | 《缙绅全书》道光二十二年冬 |
| 复设教谕 | 申承会 | 广平人 | 拔贡 | 《缙绅全书》道光二十五年夏 |
| 复设教谕 | 申承会 | 广平人 | 拔贡 | 《缙绅全书》道光二十五年秋 |

| 职官 | 人名 | 籍贯 | 出身 | 出处及在职时间 |
|------|------|------|------|----------------|
| 复设教谕 | 申承会 | 广平人 | 拔贡 | 《爵秩全览》道光二十六年 |
| 复设教谕 | 申承会 | 广平人 | 拔贡 | 《缙绅全书》道光二十七年夏 |
| 复设教谕 | 陈成桂 | 丰润县人 | 举人 | 《缙绅全书》道光二十七年秋 |
| 复设教谕 | 陈成桂 | 遵化州人 | 举人 | 《爵秩全览》道光二十八年夏 |
| 备注：《光绪容城县志》《民国容城县志》道光二十七年记载其地方为丰润县人。 | | | | |
| 复设教谕 | 陈成桂 | 遵化州人 | 举人 | 《缙绅全书》道光二十八年冬 |
| 复设教谕 | 陈成桂 | 遵化州人 | 举人 | 《缙绅全书》道光二十九年夏 |
| 复设教谕 | 陈成桂 | 遵化州人 | 举人 | 《爵秩全览》咸丰元年夏 |
| 复设教谕 | 陈成桂 | 遵化州人 | 举人 | 《爵秩全览》咸丰二年冬 |
| 复设教谕 | 陈成桂 | 遵化州人 | 举人 | 《缙绅全书》咸丰三年夏 |

| 职官 | 人名 | 籍贯 | 出身 | 出处及在职时间 |
|---|---|---|---|---|
| 复设教谕 | 申承会 | 广平人 | 拔贡 | 《缙绅全书》咸丰四年春 |
| 复设教谕 | 陈成桂 | 遵化州人 | 举人 | 《缙绅全书》咸丰四年 |
| 复设教谕 | 陈成桂 | 遵化州人 | 举人 | 《爵秩全览》咸丰六年春 |
| 复设教谕 | 陈成桂 | 遵化州人 | 举人 | 《缙绅全书》咸丰六年春 |
| 复设教谕 | 韩玉墀 | 河间府人 | 附生 | 《爵秩全览》咸丰六年夏 |
| 复设教谕 | 韩玉墀 | 河间府人 | 附生 | 《爵秩全览》咸丰七年秋 |
| 复设教谕 | 陈成桂 | 遵化州人 | 举人 | 《爵秩全览》咸丰七年冬 |
| 复设教谕 | 韩玉墀 | 河间人 | 附生 | 《缙绅全书》咸丰九年夏 |
| 复设教谕 | 韩玉墀 | 河间人 | 附生 | 《缙绅全书》咸丰十年秋 |
| 复设教谕 | 韩玉墀 | 河间人 | 附生 | 《缙绅全书》咸丰十年 |

| 职官 | 人名 | 籍贯 | 出身 | 出处及在职时间 |
|---|---|---|---|---|
| 复设教谕 | 李 樾 | 顺天人 | 廪贡 | 《缙绅全书》同治四年夏 |
| 复设教谕 | 李 樾 | 顺天人 | 廪贡 | 《缙绅全书》同治五年春 |
| 复设教谕 | 李 樾 | 顺天人 | 廪贡 | 《爵秩全览》同治六年春 |
| 复设教谕 | 李 樾 | 顺天人 | 廪贡 | 《缙绅全书》同治六年春 |
| 复设教谕 | 李 樾 | 顺天人 | 廪贡 | 《缙绅全书》同治六年秋 |
| 复设教谕 | 李 樾 | 顺天人 | 廪贡 | 《缙绅全书》同治八年春 |
| 复设教谕 | 李 衍 | 顺天人 | 恩贡 | 《缙绅全书》同治八年冬 |
| 复设教谕 | 李 衍 | 顺天人 | 恩贡 | 《爵秩全览》同治九年春 |
| 复设教谕 | 李 衍 | 顺天人 | 恩贡 | 《缙绅全书》同治九年夏 |
| 复设教谕 | 李 衍 | 顺天人 | 恩贡 | 《爵秩全览》同治九年秋 |

| 职官 | 人名 | 籍贯 | 出身 | 出处及在职时间 |
|---|---|---|---|---|
| 复设教谕 | 李　衔 | 顺天人 | 恩贡 | 《缙绅全书》同治九年冬 |
| 复设教谕 | 李　衔 | 顺天人 | 恩贡 | 《缙绅全书》同治十年春 |
| 复设教谕 | 李　衔 | 顺天人 | 恩贡 | 《缙绅全书》同治十年夏 |
| 复设教谕 | 刘德隆 | 锦州人 | 恩贡 | 《缙绅全书》同治十一年夏 |
| 备注：《光绪容城县志》《民国容城县志》记载其地方为奉天锦县人，出身为岁贡。 | | | | |
| 复设教谕 | 刘德隆 | 锦州人 | 恩贡 | 《缙绅全书》《中枢备览》同治十一年秋 |
| 复设教谕 | 刘德隆 | 锦州人 | 恩贡 | 《缙绅全书》同治十二年冬 |
| 复设教谕 | 刘德隆 | 锦州人 | 恩贡 | 《缙绅全书》同治十三年春 |
| 复设教谕 | 刘德隆 | 锦州人 | 恩贡 | 《爵秩全览》同治十三年夏 |
| 复设教谕 | 刘德隆 | 锦州人 | 恩贡 | 《缙绅全书》同治十三年秋 |

| 职官 | 人名 | 籍贯 | 出身 | 出处及在职时间 |
|------|------|------|------|----------------|
| 复设教谕 | 刘德隆 | 锦州人 | 恩贡 | 《缙绅全书》同治十三年冬 |
| 复设教谕 | 刘德隆 | 锦州人 | 恩贡 | 《爵秩全览》同治十三年冬 |
| 复设教谕 | 刘德隆 | 锦州人 | 恩贡 | 《缙绅全书》《中枢备览》同治十三年冬 |
| 复设教谕 | 刘德隆 | 锦州人 | 恩贡 | 《爵秩全览》光绪元年夏 |
| 复设教谕 | 刘德隆 | 锦州人 | 恩贡 | 《爵秩全览》光绪元年秋 |
| 复设教谕 | 刘德隆 | 锦州人 | 恩贡 | 《缙绅全书》光绪二年秋 |
| 复设教谕 | 刘德隆 | 锦州人 | 恩贡 | 《爵秩全览》光绪二年冬 |
| 复设教谕 | 刘德隆 | 锦州人 | 恩贡 | 《缙绅全书》《中枢备览》光绪三年夏 |
| 复设教谕 | 刘德隆 | 锦州人 | 恩贡 | 《缙绅全书》光绪三年秋 |
| 复设教谕 | 刘德隆 | 锦州人 | 恩贡 | 《爵秩全览》光绪三年冬 |

| 职官 | 人名 | 籍贯 | 出身 | 出处及在职时间 |
|---|---|---|---|---|
| 复设教谕 | 刘德隆 | 锦州人 | 恩贡 | 《缙绅全书》《中枢备览》光绪四年秋 |
| 复设教谕 | 刘德隆 | 锦州人 | 恩贡 | 《爵秩全览》光绪四年冬 |
| 复设教谕 | 刘德隆 | 锦州人 | 恩贡 | 《缙绅全书》光绪五年春 |
| 复设教谕 | 刘德隆 | 锦州人 | 恩贡 | 《缙绅全书》光绪五年秋 |
| 复设教谕 | 刘德隆 | 锦州人 | 恩贡 | 《缙绅全书》《中枢备览》光绪五年冬 |
| 复设教谕 | 刘德隆 | 锦州人 | 恩贡 | 《缙绅全书》光绪七年春 |
| 复设教谕 | 刘德隆 | 锦州人 | 恩贡 | 《爵秩全览》光绪七年冬 |
| 复设教谕 | 刘德隆 | 锦州人 | 恩贡 | 《缙绅全书》光绪七年冬 |
| 复设教谕 | 刘德隆 | 锦州人 | 恩贡 | 《缙绅全书》光绪八年冬 |
| 复设教谕 | 刘德隆 | 锦州人 | 恩贡 | 《爵秩全览》光绪十年夏 |

| 职官 | 人名 | 籍贯 | 出身 | 出处及在职时间 |
|---|---|---|---|---|
| 复设教谕 | 刘德隆 | 锦州人 | 恩贡 | 《爵秩全览》光绪十年秋 |
| 复设教谕 | 刘德隆 | 锦州人 | 恩贡 | 《爵秩全览》光绪十一年春 |
| 复设教谕 | 刘德隆 | 锦州人 | 恩贡 | 《爵秩全览》光绪十一年夏 |
| 复设教谕 | 刘德隆 | 锦州人 | 恩贡 | 《爵秩全览》光绪十一年秋 |
| 复设教谕 | 刘德隆 | 锦州人 | 恩贡 | 《爵秩全览》光绪十二年夏 |
| 复设教谕 | 刘德隆 | 锦州人 | 恩贡 | 《缙绅全书》光绪十二年秋 |
| 复设教谕 | 刘德隆 | 锦州人 | 恩贡 | 《爵秩全览》光绪十三年春 |
| 复设教谕 | 刘德隆 | 锦州人 | 恩贡 | 《缙绅全书》《中枢备览》光绪十三年夏 |
| 复设教谕 | 刘德隆 | 锦州人 | 恩贡 | 《缙绅全书》光绪十三年冬 |

| 职官 | 人名 | 籍贯 | 出身 | 出处及在职时间 |
|------|------|------|------|------|
| 复设教谕 | 刘德隆 | 锦州人 | 恩贡 | 《缙绅全书》光绪十四年夏 |
| 复设教谕 | 郝 萱 | 顺天府人 | 廪贡 | 《爵秩全览》光绪十四年冬 |
| 备注：《光绪容城县志》《民国容城县志》记载》其地方为武清县人，出身为贡生。 | | | | |
| 复设教谕 | 郝 萱 | 顺天府人 | 廪贡 | 《爵秩全览》光绪十五年夏 |
| 复设教谕 | 郝 萱 | 顺天府人 | 廪贡 | 《爵秩全览》光绪十五年秋 |
| 复设教谕 | 郝 萱 | 顺天府人 | 廪贡 | 《爵秩全览》光绪十五年冬 |
| 复设教谕 | 郝 萱 | 顺天府人 | 廪贡 | 《缙绅全书》光绪十六年春 |
| 复设教谕 | 郝 萱 | 顺天府人 | 廪贡 | 《缙绅全书》光绪十六年冬 |
| 复设教谕 | 郝 铸 | 奉天府人 | 恩贡 | 《爵秩全览》光绪十八年春 |

| 职官 | 人名 | 籍贯 | 出身 | 出处及在职时间 |
|---|---|---|---|---|
| 复设教谕 | 郝 铸 | 奉天府人 | 恩贡 | 《爵秩全览》光绪十八年秋 |
| 复设教谕 | 郝 铸 | 奉天府人 | 恩贡 | 《爵秩全览》光绪十八年冬 |
| 复设教谕 | 郝 铸 | 奉天府人 | 恩贡 | 《缙绅全书》光绪十九年春 |
| 复设教谕 | 郝 铸 | 奉天府人 | 恩贡 | 《爵秩全览》光绪十九年夏 |
| 复设教谕 | 郝 铸 | 奉天府人 | 恩贡 | 《爵秩全览》光绪十九年秋 |
| 复设教谕 | 郝 铸 | 奉天人 | 恩贡 | 《缙绅全书》光绪十九年冬 |
| 复设教谕 | 郝 铸 | 奉天府人 | 恩贡 | 《爵秩全览》光绪十九年冬 |
| 复设教谕 | 郝 铸 | 奉天人 | 恩贡 | 《缙绅全书》《中枢备览》光绪二十年夏 |
| 复设教谕 | 郝 铸 | 奉天府人 | 恩贡 | 《爵秩全览》光绪二十年秋 |

| 职官 | 人名 | 籍贯 | 出身 | 出处及在职时间 |
|---|---|---|---|---|
| 复设教谕 | 郝 铸 | 奉天府人 | 恩贡 | 《爵秩全览》光绪二十一年春 |
| 复设教谕 | 郝 铸 | 奉天府人 | 恩贡 | 《爵秩全览》光绪二十一年夏 |
| 复设教谕 | 郝 铸 | 奉天府人 | 恩贡 | 《爵秩全览》光绪二十一年秋 |
| 复设教谕 | 郝 铸 | 奉天人 | 恩贡 | 《缙绅全书》光绪二十一年冬 |
| 复设教谕 | 郝 铸 | 奉天府人 | 恩贡 | 《爵秩全览》光绪二十二年春 |
| 复设教谕 | 郝 铸 | 奉天人 | 恩贡 | 《缙绅全书》光绪二十二年春 |
| 复设教谕 | 郝 铸 | 奉天府人 | 恩贡 | 《爵秩全览》光绪二十二年夏 |
| 复设教谕 | 郝 铸 | 奉天府人 | 恩贡 | 《爵秩全览》光绪二十二年秋 |
| 复设教谕 | 郝 铸 | 奉天府人 | 恩贡 | 《爵秩全览》光绪二十二年冬 |

| 职官 | 人名 | 籍贯 | 出身 | 出处及在职时间 |
|---|---|---|---|---|
| 复设教谕 | 郝 铸 | 奉天府人 | 恩贡 | 《爵秩全览》光绪二十三年夏 |
| 复设教谕 | 郝 铸 | 奉天人 | 恩贡 | 《缙绅全书》《中枢备览》光绪二十三年秋 |
| 复设教谕 | 郝 铸 | 奉天府人 | 恩贡 | 《爵秩全览》光绪二十三年冬 |
| 复设教谕 | 郝 铸 | 奉天府人 | 恩贡 | 《爵秩全览》光绪二十四年春 |
| 复设教谕 | 郝 铸 | 奉天府人 | 恩贡 | 《爵秩全览》光绪二十四年秋 |
| 复设教谕 | 郝 铸 | 奉天府人 | 恩贡 | 《爵秩全览》光绪二十四年冬 |
| 复设教谕 | 郝 铸 | 奉天府人 | 恩贡 | 《缙绅全书》光绪二十四年冬 |
| 复设教谕 | 郝 铸 | 奉天府人 | 恩贡 | 《爵秩全览》光绪二十五年春 |
| 复设教谕 | 郝 铸 | 奉天府人 | 恩贡 | 《缙绅全书》《中枢备览》光绪二十五年春 |

| 职官 | 人名 | 籍贯 | 出身 | 出处及在职时间 |
|------|------|------|------|----------------|
| 复设教谕 | 郝 铸 | 奉天府人 | 恩贡 | 《爵秩全览》光绪二十五年夏 |
| 复设教谕 | 郝 铸 | 奉天府人 | 恩贡 | 《缙绅全书》光绪二十五年夏 |
| 复设教谕 | 郝 铸 | 奉天府人 | 恩贡 | 《爵秩全览》光绪二十五年秋 |
| 复设教谕 | 郝 铸 | 奉天府人 | 恩贡 | 《缙绅全书》《中枢备览》光绪二十五年冬 |
| 复设教谕 | 郝 铸 | 奉天府人 | 恩贡 | 《缙绅全书》《中枢备览》光绪二十六年春 |
| 复设教谕 | 郝 铸 | 奉天府人 | 恩贡 | 《缙绅全书》光绪二十六年夏 |
| 复设教谕 | 郝 铸 | 奉天府人 | 恩贡 | 《爵秩全览》光绪二十六年秋 |
| 复设教谕 | 郝 铸 | 奉天府人 | 恩贡 | 《缙绅全书》光绪二十七年春 |
| 复设教谕 | 郝 铸 | 奉天府人 | 恩贡 | 《爵秩全览》光绪二十七年冬 |

| 职官 | 人名 | 籍贯 | 出身 | 出处及在职时间 |
|---|---|---|---|---|
| 复设教谕 | 郝　铸 | 奉天锦县人 | 恩贡 | 《缙绅全书》《中枢备览》光绪二十七年冬 |
| 复设教谕 | 郝　铸 | 奉天锦县人 | 恩贡 | 《爵秩全览》光绪二十八年春 |
| 复设教谕 | 郝　铸 | 奉天锦县人 | 恩贡 | 《缙绅全书》《中枢备览》《爵秩全览》光绪二十八年夏 |
| 复设教谕 | 郝　铸 | 奉天锦县人 | 恩贡 | 《爵秩全览》光绪二十八年秋 |
| 复设教谕 | 郝　铸 | 奉天锦县人 | 恩贡 | 《缙绅全书》《中枢备览》光绪二十八年冬 |
| 复设教谕 | 郝　铸 | 奉天锦县人 | 恩贡 | 《爵秩全览》《缙绅全书》《中枢备览》光绪二十九年春 |
| 复设教谕 | 郝　铸 | 奉天锦县人 | 恩贡 | 《缙绅全书》光绪二十九年夏 |
| 复设教谕 | 郝　铸 | 奉天锦县人 | 恩贡 | 《爵秩全览》光绪二十九年秋 |
| 复设教谕 | 郝　铸 | 奉天锦县人 | 恩贡 | 《缙绅全书》《中枢备览》光绪二十九年秋 |

| 职官 | 人名 | 籍贯 | 出身 | 出处及在职时间 |
|---|---|---|---|---|
| 复设教谕 | 郝 铸 | 奉天锦县人 | 恩贡 | 《缙绅全书》《中枢备览》光绪二十九年冬 |
| 复设教谕 | 郝 铸 | 奉天锦县人 | 恩贡 | 《缙绅全书》《中枢备览》光绪三十年春 |
| 复设教谕 | 郝 铸 | 奉天锦县人 | 恩贡 | 《爵秩全览》光绪三十年夏 |
| 复设教谕 | 郝 铸 | 奉天锦县人 | 恩贡 | 《缙绅全书》《中枢备览》光绪三十年夏 |
| 复设教谕 | 郝 铸 | 奉天锦县人 | 恩贡 | 《缙绅全书》光绪三十年冬 |
| 复设教谕 | 郝 铸 | 奉天府人 | 恩贡 | 《缙绅全书》《中枢备览》光绪三十一年春 |
| 复设教谕 | 郝 铸 | 奉天府人 | 恩贡 | 《爵秩全览》光绪三十一年夏 |
| 复设教谕 | 郝 铸 | 奉天府人 | 恩贡 | 《缙绅全书》《中枢备览》光绪三十一年夏 |
| 复设教谕 | 郝 铸 | 奉天府人 | 恩贡 | 《爵秩全览》光绪三十一年秋 |

| 职官 | 人名 | 籍贯 | 出身 | 出处及在职时间 |
|---|---|---|---|---|
| 复设教谕 | 郝　铸 | 奉天府人 | 恩贡 | 《爵秩全览》光绪三十一年冬 |
| 复设教谕 | 郝　铸 | 奉天府人 | 恩贡 | 《爵秩全览》光绪三十二年春 |
| 复设教谕 | 郝　铸 | 奉天府人 | 恩贡 | 《缙绅全书》《中枢备览》光绪三十二年春 |
| 复设教谕 | 郝　铸 | 奉天府人 | 恩贡 | 《缙绅全书》光绪三十二年夏 |
| 复设教谕 | | 奉天人 | 恩贡 | 《缙绅全书》光绪三十二年秋 |
| 复设教谕 | | 奉天人 | 恩贡 | 《缙绅全书》光绪三十二年冬 |
| 复设教谕 | | 奉天人 | 恩贡 | 《缙绅全书》《中枢备览》光绪三十三年夏 |

# 典　史

| 职官 | 人名 | 籍贯 | 出身 | 出处及在职时间 |
|------|------|------|------|----------------|
| 典史 | 杨　德 | | | 《乾隆容城县志》《光绪容城县志》《民国容城县志》顺治元年 |
| 典史 | 娄君玉 | | | 《乾隆容城县志》《光绪容城县志》《民国容城县志》顺治十二年 |
| 典史 | 刘芳远 | 江南太平人 | | 《乾隆容城县志》《光绪容城县志》《民国容城县志》顺治十六年 |
| 典史 | 兰国祯 | 山东招远人 | | 《乾隆容城县志》《光绪容城县志》《民国容城县志》康熙十二年 |
| 典史 | 胡　铨 | 江南和州人 | | 《乾隆容城县志》《光绪容城县志》《民国容城县志》康熙二十年 |
| 典史 | 周　说 | 河南商丘人 | | 《乾隆容城县志》《光绪容城县志》《民国容城县志》康熙三十二年 |
| 典史 | 刘源长 | 浙江人 | | 《乾隆容城县志》《光绪容城县志》《民国容城县志》康熙四十年 |

| 职官 | 人名 | 籍贯 | 出身 | 出处及在职时间 |
|------|------|------|------|----------------|
| 典史 | 李遇春 | 山西襄陵人 | | 《乾隆容城县志》《光绪容城县志》《民国容城县志》康熙五十年 |
| 典史 | 薛　伟 | 福建清县人 | | 《乾隆容城县志》《光绪容城县志》《民国容城县志》康熙五十七年 |
| 典史 | 王公肤 | 安州人 | 吏目 | 《乾隆容城县志》《光绪容城县志》《民国容城县志》雍正八年 |
| 典史 | 陈之复 | 贵州人 | | 《乾隆容城县志》《光绪容城县志》《民国容城县志》雍正九年 |
| 典史 | 金　杨 | 江南昆山人 | | 《乾隆容城县志》《光绪容城县志》《民国容城县志》雍正十三年 |
| 典史 | 尚绍先 | 陕西沔阳人 | | 《乾隆容城县志》《光绪容城县志》《民国容城县志》乾隆三年 |
| 典史 | 赖定瑶 | 江西瑞金人 | 监生 | 《乾隆容城县志》《光绪容城县志》《民国容城县志》乾隆四年 |
| 典史 | 刘祚永 | 江南凤阳人 | | 《乾隆容城县志》《光绪容城县志》《民国容城县志》乾隆五年 |
| 典史 | 沈熙载 | 浙江山阴人 | | 《乾隆容城县志》《光绪容城县志》《民国容城县志》乾隆九年 |

| 职官 | 人名 | 籍贯 | 出身 | 出处及在职时间 |
|---|---|---|---|---|
| 典史 | 蔡 基 | 浙江会稽人 | | 《乾隆容城县志》《光绪容城县志》《民国容城县志》乾隆九年 |
| 典史 | 蔡 基 | 浙江会稽人 | | 《缙绅新书》乾隆十三年春 |
| 典史 | 杨龙翔 | 山东历城人 | | 《乾隆容城县志》《光绪容城县志》《民国容城县志》乾隆十七年 |
| 典史 | 董 杰 | 浙江山阴人 | | 《乾隆容城县志》《光绪容城县志》《民国容城县志》乾隆十八年 |
| 典史 | 刘 玫 | 山东蓬莱人 | | 《乾隆容城县志》《光绪容城县志》《民国容城县志》乾隆二十年 |
| 典史 | 韩嘉正 | 浙江上虞人 | | 《乾隆容城县志》《光绪容城县志》《民国容城县志》乾隆二十年 |
| 典史 | 汪 燕 | 湖北汉阳人 | | 《乾隆容城县志》《光绪容城县志》《民国容城县志》乾隆二十四年 |
| 典史 | 王兆元 | 浙江山阴人 | | 《乾隆容城县志》《光绪容城县志》《民国容城县志》乾隆二十四年 |
| 典史 | 杨乐咸 | 江苏武进县人 | 吏目 | 《乾隆容城县志》《光绪容城县志》《民国容城县志》乾隆二十四年 |

| 职官 | 人名 | 籍贯 | 出身 | 出处及在职时间 |
|---|---|---|---|---|
| 典史 | 徐 仑 | 浙江会稽人 | | 《乾隆容城县志》《光绪容城县志》《民国容城县志》乾隆二十五年 |
| 典史 | 徐 仑 | 浙江会稽人 | | 《缙绅全本》乾隆二十五年冬 |
| 典史 | 徐 仑 | 浙江会稽人 | | 《缙绅全本》乾隆二十六年秋 |
| 典史 | 徐 仑 | 浙江会稽人 | | 《缙绅全书》乾隆三十年春 |
| 典史 | 徐 仑 | 浙江会稽人 | | 《爵秩全本》乾隆三十年冬 |
| 典史 | 张猷珂 | 湖南安乡人 | 监生 | 《缙绅全书》《中枢备览》乾隆五十三年春 |
| 典史 | 陈廷柏 | 浙江仁和人 | 监生 | 《缙绅全书》嘉庆元年春 |
| 典史 | 陈廷柏 | 浙江仁和人 | 监生 | 《缙绅全书》嘉庆二年冬 |
| 典史 | 晏 渭 | 江西人 | 监生 | 《缙绅全书》嘉庆三年秋 |

| 职官 | 人名 | 籍贯 | 出身 | 出处及在职时间 |
|---|---|---|---|---|
| 典史 | 晏　渭 | 江西人 | 监生 | 《缙绅全书》嘉庆三年冬 |
| 典史 | 晏　渭 | 江西人 | 监生 | 《缙绅全书》嘉庆五年冬 |
| 典史 | 宋辉远 | 浙江山阴人 | 议叙 | 《缙绅全书》嘉庆九年春 |
| 典史 | 宋辉远 | 浙江山阴人 | 议叙 | 《缙绅全书》《中枢备览》嘉庆十一年春 |
| 典史 | 宋辉远 | 浙江山阴人 | 议叙 | 《缙绅全书》嘉庆十一年夏 |
| 典史 | 丁　钟 | 安徽南陵人 | 监生 | 《缙绅全书》嘉庆十七年秋 |
| 典史 | 胡兆麟 | 浙江山阴人 | 吏员 | 《缙绅全书》嘉庆二十一年冬 |
| 典史 | 丁　钟 | 安徽南陵人 | 监生 | 《缙绅全书》嘉庆二十二年春 |
| 典史 | 丁　钟 | 安徽南陵人 | 监生 | 《缙绅全书》（大）嘉庆二十二年冬 |

| 职官 | 人名 | 籍贯 | 出身 | 出处及在职时间 |
|---|---|---|---|---|
| 典史 | 丁　钟 | 安徽南陵人 | 监生 | 《缙绅全书》（小）嘉庆二十二年冬 |
| 典史 | 李崇庆 | 山东历城人 | 监生 | 《光绪容城县志》《民国容城县志》嘉庆二十四年 |
| 典史 | 王锡晋 | 陕西商州人 | | 《光绪容城县志》《民国容城县志》嘉庆二十五年 |
| 典史 | 胡兆麟 | 浙江山阴人 | 吏员 | 《缙绅全书》嘉庆二十五年夏 |
| 典史 | 丁　钟 | | | 《光绪容城县志》《民国容城县志》嘉庆年间 |
| 典史 | 王履谦 | | | 《光绪容城县志》《民国容城县志》嘉庆年间 |
| 典史 | 王锡晋 | 陕西商州人 | 监生 | 《缙绅全书》《中枢备览》道光四年夏 |
| 典史 | 王锡晋 | 陕西商州人 | 监生 | 《缙绅全书》道光四年夏 |
| 典史 | 王锡晋 | 陕西商州人 | 监生 | 《爵秩全览》道光六年秋 |

| 职官 | 人名 | 籍贯 | 出身 | 出处及在职时间 |
|---|---|---|---|---|
| 典史 | 方士伦 | 湖北汉川县人 | 监生 | 《光绪容城县志》《民国容城县志》道光七年 |
| 典史 | 王锡晋 | 陕西商州人 | 监生 | 《缙绅全书》道光七年春 |
| 典史 | 王家驷 | 安徽歙县人 | 监生 | 《光绪容城县志》《民国容城县志》道光八年 |
| 典史 | 汪正泉 | 湖南凌县人 | 监生 | 《光绪容城县志》《民国容城县志》道光八年 |
| 典史 | 王家驷 | 安徽歙县人 | 监生 | 《缙绅全书》道光十年冬 |
| 典史 | 王家驷 | 安徽歙县人 | 监生 | 《缙绅全书》《中枢备览》道光十三年夏 |
| 典史 | 王家驷 | 安徽歙县人 | 监生 | 《缙绅全书》道光十四年夏 |
| 典史 | 汪正泉 | 湖南沅陵人 | 监生 | 《缙绅全书》《中枢备览》道光十六年夏 |
| 典史 | 汪正泉 | 湖南沅陵人 | 监生 | 《缙绅全书》道光十六年秋 |

| 职官 | 人名 | 籍贯 | 出身 | 出处及在职时间 |
|---|---|---|---|---|
| 典史 | 汪正泉 | 湖南沅陵人 | 监生 | 《缙绅全书》《中枢备览》道光十六年冬 |
| 典史 | 汪正泉 | 湖南沅陵人 | 监生 | 《缙绅全书》道光十七年秋 |
| 典史 | 汪正泉 | 湖南沅陵人 | 监生 | 《缙绅全书》道光十八年夏 |
| 典史 | 汪正泉 | 湖南沅陵人 | 监生 | 《缙绅全书》《爵秩全览》道光十九年夏 |
| 典史 | 蔡毓英 | | | 《光绪容城县志》《民国容城县志》道光二十一年 |
| 典史 | 汪正泉 | 湖南沅陵人 | 监生 | 《缙绅全书》道光二十年秋 |
| 典史 | 汪正泉 | 湖南沅陵人 | 监生 | 《缙绅全书》道光二十年冬 |
| 典史 | 汪正泉 | 湖南沅陵人 | 举人 | 《缙绅全书》《中枢备览》道光二十二年春 |
| 典史 | 汪正泉 | 湖南沅陵人 | 举人 | 《缙绅全书》道光二十二年冬 |

| 职官 | 人名 | 籍贯 | 出身 | 出处及在职时间 |
|------|------|------|------|----------------|
| 典史 | 陆调鸿 | 浙江永德县人 | 监生 | 《光绪容城县志》《民国容城县志》道光二十四年 |
| 典史 | 王廷祥 | 浙江人 | | 《光绪容城县志》《民国容城县志》道光二十四年 |
| 典史 | | 湖南沅陵人 | 监生 | 《缙绅全书》道光二十五年夏 |
| 典史 | 王廷祥 | 奉天承德人 | 监生 | 《缙绅全书》道光二十五年秋 |

**备注：《光绪容城县志》《民国容城县志》道光二十四年记载其为浙江人。**

| 职官 | 人名 | 籍贯 | 出身 | 出处及在职时间 |
|------|------|------|------|----------------|
| 典史 | 王廷祥 | 奉天承德人 | 监生 | 《爵秩全览》道光二十六年 |
| 典史 | 王廷祥 | 奉天承德人 | 监生 | 《缙绅全书》道光二十七年夏 |
| 典史 | 王廷祥 | 奉天承德人 | 监生 | 《缙绅全书》道光二十七年秋 |
| 典史 | 王廷祥 | 奉天承德人 | 监生 | 《爵秩全览》道光二十八年夏 |

| 职官 | 人名 | 籍贯 | 出身 | 出处及在职时间 |
|---|---|---|---|---|
| 典史 | 王廷祥 | 奉天承德人 | 监生 | 《缙绅全书》道光二十八年冬 |
| 典史 | 王廷祥 | 奉天承德人 | 监生 | 《缙绅全书》道光二十九年夏 |
| 典史 | 陆调鸿 | 江苏江宁人 | 监生 | 《爵秩全览》咸丰元年夏 |
| 典史 | 颜培政 | 广东连平州人 | | 《光绪容城县志》《民国容城县志》咸丰三年 |
| 典史 | 姚淦 | 浙江慈溪人 | 职员 | 《光绪容城县志》《民国容城县志》《缙绅全书》咸丰三年夏 |
| 典史 | 王廷祥 | 奉天承德人 | 监生 | 《缙绅全书》咸丰四年春 |
| 典史 | 颜培政 | 广东连平人 | 职员 | 《缙绅全书》咸丰四年 |
| 典史 | 张锐 | 湖南人 | | 《光绪容城县志》《民国容城县志》咸丰六年 |

| 职官 | 人名 | 籍贯 | 出身 | 出处及在职时间 |
|------|------|------|------|------------------|
| 典史 | 颜培政 | 广东连平人 | 职员 | 《爵秩全览》咸丰六年春 |
| 备注：《光绪容城县志》《民国容城县志》咸丰三年记载其地方为广东嘉连平州人。 | | | | |
| 典史 | 颜培政 | 广东连平人 | 职员 | 《缙绅全书》咸丰六年春 |
| 典史 | 颜培政 | 广东连平人 | 职员 | 《爵秩全览》咸丰六年夏 |
| 典史 | 颜培政 | 广东连平人 | 职员 | 《爵秩全览》咸丰七年秋 |
| 典史 | 颜培政 | 广东连平人 | 职员 | 《爵秩全览》咸丰七年冬 |
| 典史 | 颜培政 | 广东连平人 | 职员 | 《缙绅全书》咸丰八年冬 |
| 典史 | 颜培政 | 广东连平人 | 职员 | 《缙绅全书》咸丰九年夏 |
| 典史 | | 山东人 | 监生 | 《缙绅全书》咸丰十年秋 |

| 职官 | 人名 | 籍贯 | 出身 | 出处及在职时间 |
|---|---|---|---|---|
| 典史 | | 山东人 | 监生 | 《缙绅全书》咸丰十年 |
| 典史 | 朱立绅 | 浙江归安人 | 监生 | 《缙绅全书》同治四年夏 |
| 典史 | 朱立绅 | 浙江归安人 | 监生 | 《缙绅全书》同治五年春 |
| 典史 | 朱立绅 | 浙江归安人 | 监生 | 《爵秩全览》同治六年春 |
| 典史 | 朱立绅 | 浙江归安人 | 监生 | 《缙绅全书》同治六年春 |
| 典史 | 朱立绅 | 浙江归安人 | 监生 | 《缙绅全书》同治六年秋 |
| 典史 | 朱立绅 | 浙江归安人 | 监生 | 《缙绅全书》同治八年春 |
| 典史 | 朱立绅 | 浙江归安人 | 监生 | 《缙绅全书》同治八年冬 |
| 典史 | 朱立绅 | 浙江归安人 | 监生 | 《爵秩全览》同治九年春 |

| 职官 | 人名 | 籍贯 | 出身 | 出处及在职时间 |
|---|---|---|---|---|
| 典史 | 朱立绅 | 浙江归安人 | 监生 | 《缙绅全书》同治九年夏 |
| 典史 | 朱立绅 | 浙江归安人 | 监生 | 《爵秩全览》同治九年秋 |
| 典史 | 朱立绅 | 浙江归安人 | 监生 | 《缙绅全书》同治九年冬 |
| 典史 | 朱立绅 | 浙江归安人 | 监生 | 《缙绅全书》同治十年春 |
| 典史 | 朱立绅 | 浙江归安人 | 监生 | 《缙绅全书》同治十年夏 |
| 典史 | 朱立绅 | 浙江归安人 | 监生 | 《缙绅全书》同治十一年夏 |
| 典史 | 翟钟振 | 奉天宁远人 | 监生 | 《缙绅全书》《中枢备览》同治十一年秋 |
| 典史 | 翟钟振 | 奉天宁远人 | 监生 | 《缙绅全书》同治十二年冬 |
| 典史 | 翟钟振 | 奉天宁远人 | 监生 | 《缙绅全书》同治十三年春 |

| 职官 | 人名 | 籍贯 | 出身 | 出处及在职时间 |
|---|---|---|---|---|
| 典史 | 翟钟振 | 奉天宁远人 | 监生 | 《爵秩全览》同治十三年夏 |
| 典史 | 翟钟振 | 奉天宁远人 | 监生 | 《缙绅全书》同治十三年秋 |
| 典史 | 翟钟振 | 奉天宁远人 | 监生 | 《缙绅全书》同治十三年冬 |
| 典史 | 翟钟振 | 奉天宁远人 | 监生 | 《爵秩全览》同治十三年冬 |
| 典史 | 翟钟振 | 奉天宁远人 | 监生 | 《缙绅全书》《中枢备览》同治十三年冬 |
| 典史 | 翟钟振 | 奉天宁远人 | 监生 | 《爵秩全览》光绪元年夏 |
| 典史 | 杨明训 | 云南南宁人 | 监生 | 《缙绅全书》光绪二年秋 |
| 典史 | 杨明训 | 云南南宁人 | 监生 | 《爵秩全览》光绪二年冬 |

| 职官 | 人名 | 籍贯 | 出身 | 出处及在职时间 |
|---|---|---|---|---|
| 典史 | 杨明训 | 云南南宁人 | 监生 | 《缙绅全书》《中枢备览》光绪三年夏 |
| 典史 | 杨明训 | 云南南宁人 | 监生 | 《缙绅全书》光绪三年秋 |
| 典史 | 杨明训 | 云南南宁人 | 监生 | 《爵秩全览》光绪三年冬 |
| 典史 | 杨明训 | 云南南宁人 | 监生 | 《缙绅全书》《中枢备览》光绪四年秋 |
| 典史 | 杨明训 | 云南南宁人 | 监生 | 《爵秩全览》光绪四年冬 |
| 典史 | 杨明训 | 云南南宁人 | 监生 | 《缙绅全书》光绪五年春 |
| 典史 | 杨明训 | 云南南宁人 | 监生 | 《缙绅全书》光绪五年秋 |
| 典史 | 杨明训 | 云南南宁人 | 监生 | 《缙绅全书》《中枢备览》光绪五年冬 |
| 典史 | 杨明训 | 云南南宁人 | 监生 | 《缙绅全书》光绪七年春 |

| 职官 | 人名 | 籍贯 | 出身 | 出处及在职时间 |
|---|---|---|---|---|
| 典史 | 杨明训 | 云南南宁人 | 监生 | 《爵秩全览》光绪七年冬 |
| 典史 | 杨明训 | 云南南宁人 | 监生 | 《缙绅全书》光绪七年冬 |
| 典史 | 杨明训 | 云南南宁人 | 监生 | 《缙绅全书》光绪八年冬 |
| 典史 | 傅 旭 | 湖北孝感人 | 监生 | 《爵秩全览》光绪十一年春 |
| 典史 | 孙清柱 | 云南呈贡县人 | 监生 | 《爵秩全览》光绪十一年秋 |
| 典史 | 孙清柱 | 云南呈贡县人 | 监生 | 《爵秩全览》光绪十二年夏 |
| 典史 | 孙清柱 | 云南呈贡县人 | 监生 | 《缙绅全书》光绪十二年秋 |
| 典史 | 孙清柱 | 云南呈贡县人 | 监生 | 《爵秩全览》光绪十三年春 |

| 职官 | 人名 | 籍贯 | 出身 | 出处及在职时间 |
|---|---|---|---|---|
| 典史 | 孙清柱 | 云南呈贡县人 | 监生 | 《缙绅全书》《中枢备览》光绪十三年夏 |
| 典史 | 孙清柱 | 云南呈贡县人 | 监生 | 《缙绅全书》光绪十三年冬 |
| 典史 | 孙清柱 | 云南呈贡县人 | 监生 | 《缙绅全书》光绪十四年夏 |
| 典史 | 孙清柱 | 云南呈贡县人 | 监生 | 《爵秩全览》光绪十四年冬 |
| 典史 | 孙清柱 | 云南呈贡县人 | 监生 | 《爵秩全览》光绪十五年夏 |
| 典史 | 孙清柱 | 云南呈贡县人 | 监生 | 《爵秩全览》光绪十五年冬 |
| 典史 | 孙清柱 | 云南呈贡县人 | 监生 | 《缙绅全书》光绪十六年春 |
| 典史 | 孙清柱 | 云南呈贡县人 | 监生 | 《缙绅全书》光绪十六年冬 |

| 职官 | 人名 | 籍贯 | 出身 | 出处及在职时间 |
|---|---|---|---|---|
| 典史 | 孙清柱 | 云南呈贡县人 | 监生 | 《爵秩全览》光绪十八年春 |
| 典史 | 孙清柱 | 云南呈贡县人 | 监生 | 《爵秩全览》光绪十八年秋 |
| 典史 | 孙清柱 | 云南呈贡县人 | 监生 | 《爵秩全览》光绪十八年冬 |
| 典史 | 孙清柱 | 云南呈贡县人 | 监生 | 《缙绅全书》光绪十九年春 |
| 典史 | 孙清柱 | 云南呈贡县人 | 监生 | 《爵秩全览》光绪十九年夏 |
| 典史 | 孙清柱 | 云南呈贡县人 | 监生 | 《爵秩全览》光绪十九年秋 |
| 典史 | 孙清柱 | 云南呈贡县人 | 监生 | 《缙绅全书》光绪十九年冬 |
| 典史 | 孙清柱 | 云南呈贡县人 | 监生 | 《爵秩全览》光绪十九年冬 |
| 典史 | 孙清柱 | 云南呈贡县人 | 监生 | 《缙绅全书》《中枢备览》光绪二十年夏 |

| 职官 | 人名 | 籍贯 | 出身 | 出处及在职时间 |
|---|---|---|---|---|
| 典史 | 孙清柱 | 云南呈贡县人 | 监生 | 《爵秩全览》光绪二十年秋 |
| 典史 | 孙清柱 | 云南呈贡县人 | 监生 | 《爵秩全览》光绪二十一年春 |
| 典史 | 孙清柱 | 云南呈贡县人 | 监生 | 《爵秩全览》光绪二十一年夏 |
| 典史 | 孙清柱 | 云南呈贡县人 | 监生 | 《爵秩全览》光绪二十一年秋 |
| 典史 | 孙清柱 | 云南呈贡县人 | 监生 | 《缙绅全书》光绪二十一年冬 |
| 典史 | 孙清柱 | 云南呈贡县人 | 监生 | 《爵秩全览》光绪二十二年春 |
| 典史 | 孙清柱 | 云南呈贡县人 | 监生 | 《缙绅全书》光绪二十二年春 |
| 典史 | 孙清柱 | 云南呈贡县人 | 监生 | 《爵秩全览》光绪二十二年夏 |

| 职官 | 人名 | 籍贯 | 出身 | 出处及在职时间 |
|------|------|------|------|----------------|
| 典史 | 孙清柱 | 云南呈贡县人 | 监生 | 《爵秩全览》光绪二十二年秋 |
| 典史 | 孙清柱 | 云南呈贡县人 | 监生 | 《爵秩全览》光绪二十二年冬 |
| 典史 | 孙清柱 | 云南呈贡县人 | 监生 | 《爵秩全览》光绪二十三年夏 |
| 典史 | 孙清柱 | 云南呈贡县人 | 监生 | 《缙绅全书》《中枢备览》光绪二十三年秋 |
| 典史 | 孙清柱 | 云南呈贡县人 | 监生 | 《爵秩全览》光绪二十三年冬 |
| 典史 | 孙清柱 | 云南呈贡县人 | 监生 | 《爵秩全览》光绪二十四年春 |
| 典史 | 孙清柱 | 云南呈贡县人 | 监生 | 《爵秩全览》光绪二十四年秋 |
| 典史 | 孙清柱 | 云南呈贡县人 | 监生 | 《爵秩全览》光绪二十四年冬 |
| 典史 | 孙清柱 | 云南呈贡县人 | 监生 | 《缙绅全书》光绪二十四年冬 |

| 职官 | 人名 | 籍贯 | 出身 | 出处及在职时间 |
|------|------|------|------|----------------|
| 典史 | 孙清柱 | 云南呈贡县人 | 监生 | 《爵秩全览》光绪二十五年春 |
| 典史 | 孙清柱 | 云南呈贡县人 | 监生 | 《缙绅全书》《中枢备览》光绪二十五年春 |
| 典史 | 孙清柱 | 云南呈贡县人 | 监生 | 《爵秩全览》光绪二十五年夏 |
| 典史 | 孙清柱 | 云南呈贡县人 | 监生 | 《缙绅全书》光绪二十五年夏 |
| 典史 | 孙清柱 | 云南呈贡县人 | 监生 | 《爵秩全览》光绪二十五年秋 |
| 典史 | 孙清柱 | 云南呈贡县人 | 监生 | 《缙绅全书》《中枢备览》光绪二十五年冬 |
| 典史 | 孙清柱 | 云南呈贡县人 | 监生 | 《缙绅全书》《中枢备览》光绪二十六年春 |
| 典史 | 孙清柱 | 云南呈贡县人 | 监生 | 《缙绅全书》光绪二十六年夏 |
| 典史 | 孙清柱 | 云南呈贡县人 | 监生 | 《爵秩全览》光绪二十六年秋 |

| 职官 | 人名 | 籍贯 | 出身 | 出处及在职时间 |
|------|------|------|------|----------------|
| 典史 | 孙清柱 | 云南呈贡县人 | 监生 | 《缙绅全书》光绪二十七年春 |
| 典史 | 孙清柱 | 云南呈贡县人 | 监生 | 《爵秩全览》光绪二十七年冬 |
| 典史 | 孙清柱 | 云南呈贡县人 | 监生 | 《缙绅全书》《中枢备览》光绪二十七年冬 |
| 典史 | 孙清柱 | 云南呈贡县人 | 监生 | 《爵秩全览》光绪二十八年春 |
| 典史 | 孙清柱 | 云南呈贡县人 | 监生 | 《缙绅全书》《中枢备览》《爵秩全览》光绪二十八年夏 |
| 典史 | 孙清柱 | 云南呈贡县人 | 监生 | 《爵秩全览》光绪二十八年秋 |
| 典史 | 孙清柱 | 云南呈贡县人 | 监生 | 《缙绅全书》《中枢备览》光绪二十八年冬 |
| 典史 | 孙清柱 | 云南呈贡县人 | 监生 | 《爵秩全览》《缙绅全书》《中枢备览》光绪二十九年春 |
| 典史 | 孙清柱 | 云南呈贡县人 | 监生 | 《缙绅全书》光绪二十九年夏 |

| 职官 | 人名 | 籍贯 | 出身 | 出处及在职时间 |
|---|---|---|---|---|
| 典史 | 孙清柱 | 云南呈贡县人 | 监生 | 《爵秩全览》光绪二十九年秋 |
| 典史 | 孙清柱 | 云南呈贡县人 | 监生 | 《缙绅全书》《中枢备览》光绪二十九年秋 |
| 典史 | 孙清柱 | 云南呈贡县人 | 监生 | 《缙绅全书》《中枢备览》光绪二十九年冬 |
| 典史 | 孙清柱 | 云南呈贡县人 | 监生 | 《缙绅全书》《中枢备览》光绪三十年春 |
| 典史 | 孙清柱 | 云南呈贡县人 | 监生 | 《爵秩全览》光绪三十年夏 |
| 典史 | 孙清柱 | 云南呈贡县人 | 监生 | 《缙绅全书》《中枢备览》光绪三十年夏 |
| 典史 | 孙清柱 | 云南呈贡县人 | 监生 | 《缙绅全书》光绪三十年冬 |
| 典史 | 孙清柱 | 云南呈贡县人 | 监生 | 《缙绅全书》《中枢备览》光绪三十一年春 |
| 典史 | 孙清柱 | 云南呈贡县人 | 监生 | 《爵秩全览》光绪三十一年夏 |

| 职官 | 人名 | 籍贯 | 出身 | 出处及在职时间 |
|---|---|---|---|---|
| 典史 | 孙清柱 | 云南呈贡县人 | 监生 | 《缙绅全书》《中枢备览》光绪三十一年夏 |
| 典史 | 孙清柱 | 云南呈贡县人 | 监生 | 《爵秩全览》光绪三十一年秋 |
| 典史 | 孙清柱 | 云南呈贡县人 | 监生 | 《爵秩全览》光绪三十一年冬 |
| 典史 | 孙清柱 | 云南呈贡县人 | 监生 | 《爵秩全览》光绪三十二年春 |
| 典史 | 孙清柱 | 云南呈贡县人 | 监生 | 《缙绅全书》《中枢备览》光绪三十二年春 |
| 典史 | 孙清柱 | 云南呈贡县人 | 监生 | 《缙绅全书》光绪三十二年夏 |
| 典史 | 孙清柱 | 云南呈贡县人 | 监生 | 《缙绅全书》光绪三十二年秋 |
| 典史 | 孙清柱 | 云南呈贡县人 | 监生 | 《缙绅全书》光绪三十二年冬 |
| 典史 | 孙清柱 | 云南呈贡县人 | 监生 | 《爵秩全览》光绪三十二年冬 |

| 职官 | 人名 | 籍贯 | 出身 | 出处及在职时间 |
|---|---|---|---|---|
| 典史 | 孙清柱 | 云南呈贡县人 | 监生 | 《爵秩全览》光绪三十三年春 |
| 典史 | 孙清柱 | 云南呈贡县人 | 监生 | 《缙绅全书》《中枢备览》光绪三十三年夏 |
| 典史 | 孙清柱 | 云南呈贡县人 | 监生 | 《爵秩全览》光绪三十三年秋 |
| 典史 | 孙清柱 | 云南呈贡县人 | 监生 | 《爵秩全览》光绪三十三年冬 |
| 典史 | 孙清柱 | 云南呈贡县人 | 监生 | 《爵秩全览》光绪三十四年春 |
| 典史 | 孙清柱 | 云南呈贡县人 | | 《最新百官绿》光绪三十四年春 |
| 典史 | 孙清柱 | 云南呈贡县人 | 监生 | 《爵秩全览》光绪三十四年夏 |
| 典史 | 孙清柱 | 云南呈贡县人 | 监生 | 《爵秩全览》光绪三十四年秋 |
| 典史 | 孙清柱 | 云南呈贡县人 | 监生 | 《爵秩全览》光绪三十四年冬 |

| 职官 | 人名 | 籍贯 | 出身 | 出处及在职时间 |
|---|---|---|---|---|
| 典史 | 孙清柱 | 云南呈贡县人 | 监生 | 《爵秩全览》宣统元年春 |
| 典史 | 孙清柱 | 云南呈贡县人 | 监生 | 《爵秩全览》宣统元年夏 |
| 典史 | 孙清柱 | 云南呈贡县人 | 监生 | 《爵秩全览》宣统元年秋 |
| 典史 | 孙清柱 | 云南呈贡县人 | 监生 | 《爵秩全览》宣统元年冬 |
| 典史 | 孙清柱 | 云南呈贡县人 | 监生 | 《缙绅全书》宣统元年冬 |
| 典史 | 孙清柱 | 云南呈贡县人 | 监生 | 《爵秩全览》宣统二年春 |
| 典史 | 孙清柱 | 云南呈贡县人 | 监生 | 《爵秩全览》宣统二年夏 |
| 典史 | 孙清柱 | 云南呈贡县人 | 监生 | 《爵秩全览》宣统二年秋 |
| 典史 | 孙清柱 | 云南呈贡县人 | 监生 | 《爵秩全览》宣统二年冬 |

| 职官 | 人名 | 籍贯 | 出身 | 出处及在职时间 |
|---|---|---|---|---|
| 典史 | 孙清柱 | 云南呈贡县人 | 监生 | 《爵秩全览》宣统三年春 |
| 典史 | 孙清柱 | 云南呈贡县人 | 监生 | 《爵秩全览》宣统三年夏 |
| 典史 | 孙清柱 | 云南呈贡县人 | 监生 | 《爵秩全览》宣统三年秋 |
| 典史 | 孙清柱 | 云南呈贡县人 | 监生 | 《职官录》宣统三年冬 |
| 典史 | 孙清柱 | 云南呈贡县人 | 监生 | 《职官录》宣统四年春 |
| 典史 | 万献琛 | | | 《民国容城县志》 |
| 典史 | 孙清柱 | | | 《民国容城县志》 |
| 典史 | 朱廷献 | | | 《民国容城县志》 |

# 清代安州职官年表

| 职官 | 人名 | 籍贯 | 出身 | 出处及在职时间 |
|------|------|------|------|----------------|
| 知州 | 周攀第 | 四川内江人 | 副榜进士 | 《道光安州志》顺治元年 |
| 知州 | 朱长胤 | 山东德平人 | 举人 | 《道光安州志》顺治三年 |
| 知州 | 陈圣治 | 辽东人 | 生员 | 《道光安州志》顺治五年 |
| 知州 | 李廷梅 | 辽东人 | | 《道光安州志》顺治七年 |
| 知州 | 曹日勉 | 浙江石门人 | 举人 | 《道光安州志》顺治十年 |
| 知州 | 张登俊 | 陕西蒲城人 | 贡生 | 《道光安州志》顺治十二年 |
| 知州 | 金朝聘 | 辽东人 | | 《道光安州志》顺治十六年 |
| 同知 | 赵明远 | 绍兴人 | 选贡 | 《道光安州志》顺治年间 |
| 同知 | 王子望 | 河州人 | 选贡 | 《道光安州志》顺治年间 |

| 职官 | 人名 | 籍贯 | 出身 | 出处及在职时间 |
|---|---|---|---|---|
| 同知 | 李咸亨 | 陕西人 | 功贡 | 《道光安州志》顺治年间 |
| 同知 | 张调鼎 | 陕西人 | 岁贡 | 《道光安州志》顺治年间 |
| 吏目 | 叶汝懋 | 余姚人 | | 《道光安州志》顺治年间 |
| 吏目 | 吴三省 | 麻城人 | | 《道光安州志》顺治年间 |
| 吏目 | 吕 捷 | 徽州人 | | 《道光安州志》顺治年间 |
| 吏目 | 金 钺 | 苏州人 | | 《道光安州志》顺治年间 |
| 学正 | 徐乃恒 | 广宗人 | | 《道光安州志》顺治年间 |
| 学正 | 魏惟聪 | 南乐人 | | 《道光安州志》顺治年间 |
| 学正 | 孙启聪 | 玉田人 | 举人 | 《道光安州志》顺治年间 |

| 职官 | 人名 | 籍贯 | 出身 | 出处及在职时间 |
|---|---|---|---|---|
| 学正 | 张麦蛟 | 隆平人 | 举人 | 《道光安州志》顺治年间 |
| 学正 | 苏文文 | 良乡人 | | 《道光安州志》顺治年间 |
| 学正 | 朱会昌 | 大兴人 | | 《道光安州志》顺治年间 |
| 训导 | 靳　辅 | 安平人 | | 《道光安州志》顺治年间 |
| 训导 | 史国本 | 房山人 | | 《道光安州志》顺治年间 |
| 训导 | 张文士 | 晋州人 | | 《道光安州志》顺治年间 |
| 训导 | 韩章美 | 永清人 | | 《道光安州志》顺治年间 |
| 训导 | 江东一 | 遵化人 | | 《道光安州志》顺治年间 |
| 训导 | 王纳谏 | 大城人 | | 《道光安州志》顺治年间 |

| 职官 | 人名 | 籍贯 | 出身 | 出处及在职时间 |
|---|---|---|---|---|
| 训导 | 王家尹 | 唐山人 | | 《道光安州志》顺治年间 |
| 训导 | 韩开泰 | 景州人 | | 《道光安州志》顺治年间 |
| 知州 | 吕振之 | 陕西临潼人 | 贡生 | 《道光安州志》康熙二年 |
| 知州 | 夏毓龙 | 辽东人 | | 《道光安州志》康熙三年 |
| 知州 | 贾应乾 | 河南汲县人 | 贡生 | 《道光安州志》康熙五年 |
| 知州 | 梁继祖 | 辽东人 | 举人 | 《道光安州志》康熙十二年 |
| 知州 | 汤濩 | 江南清河人 | 进士 | 《道光安州志》康熙十四年 |
| 知州 | 张敢 | 辽东人 | 贡生 | 《道光安州志》康熙十六年 |
| 知州 | 王朝佐 | 辽东人 | 官学生 | 《道光安州志》康熙十六年 |

| 职官 | 人名 | 籍贯 | 出身 | 出处及在职时间 |
|---|---|---|---|---|
| 知州 | 胡大定 | 陕西平凉人 | 进士 | 《道光安州志》康熙十九年 |
| 吏目 | 王国勋 | 辽东人 | 监生 | 《道光安州志》康熙年间 |
| 学正 | 姚时俊 | 滦州人 |  | 《道光安州志》康熙年间 |
| 学正 | 马廷翰 | 东光人 | 举人 | 《道光安州志》康熙年间 |
| 学正 | 蒋泰徵 | 诸暨人 |  | 《道光安州志》康熙年间 |
| 学正 | 王不骄 | 宁晋人 | 举人 | 《道光安州志》康熙年间 |
| 学正 | 蒋 起 | 顺天人 | 举人 | 《道光安州志》康熙年间 |
| 训导 | 张 斐 | 南皮人 |  | 《道光安州志》康熙年间 |
| 训导 | 屈 遂 | 通州人 |  | 《道光安州志》康熙年间 |

| 职官 | 人名 | 籍贯 | 出身 | 出处及在职时间 |
|---|---|---|---|---|
| 知州 | 许 端 | 歙县人 | 举人 | 《道光安州志》乾隆六年 |
| 知州加一级 | 董 柴 | 山西介休人 | 岁贡 | 《缙绅新书》乾隆十三年春 |
| 州判 | | 镶黄旗人 | 例监 | 《缙绅新书》乾隆十三年春 |
| 学正 | 陶起溃 | 大兴人 | | 《缙绅新书》乾隆十三年春 |
| 复设训导 | 张 载 | 霸州人 | 岁贡 | 《缙绅新书》乾隆十三年春 |
| 吏目 | 许开勋 | 河南禹州人 | | 《缙绅新书》乾隆十三年春 |
| 知州 | 章全节 | 江苏江阴人 | 监生 | 《缙绅全本》乾隆二十五年冬 |
| 州同管州判事 | 张 垚 | 直隶磁州人人 | 监生 | 《缙绅全本》乾隆二十五年冬 |
| 学正 | 刘 璨 | 文安人 | 举人 | 《缙绅全本》乾隆二十五年冬 |

| 职官 | 人名 | 籍贯 | 出身 | 出处及在职时间 |
|---|---|---|---|---|
| 复设训导 | 杜懋曾 | 宁河人 | 廪贡 | 《缙绅全本》乾隆二十五年冬 |
| 吏目 | 王师德 | 浙江会稽人 | 监生 | 《缙绅全本》乾隆二十五年冬 |
| 知州 | 章全节 | 江苏江阴人 | 监生 | 《缙绅全本》乾隆二十六年秋 |
| 州同管州判事 | 张 垚 | 直隶磁州人人 | 监生 | 《缙绅全本》乾隆二十六年秋 |
| 学正 | 刘 璨 | 文安人 | 举人 | 《缙绅全本》乾隆二十六年秋 |
| 复设训导 | 杜懋曾 | 宁河人 | 廪贡 | 《缙绅全本》乾隆二十六年秋 |
| 吏目 | 王师德 | 浙江会稽人 | 监生 | 《缙绅全本》乾隆二十六年秋 |
| 知州加一级 | | 江苏江阴人 | 监生 | 《缙绅全书》乾隆三十年春 |
| 州判 | 郑俊德 | 奉天正白旗人 | 副榜 | 《缙绅全书》乾隆三十年春 |

| 职官 | 人名 | 籍贯 | 出身 | 出处及在职时间 |
|---|---|---|---|---|
| 学正 | 刘 璨 | 文安人 | 举人 | 《缙绅全书》乾隆三十年春 |
| 训导 | 刘行健 | 安平人 | 岁贡 | 《缙绅全书》乾隆三十年春 |
| 吏目 | 乐洪大 | 江西东乡人 | 监生 | 《缙绅全书》乾隆三十年春 |
| 知州加二级 | 霍裕铨 | 安徽合肥人 | 贡生 | 《缙绅全书》乾隆三十年冬 |
| 州判 | 郑俊德 | 奉天正白旗人 | 副榜 | 《爵秩全本》乾隆三十年冬 |
| 学正 | 刘 璨 | 文安人 | 举人 | 《爵秩全本》乾隆三十年冬 |
| 训导训导 | 刘行健 | 安平人 | 岁贡 | 《爵秩全本》乾隆三十年冬 |
| 县丞管吏目事加一级 | 潘钦元 | 江苏人 | 监生 | 《爵秩全本》乾隆三十年冬 |
| 知州加二级 | 霍裕铨 | 安徽合肥人 | 贡生 | 《爵秩全本》乾隆三十三年秋 |

| 职官 | 人名 | 籍贯 | 出身 | 出处及在职时间 |
|---|---|---|---|---|
| 管河州判 | 郑俊德 | 奉天正白旗人 | 副榜 | 《爵秩全本》乾隆三十三年秋 |
| 学正 | 王简 | 正定人 | 拔贡 | 《爵秩全本》乾隆三十三年秋 |
| 教谕管复设训导事 | 张清远 | 无极人 | 举人 | 《爵秩全本》乾隆三十三年秋 |
| 县丞管吏目事加一级 | 潘钦元 | 江苏人 | 监生 | 《爵秩全本》乾隆三十三年秋 |
| 知州 | 王宗 | | 监生 | 《道光安州志》乾隆四十年 |
| 知州加一级 | 王宗 | 江苏人 | 监生 | 《缙绅全书》《中枢备览》乾隆四十二年秋 |
| 管河州判 | 王锭 | 江苏人 | 附贡 | 《缙绅全书》《中枢备览》乾隆四十二年秋 |
| 学正 | 朱华 | 涿州人 | 举人 | 《缙绅全书》《中枢备览》乾隆四十二年秋 |
| 复设训导 | 张清远 | 无极人 | 举人 | 《缙绅全书》《中枢备览》乾隆四十二年秋 |

| 职官 | 人名 | 籍贯 | 出身 | 出处及在职时间 |
|---|---|---|---|---|
| 吏目 | 高日升 | 安徽贵池人 | | 《缙绅全书》《中枢备览》乾隆四十二年秋 |
| 知州 | 文党 | 厢蓝旗人 | | 《道光安州志》乾隆四十四年 |
| 知州 | 罗肇远 | 湖南人 | 举人 | 《道光安州志》乾隆四十九年 |
| 知州加一级 | 罗肇远 | 湖南长沙人 | 贡生 | 《缙绅全书》《中枢备览》乾隆五十三年春 |
| 管河州判 | 刘炤 | 奉天人 | 监生 | 《缙绅全书》《中枢备览》乾隆五十三年春 |
| 学正 | 陈震 | 文安人 | 举人 | 《缙绅全书》《中枢备览》乾隆五十三年春 |
| 复设训导 | 李翰 | 蔚州人 | 举人 | 《缙绅全书》《中枢备览》乾隆五十三年春 |
| 吏目 | 韩孟坚 | 河南孟县人 | 监生 | 《缙绅全书》《中枢备览》乾隆五十三年春 |
| 知州 | 郭照黎 | 山西人 | 举人 | 《道光安州志》乾隆五十七年 |

| 职官 | 人名 | 籍贯 | 出身 | 出处及在职时间 |
|---|---|---|---|---|
| 知州 | 郎克谦 | 山西壶关县人 | 进士 | 《道光安州志》乾隆五十九年 |
| 州判 | 刘焰 | 厢白旗汉军 | | 《道光安州志》乾隆年间 |
| 州判 | 谭湘镜 | 湖南人 | 拔贡 | 《道光安州志》乾隆年间 |
| 州判 | 沈长春 | 湖州人 | 监生 | 《道光安州志》乾隆年间 |
| 吏目 | 王名屿 | 江宁县人 | 监生 | 《道光安州志》乾隆年间 |
| 吏目 | 裘白 | 绍兴人 | 监生 | 《道光安州志》乾隆年间 |
| 学正 | 张清远 | 无极县人 | 举人 | 《道光安州志》乾隆年间 |
| 学正 | 朱华 | | | 《道光安州志》乾隆年间 |
| 学正 | 陈震 | 文安县人 | 举人 | 《道光安州志》乾隆年间 |

| 职官 | 人名 | 籍贯 | 出身 | 出处及在职时间 |
|---|---|---|---|---|
| 学正 | 高为泌 | 任邱县人 | 副榜 | 《道光安州志》乾隆年间 |
| 学正 | 马履祥 | 东光县人 | 拔贡 | 《道光安州志》乾隆年间 |
| 训导 | 朱 华 | | | 《道光安州志》乾隆年间 |
| 训导 | 包大鹤 | 涿州人 | 禀贡 | 《道光安州志》乾隆年间 |
| 训导 | 李 斡 | 蔚州人 | 举人 | 《道光安州志》乾隆年间 |
| 训导 | 师利仁 | 获鹿县人 | 禀贡 | 《道光安州志》乾隆年间 |
| 知州 | 董 荣 | | | 《道光安州志》 |
| 知州 | 张全节 | | | 《道光安州志》 |
| 知州 | 霍玉泉 | | | 《道光安州志》 |

| 职官 | 人名 | 籍贯 | 出身 | 出处及在职时间 |
|------|------|------|------|----------------|
| 知州 | 朱大基 | | | 《道光安州志》 |
| 知州 | 德克精额 | 旗人 | | 《道光安州志》 |
| 知州 | 刘　宽 | | | 《道光安州志》 |
| 知州 | 潘应椿 | | 举人 | 《道光安州志》 |
| 知州 | 吴大勋 | | 举人 | 《道光安州志》 |
| 知州加一级 | 郎克谦 | 山西壶关人 | 进士 | 《缙绅全书》嘉庆元年春 |
| 学正 | 白之纶 | 蓟州人 | 举人 | 《缙绅全书》嘉庆元年春 |
| 管河州判 | 潭湘镜 | 湖南酃县人 | 拔贡 | 《缙绅全书》嘉庆元年春 |
| 复设训导 | 李光前 | 宝坻人 | 岁贡 | 《缙绅全书》嘉庆元年春 |

| 职官 | 人名 | 籍贯 | 出身 | 出处及在职时间 |
|---|---|---|---|---|
| 府经借补吏目 | 裘 白 | 浙江钱塘县人 | 监生 | 《缙绅全书》嘉庆元年春 |
| 知州加一级 | 郎克谦 | 山西壶关人 | 进士 | 《缙绅全书》嘉庆二年冬 |
| 管河州判 | 谭湘镜 | 湖南郦县人 | 拔贡 | 《缙绅全书》嘉庆二年冬 |
| 学正 | 白之纶 | 蓟州人 | 举人 | 《缙绅全书》嘉庆二年冬 |
| 复设训导 | 赵楡德 | 锦州人 | 生员 | 《缙绅全书》嘉庆二年冬 |
| 府经借补吏目 | 裘 白 | 浙江钱塘人 | 监生 | 《缙绅全书》嘉庆二年冬 |
| 知州加一级 | 郎克谦 | 山西壶关人 | 进士 | 《缙绅全书》嘉庆三年秋 |
| 管河州判 | 谭湘镜 | 湖南郦县人 | 拔贡 | 《缙绅全书》嘉庆三年秋 |
| 学正 | 白之纶 | 蓟州人 | 举人 | 《缙绅全书》嘉庆三年秋 |

| 职官 | 人名 | 籍贯 | 出身 | 出处及在职时间 |
|---|---|---|---|---|
| 复设训导 | 赵楄德 | 锦州人 | 生员 | 《缙绅全书》嘉庆三年秋 |
| 府经借补吏目 | 裘白 | 浙江钱塘人 | 监生 | 《缙绅全书》嘉庆三年秋 |
| 知州加一级 | 郎克谦 | 山西壶关人 | 进士 | 《缙绅全书》嘉庆三年冬 |
| 管河州判 | 谭湘镜 | 湖南酃县人 | 拔贡 | 《缙绅全书》嘉庆三年冬 |
| 学正 | 白之纶 | 蓟州人 | 举人 | 《缙绅全书》嘉庆三年冬 |
| 复设训导 | 赵楄德 | 广宁人 | 教习 | 《缙绅全书》嘉庆三年冬 |
| **备注：《缙绅全书》嘉庆元年等记载为锦州人，出身为生员** | | | | |
| 府经借补吏目 | 裘　白 | 浙江钱塘人 | 监生 | 《缙绅全书》嘉庆三年冬 |
| 知州 | 叶廷和 | 江南人 | 举人 | 《道光安州志》嘉庆三年 |

| 职官 | 人名 | 籍贯 | 出身 | 出处及在职时间 |
|---|---|---|---|---|
| 知州加一级 | 郎克谦 | 山西壶关人 | 进士 | 《缙绅全书》嘉庆五年冬 |
| 学正 | 白之纶 | 蓟州人 | 举人 | 《缙绅全书》嘉庆五年冬 |
| 管河州判 | 张兆旭 | 江苏江都人 | 监生 | 《缙绅全书》嘉庆五年冬 |
| 复设训导 | 赵楂德 | 锦州人 | 生员 | 《缙绅全书》嘉庆五年冬 |
| 吏目 | 冯舞堦 | 山西长子人 | 贡生 | 《缙绅全书》嘉庆五年冬 |
| 知州 | 陈锡珏 | 广西泉州人 | 监生 | 《道光安州志》嘉庆七年 |
| 知州 | 沈锦 | 浙江湖州人 | 举人 | 《道光安州志》嘉庆七年 |
| 知州加一级 | 沈锦 | 浙江归安人 | 举人 | 《缙绅全书》嘉庆九年春 |
| 备注：《道光安州志》中载其为浙江湖州人 | | | | |

| 职官 | 人名 | 籍贯 | 出身 | 出处及在职时间 |
| --- | --- | --- | --- | --- |
| 学正 | 魏礼焯 | 遵化州人 | 举人 | 《缙绅全书》嘉庆九年春 |
| 管河州判 | 张兆旭 | 江苏江都人 | 监生 | 《缙绅全书》嘉庆九年春 |
| 复设训导 | 赵棆德 | 锦州人 | 生员 | 《缙绅全书》嘉庆九年春 |
| 吏目加一级 | 冯舞堦 | 山西长子人 | 贡生 | 《缙绅全书》嘉庆九年春 |
| 知州 | 张德浮 | | 举人 | 《道光安州志》 |
| 知州 | 李　烱 | 山东寿光县人 | 监生 | 《道光安州志》嘉庆十年 |
| 知州加一级 | 李　烱 | 山东寿光县人 | 监生 | 《缙绅全书》《中枢备览》嘉庆十一年春 |
| 学正 | 常延璋 | 广平人 | 举人 | 《缙绅全书》《中枢备览》嘉庆十一年春 |
| 管河州判 | 张聪赉 | 安徽桐城人 | 副榜 | 《缙绅全书》《中枢备览》嘉庆十一年春 |

| 职官 | 人名 | 籍贯 | 出身 | 出处及在职时间 |
|------|------|------|------|----------------|
| 复设训导 | 王锡禄 | 奉天锦州人 | 举人 | 《缙绅全书》《中枢备览》嘉庆十一年春 |
| 吏目加一级 | 冯舞垲 | 山西长子人 | 贡生 | 《缙绅全书》《中枢备览》嘉庆十一年春 |
| 知州 | 李 焖 | 山东寿光人 | 监生 | 《缙绅全书》嘉庆十一年夏 |
| 学正 | 常延璋 | 广平人 | 举人 | 《缙绅全书》嘉庆十一年夏 |
| 管河州判 | 张聪贲 | 安微桐城人 | 副榜 | 《缙绅全书》嘉庆十一年夏 |
| 复设训导 | 王锡禄 | 奉天锦州人 | 举人 | 《缙绅全书》嘉庆十一年夏 |
| 吏目 | 冯舞垲 | 山西长子人 | 贡生 | 《缙绅全书》嘉庆十一年夏 |
| 知州 | 邓 枞 | 湖北汉阳府人 | 举人 | 《道光安州志》嘉庆十一年 |
| 知州 | 李致祥 | 河南淅川县人 | 拔贡 | 《道光安州志》嘉庆十二年 |

| 职官 | 人名 | 籍贯 | 出身 | 出处及在职时间 |
|---|---|---|---|---|
| 知州 | 李致祥 | 河南淅川人 | 拔贡 | 《缙绅全书》嘉庆十七年秋 |
| 学正 | 常延璋 | 广平人 | 举人 | 《缙绅全书》嘉庆十七年秋 |
| 管河州判 | 廖功远 | 江西高安人 | 拔贡 | 《缙绅全书》嘉庆十七年秋 |
| 复设训导 | 高景福 | 顺天人 | 岁贡 | 《缙绅全书》嘉庆十七年秋 |
| 吏目 | 黄士楙 | 福建龙溪人 | 监生 | 《缙绅全书》嘉庆十七年秋 |
| 知州 | 何承绪 | 江西星予县人 | 举人 | 《道光安州志》嘉庆二十年 |
| 知州 | 彭希曾 | 江苏长洲县人 | 副榜 | 《道光安州志》嘉庆二十年 |
| 知州加一级 | 张家桐 | 湖南湘潭人 | 贡生 | 《缙绅全书》嘉庆二十一年冬 |
| 管河州判 | 廖功远 | 江西高安人 | 拔贡 | 《缙绅全书》嘉庆二十一年冬 |

| 职官 | 人名 | 籍贯 | 出身 | 出处及在职时间 |
|---|---|---|---|---|
| 学正 | 边其坊 | 任邱人 | 举人 | 《缙绅全书》嘉庆二十一年冬 |
| 复设训导 | 邵自巽 | 顺天人 | 举人 | 《缙绅全书》嘉庆二十一年冬 |
| 吏目加一级 | 赖文成 | 江西上犹人 | 保举 | 《缙绅全书》嘉庆二十一年冬 |
| 知州 | 袁　辉 | 山东济南府人 | 监生 | 《道光安州志》嘉庆二十一年 |
| 知州加一级 | 袁　辉 | 山东长山人 | 监生 | 《缙绅全书》嘉庆二十二年春 |
| **备注：《道光安州志》中载其为山东济南府人** | | | | |
| 管河州判 | 廖功远 | 江西高安人 | 拔贡 | 《缙绅全书》嘉庆二十二年春 |
| 学正 | 常延璋 | 广平人 | 举人 | 《缙绅全书》嘉庆二十二年春 |
| 复设训导 | 邵自巽 | 顺天人 | 举人 | 《缙绅全书》嘉庆二十二年春 |

| 职官 | 人名 | 籍贯 | 出身 | 出处及在职时间 |
|---|---|---|---|---|
| 吏目加一级 | 陶建遐 | 江西新城人 | 监生 | 《缙绅全书》嘉庆二十二年春 |
| 知州 | 薛廷栋 | 浙江山阴人 | 贡生 | 《缙绅全书》（大）嘉庆二十二年冬 |
| 管河州判 | 廖功远 | 江西高安人 | 拔贡 | 《缙绅全书》（大）《缙绅全书》（小）嘉庆二十二年冬 |
| 学正 | 常延璋 | 广平人 | 举人 | 《缙绅全书》（大）《缙绅全书》（小）嘉庆二十二年冬 |
| 复设训导 | 邵自巽 | 顺天人 | 举人 | 《缙绅全书》（大）《缙绅全书》（小）嘉庆二十二年冬 |
| 吏目 | 陶建遐 | 江西新城人 | 监生 | 《缙绅全书》（大）《缙绅全书》（小）嘉庆二十二年冬 |
| 知州加一级 | 薛廷栋 | 浙江山阴人 | 贡生 | 《缙绅全书》（小）嘉庆二十二年冬 |
| 知州 | 彭大侃 | 江西庐陵县人 | 监生 | 《道光安州志》嘉庆二十二年 |
| 知州 | 郑承先 | 河南怀庆府人 | 监生 | 《道光安州志》嘉庆二十三年 |

| 职官 | 人名 | 籍贯 | 出身 | 出处及在职时间 |
|------|------|------|------|------|
| 知州 | 薛廷栋 | 浙江山阴县人 | 监生 | 《道光安州志》嘉庆二十三年 |
| 知州 | 严 性 | 安徽和州人 | 举人 | 《道光安州志》嘉庆二十四年 |
| 知州加一级 | 张家桐 | 湖南湘潭人 | 贡生 | 《缙绅全书》嘉庆二十五年夏《道光安州志》 |
| **备注：道光二十六年《安州志》中载其出身监生，官职为知州** | | | | |
| 管河州判 | 廖功远 | 江西高安人 | 拔贡 | 《缙绅全书》嘉庆二十五年夏 |
| 学正 | 边其坊 | 任邱人 | 举人 | 《缙绅全书》嘉庆二十五年夏 |
| 复设训导 | 邵自巽 | 顺天人 | 举人 | 《缙绅全书》嘉庆二十五年夏 |
| 吏目加一级 | 赖文成 | 江西上犹人 | 保举 | 《缙绅全书》嘉庆二十五年夏 |
| 州判 | 张乐昌 | 山阴人 | 监生 | 《道光安州志》嘉庆年间 |

| 职官 | 人名 | 籍贯 | 出身 | 出处及在职时间 |
|---|---|---|---|---|
| 州判 | 廖功远 | 江西人 | 拔贡 | 《道光安州志》嘉庆年间 |
| 州判 | 乔 湘 | 山西人 | 贡生 | 《道光安州志》嘉庆年间 |
| 训导 | 侯 □ | | 举人 | 《道光安州志》嘉庆年间 |
| 训导 | 赵楡德 | 盛京教习 | 生员 | 《道光安州志》嘉庆年间 |
| 训导 | 王锡禄 | 锦州府人 | 举人 | 《道光安州志》嘉庆年间 |
| 训导 | 王佩之 | 吴桥县人 | 举人 | 《道光安州志》嘉庆年间 |
| 训导 | 邵自巽 | 大兴县人 | 举人 | 《道光安州志》嘉庆年间 |
| 备注：《缙绅全书》中记载其为顺天人 | | | | |
| 训导 | 陈若畴 | 宛平县人 | 进士 | 《道光安州志》嘉庆年间 |

| 职官 | 人名 | 籍贯 | 出身 | 出处及在职时间 |
|---|---|---|---|---|
| 训导 | 王光祖 | 平谷县人 | 岁贡 | 《道光安州志》嘉庆年间 |
| 训导 | 庄济 | 大名府人 | 举人 | 《道光安州志》嘉庆年间 |
| 训导 | 刘懋德 | 宛平县人 | 举人 | 《道光安州志》嘉庆年间 |
| 学正 | 白之论 | | 举人 | 《道光安州志》嘉庆年间 |
| 学正 | 张崦 | 遵化州人 | 举人 | 《道光安州志》嘉庆年间 |
| 学正 | 王学泰 | 任邱县人 | 禀贡 | 《道光安州志》嘉庆年间 |
| 学正 | 常延璋 | 永年县人 | 举人 | 《道光安州志》嘉庆年间 |
| 吏目 | 韩穀仁 | 苏州人 | 监生 | 《道光安州志》嘉庆年间 |
| 吏目 | 谢时敏 | 苏州人 | 监生 | 《道光安州志》嘉庆年间 |

| 职官 | 人名 | 籍贯 | 出身 | 出处及在职时间 |
|------|------|------|------|----------------|
| 吏目 | 龚 铚 | 安徽州人 | 监生 | 《道光安州志》嘉庆年间 |
| 吏目 | 李连城 | 济南府人 | 吏员 | 《道光安州志》嘉庆年间 |
| 吏目 | 冯舞堦 | 山西人 | 优贡 | 《道光安州志》嘉庆年间 |
| 吏目 | 张安国 | 龙泉县人 | 监生 | 《道光安州志》嘉庆年间 |
| 吏目 | 黄士㭠 | 福建人 | 监生 | 《道光安州志》嘉庆年间 |
| 吏目 | 俞石麟 | 海宁州人 | 监生 | 《道光安州志》嘉庆年间 |
| 吏目 | 江承耀 | 钱塘县人 | 监生 | 《道光安州志》嘉庆年间 |
| 吏目 | 李殿兰 | 肇庆府人 | 监生 | 《道光安州志》嘉庆年间 |
| 吏目 | 陶建遐 | 建昌府人 | 监生 | 《道光安州志》嘉庆年间 |

| 职官 | 人名 | 籍贯 | 出身 | 出处及在职时间 |
|---|---|---|---|---|
| 吏目 | 李敦寿 | 潼川府人 | 行武 | 《道光安州志》嘉庆年间 |
| 知州 | 包棻 | 江西南城县人 | 举人 | 《道光安州志》道光二年 |
| 知州加一级 | 蔡元禧 | 四川富顺人 | 举人 | 《缙绅全书》《中枢备览》道光四年夏 |
| 管河州判 | 刘芬 | 山东单县人 | | 《缙绅全书》《中枢备览》道光四年夏 |
| 学正 | 边其坊 | 任邱人 | 举人 | 《缙绅全书》《中枢备览》道光四年夏 |
| 复设训导 | 刘懋德 | 顺天人 | 举人 | 《缙绅全书》《中枢备览》道光四年夏 |
| 吏目加一级 | 赖文成 | 江西上犹人 | 保举 | 《缙绅全书》《中枢备览》道光四年夏 |
| 知州 | 蔡元禧 | 四川富顺人 | 举人 | 《缙绅全书》道光四年夏 |
| 知州 | 茅锡 | 山东历城县人 | 举人 | 《道光安州志》道光四年 |

| 职官 | 人名 | 籍贯 | 出身 | 出处及在职时间 |
|---|---|---|---|---|
| 知州 | 蔡元禧 | 四川富顺县人 | 举人 | 《道光安州志》道光五年 |
| 知州 | 蔡元禧 | 四川富顺人 | 举人 | 《爵秩全览》道光六年秋 |
| 管河州判 | 刘 芬 | 山东单县人 | | 《爵秩全览》道光六年秋 |
| 学正 | 边其坊 | 任邱人 | 举人 | 《爵秩全览》道光六年秋 |
| 复设训导 | 刘懋德 | 顺天人 | 举人 | 《爵秩全览》道光六年秋 |
| 吏目 | 周元亨 | 浙江山阴人 | | 《爵秩全览》道光六年秋 |
| 知州 | 钱日煊 | 浙江杭州府人 | 监生 | 《道光安州志》道光六年 |
| 知州加一级 | 董元祯 | 四川万顺人 | 举人 | 《缙绅全书》道光七年春 |
| 管河州判 | 刘 芬 | 山东单县人 | | 《缙绅全书》道光七年春 |

| 职官 | 人名 | 籍贯 | 出身 | 出处及在职时间 |
|---|---|---|---|---|
| 学正 | 边其坊 | 任邱人 | 举人 | 《缙绅全书》道光七年春 |
| 复设训导 | 刘懋德 | 顺天人 | 举人 | 《缙绅全书》道光七年春 |
| 吏目 | 周元亭 | 浙江山阴人 | 议叙 | 《缙绅全书》道光七年春 |
| 知州 | 赵 强 | 山西绛州人 | 举人 | 《道光安州志》道光七年 |
| 知州 | 胡彦升 | 安徽庐江人 | 监生 | 《道光安州志》道光八年 |
| 知州加一级 | 胡彦升 | 庐江人 | 监生 | 《缙绅全书》道光十年冬 |
| 管河州判 | 彭世昌 | 江西乐平人 | | 《缙绅全书》道光十年冬 |
| 学正 | 边其功 | 任邱人 | 举人 | 《缙绅全书》道光十年冬 |
| 复设训导 | 刘懋德 | 顺天人 | 举人 | 《缙绅全书》道光十年冬 |

| 职官 | 人名 | 籍贯 | 出身 | 出处及在职时间 |
|---|---|---|---|---|
| 吏目 | 陶维锦 | 浙江会稽人 | 监生 | 《缙绅全书》道光十年冬 |
| 知州加一级 | 胡彦升 | 庐江人 | 监生 | 《缙绅全书》《中枢备览》道光十三年夏 |
| 管河州判 | 潘 炯 | 浙江归安人 | 监生 | 《缙绅全书》《中枢备览》道光十三年夏 |
| 学正 | 边其坊 | 任邱人 | 举人 | 《缙绅全书》《中枢备览》道光十三年夏 |
| 复设训导 | 刘懋德 | 顺天人 | 举人 | 《缙绅全书》《中枢备览》道光十三年夏 |
| 吏目 | 张若兰 | 山西人 | 监生 | 《缙绅全书》《中枢备览》道光十三年夏 |
| 知州加一级 | 胡彦升 | 庐江人 | 监生 | 《缙绅全书》道光十四年春 |
| 管河州判 | 潘 炯 | 浙江归安人 | 监生 | 《缙绅全书》道光十四年春 |
| 学正 | 边其坊 | 任邱人 | 举人 | 《缙绅全书》道光十四年春 |

| 职官 | 人名 | 籍贯 | 出身 | 出处及在职时间 |
|---|---|---|---|---|
| 复设训导 | 刘懋德 | 顺天人 | 举人 | 《缙绅全书》道光十四年春 |
| 吏目 | 张若兰 | 山西人 | 监生 | 《缙绅全书》道光十四年春 |
| 知州加一级 | 胡彦升 | 庐江人 | 监生 | 《缙绅全书》道光十四年夏 |
| 管河州判 | 潘　炯 | 浙江归安人 | 监生 | 《缙绅全书》道光十四年夏 |
| 学正 | 边其坊 | 任邱人 | 举人 | 《缙绅全书》道光十四年夏 |
| 复设训导 | 刘懋德 | 顺天人 | 举人 | 《缙绅全书》道光十四年夏 |
| 吏目 | 张若兰 | 山西人 | 监生 | 《缙绅全书》道光十四年夏 |
| 知州加一级 | 胡彦升 | 庐江人 | 监生 | 《缙绅全书》《中枢备览》道光十六年夏 |
| 管河州判 | 潘　炯 | 浙江归安人 | 监生 | 《缙绅全书》《中枢备览》道光十六年夏 |

| 职官 | 人名 | 籍贯 | 出身 | 出处及在职时间 |
|---|---|---|---|---|
| 学正 | 边其坊 | 任邱人 | 举人 | 《缙绅全书》《中枢备览》道光十六年夏 |
| 复设训导 | 刘懋德 | 顺天人 | 举人 | 《缙绅全书》《中枢备览》道光十六年夏 |
| 吏目 | 张若兰 | 山西人 | 监生 | 《缙绅全书》《中枢备览》道光十六年夏 |
| 知州加一级 | 胡彦升 | 安徽庐江人 | 监生 | 《缙绅全书》道光十六年秋 |
| 学正 | 边其坊 | 任邱县人 | 举人 | 《缙绅全书》道光十六年秋 |
| 管河州判 | 潘 炯 | 浙江归安人 | 监生 | 《缙绅全书》道光十六年秋 |
| 复设训导 | 刘懋德 | 顺天人 | 举人 | 《缙绅全书》道光十六年秋 |
| 吏目 | 陶维锦 | 浙江会稽人 | 监生 | 《缙绅全书》道光十六年秋 |
| 知州加一级 | 彭定泽 | 江西乐平人 | 进士 | 《缙绅全书》《中枢备览》道光十六年冬 |

| 职官 | 人名 | 籍贯 | 出身 | 出处及在职时间 |
|---|---|---|---|---|
| 学正 | 边其坊 | 任邱县人 | 举人 | 《缙绅全书》《中枢备览》道光十六年冬 |
| 管河州判 | 潘 炯 | 浙江归安人 | 监生 | 《缙绅全书》《中枢备览》道光十六年冬 |
| 复设训导 | 刘懋德 | 顺天人 | 举人 | 《缙绅全书》《中枢备览》道光十六年冬 |
| 吏目 | 陶维锦 | 浙江会稽人 | 监生 | 《缙绅全书》《中枢备览》道光十六年冬 |
| 知州 | 陈可珍 | 湖北江夏县人 | 举人 | 《道光安州志》道光十六年 |
| 知州加一级 | 彭定泽 | 江西乐平人 | 进士 | 《缙绅全书》道光十七年秋 |
| 学正 | 边其坊 | 任邱县人 | 举人 | 《缙绅全书》道光十七年秋 |
| 管河州判 | 潘 炯 | 浙江归安人 | 监生 | 《缙绅全书》道光十七年秋 |
| 复设训导 | 刘懋德 | 顺天人 | 举人 | 《缙绅全书》道光十七年秋 |

| 职官 | 人名 | 籍贯 | 出身 | 出处及在职时间 |
|---|---|---|---|---|
| 吏目 | 陶维锦 | 浙江会稽人 | 监生 | 《缙绅全书》道光十七年秋 |
| 知州 | 彭定泽 | 江西平乐人 | 进士 | 《道光安州志》道光十七年 |
| 知州加一级 | 彭定泽 | 江西乐平人 | 进士 | 《缙绅全书》道光十八年夏 |
| 学正 | 边其坊 | 任邱县人 | 举人 | 《缙绅全书》道光十八年夏 |
| 管河州判 | 潘 炯 | 浙江归安人 | 监生 | 《缙绅全书》道光十八年夏 |
| 复设训导 | 刘懋德 | 顺天人 | 举人 | 《缙绅全书》道光十八年夏 |
| 吏目 | 陶维锦 | 浙江会稽人 | 监生 | 《缙绅全书》道光十八年夏 |
| 知州 | 彭定泽 | 江西乐平人 | 进士 | 《缙绅全书》《爵秩全览》道光十九年夏 |
| 学正 | 边其坊 | 任邱县人 | 举人 | 《缙绅全书》《爵秩全览》道光十九年夏 |

| 职官 | 人名 | 籍贯 | 出身 | 出处及在职时间 |
|---|---|---|---|---|
| 管河州判 | 潘 炯 | 浙江归安人 | 监生 | 《缙绅全书》《爵秩全览》道光十九年夏 |
| 复设训导 | 刘懋德 | 顺天人 | 举人 | 《缙绅全书》《爵秩全览》道光十九年夏 |
| 吏目 | 陶维锦 | 浙江会稽人 | 监生 | 《缙绅全书》《爵秩全览》道光十九年夏 |
| 知州加一级 | 彭定泽 | 江西乐平人 | 进士 | 《缙绅全书》道光二十年秋 |
| 学正 | 边其坊 | 任邱县人 | 举人 | 《缙绅全书》道光二十年秋 |
| 管河州判 | 冯文焕 | 浙江平湖人 | 议叙 | 《缙绅全书》道光二十年秋 |
| 复设训导 | 刘懋德 | 顺天人 | 举人 | 《缙绅全书》道光二十年秋 |
| 吏目 | 陶维锦 | 浙江会稽人 | 监生 | 《缙绅全书》道光二十年秋 |
| 知州加一级 | 崔耀廷 | 山西壶关人 | | 《缙绅全书》道光二十年冬 |

| 职官 | 人名 | 籍贯 | 出身 | 出处及在职时间 |
|------|------|------|------|----------------|
| 学正 | 边其坊 | 任邱县人 | 举人 | 《缙绅全书》道光二十年冬 |
| 管河州判 | 冯文焕 | 浙江平湖人 | 议叙 | 《缙绅全书》道光二十年冬 |
| 复设训导 | 刘懋德 | 顺天人 | 举人 | 《缙绅全书》道光二十年冬 |
| 吏目 | 韩作谋 | 河南夏邑人 | 廪贡 | 《缙绅全书》道光二十年冬 |
| 知州加一级 | 崔耀廷 | 山西人 | 廪贡 | 《缙绅全书》《中枢备览》道光二十二年春 |
| 管河州判 | 冯文焕 | 浙江平湖人 | 监生 | 《缙绅全书》《中枢备览》道光二十二年春 |
| 学正 | 边其坊 | 任丘县人 | 举人 | 《缙绅全书》《中枢备览》道光二十二年春 |
| 复设训导 | 刘懋德 | 顺天人 | 举人 | 《缙绅全书》《中枢备览》道光二十二年春 |
| 吏目 | 韩作谋 | 河南夏邑人 | 廪贡 | 《缙绅全书》《中枢备览》道光二十二年春 |

| 职官 | 人名 | 籍贯 | 出身 | 出处及在职时间 |
|---|---|---|---|---|
| 知州加一级 | 崔耀廷 | 山西人 | 廪贡 | 《缙绅全书》道光二十二年冬 |
| 管河州判 | 冯文焕 | 浙江平湖人 | 监生 | 《缙绅全书》道光二十二年冬 |
| 学正 | 士 燨 | 汉军旗人 | 举人 | 《缙绅全书》道光二十二年冬 |
| 复设训导 | 刘懋德 | 顺天人 | 举人 | 《缙绅全书》道光二十二年冬 |
| 吏目 | 韩作谋 | 河南夏邑人 | 廪贡 | 《缙绅全书》道光二十二年冬 |
| 知州加一级 | 崔耀廷 | 山西人 |  | 《缙绅全书》道光二十五年夏 |
| 管河州判 | 冯文焕 | 浙江平湖人 | 监生 | 《缙绅全书》道光二十五年夏 |
| 学正 | 士 燨 | 汉军旗人 | 举人 | 《缙绅全书》道光二十五年夏 |
| 复设训导 | 刘懋德 | 顺天人 | 举人 | 《缙绅全书》道光二十五年夏 |

| 职官 | 人名 | 籍贯 | 出身 | 出处及在职时间 |
|---|---|---|---|---|
| 吏目 | 王 栋 | 顺天承德人 | 监生 | 《缙绅全书》道光二十五年夏 |
| 知州加一级 | 崔耀廷 | 山西人 | | 《缙绅全书》道光二十五年秋 |
| 管河州判 | 冯文焕 | 浙江平湖人 | 监生 | 《缙绅全书》道光二十五年秋 |
| 学正 | 士 燮 | 汉军旗人 | 举人 | 《缙绅全书》道光二十五年秋 |
| 复设训导 | 刘懋德 | 顺天人 | 举人 | 《缙绅全书》道光二十五年秋 |
| 吏目 | 王 栋 | 顺天承德人 | 监生 | 《缙绅全书》道光二十五年秋 |
| 知州加一级 | 崔耀廷 | 山西人 | | 《爵秩全览》道光二十六年 |
| 管河州判 | 陆葆荣 | 浙江钱塘人 | 监生 | 《爵秩全览》道光二十六年 |
| 学正 | 士 燮 | 汉军旗人 | 举人 | 《爵秩全览》道光二十六年 |

| 职官 | 人名 | 籍贯 | 出身 | 出处及在职时间 |
|---|---|---|---|---|
| 复设训导 | 刘懋德 | 顺天人 | 举人 | 《爵秩全览》道光二十六年 |
| 吏目 | 王栋 | 顺天承德人 | 监生 | 《爵秩全览》道光二十六年 |
| 知州加一级 | 崔耀廷 | 山西人 | | 《缙绅全书》道光二十七年夏 |
| 管河州判 | 陆葆荣 | 浙江钱塘人 | 监生 | 《缙绅全书》道光二十七年夏 |
| 学正 | 士燦 | 汉军旗人 | 举人 | 《缙绅全书》道光二十七年夏 |
| 复设训导 | 刘懋德 | 顺天人 | 举人 | 《缙绅全书》道光二十七年夏 |
| 吏目 | 王栋 | 顺天承德人 | 监生 | 《缙绅全书》道光二十七年夏 |
| 知州加一级 | 崔耀廷 | 山西人 | | 《缙绅全书》道光二十七年秋 |
| 管河州判 | 陆葆荣 | 浙江钱塘人 | 监生 | 《缙绅全书》道光二十七年秋 |

| 职官 | 人名 | 籍贯 | 出身 | 出处及在职时间 |
|------|------|------|------|----------------|
| 学正 | 士 燡 | 汉军旗人 | 举人 | 《缙绅全书》道光二十七年秋 |
| 复设训导 | 刘懋德 | 顺天人 | 举人 | 《缙绅全书》道光二十七年秋 |
| 吏目 | 王 栋 | 顺天承德人 | 监生 | 《缙绅全书》道光二十七年秋 |
| 知州 | 崔耀廷 | 山西壶关人 | 进士 | 《爵秩全览》道光二十八年夏 |
| 管河州判 | 陆葆荣 | 浙江钱塘人 | 监生 | 《爵秩全览》道光二十八年夏 |
| 学正 | 士 燡 | 汉军正白旗人 | 举人 | 《爵秩全览》道光二十八年夏 |
| 复设训导 | 刘懋德 | 顺天府人 | 举人 | 《爵秩全览》道光二十八年夏 |
| 吏目 | 王 栋 | 奉天承德人 | 监生 | 《爵秩全览》道光二十八年夏 |
| 知州加一级 | 崔耀廷 | 山西壶关人 | 进士 | 《缙绅全书》道光二十八年冬 |

| 职官 | 人名 | 籍贯 | 出身 | 出处及在职时间 |
|---|---|---|---|---|
| 管河州判 | 陆葆荣 | 浙江钱塘人 | 监生 | 《缙绅全书》道光二十八年冬 |
| 学正 | 士燮 | 汉军正白旗人 | 举人 | 《缙绅全书》道光二十八年冬 |
| 复设训导 | 刘懋德 | 顺天府人 | 举人 | 《缙绅全书》道光二十八年冬 |
| 吏目 | 王栋 | 奉天承德人 | 监生 | 《缙绅全书》道光二十八年冬 |
| 知州加一级 | 崔耀廷 | 山西壶关人 | 进士 | 《缙绅全书》道光二十九年夏 |
| 管河州判 | 陆葆荣 | 浙江钱塘人 | 监生 | 《缙绅全书》道光二十九年夏 |
| 学正 | 士燮 | 汉军正白旗人 | 举人 | 《缙绅全书》道光二十九年夏 |
| 复设训导 | 刘懋德 | 顺天府人 | 举人 | 《缙绅全书》道光二十九年夏 |
| 吏目 | 罗璇 | 河南祥符人 | 监生 | 《缙绅全书》道光二十九年夏 |

| 职官 | 人名 | 籍贯 | 出身 | 出处及在职时间 |
|---|---|---|---|---|
| 州判 | 李莹光 | 历城县人 | 监生 | 《道光安州志》道光年间 |
| 州判 | 王煜 | 扬州府人 | 举人 | 《道光安州志》道光年间 |
| 州判 | 彭世昌 | 江西人 | 举人 | 《道光安州志》道光年间 |
| 州判 | 刘芬 | 山东人 | 监生 | 《道光安州志》道光年间 |
| 州判 | 沈如潮 | 浙江人 | 举人 | 《道光安州志》道光年间 |
| 州判 | 潘炯 | 归安人 | 举人 | 《道光安州志》道光年间 |
| 吏目 | 额文成 | 上犹县人 | 监生 | 《道光安州志》道光年间 |
| 吏目 | 王珪 | 山阴县人 | 监生 | 《道光安州志》道光年间 |
| 吏目 | 周元亨 | 山阴县人 | 供使 | 《道光安州志》道光年间 |

| 职官 | 人名 | 籍贯 | 出身 | 出处及在职时间 |
|---|---|---|---|---|
| 吏目 | 王鹤龄 | 太原府人 | 监生 | 《道光安州志》道光年间 |
| 吏目 | 张大治 | 吴县人 | 监生 | 《道光安州志》道光年间 |
| 吏目 | 王心培 | 文登县人 | 监生 | 《道光安州志》道光年间 |
| 吏目 | 陶维锦 | 绍兴府人 | 监生 | 《道光安州志》道光年间 |
| 吏目 | 张　□ | 山西汾阳县人 | 监生 | 《道光安州志》道光年间 |
| 学正 | 边其坊 | 任邱县人 | 举人 | 《道光安州志》道光年间 |
| 知州 | 崔耀廷 | 山西壶关人 | 进士 | 《爵秩全览》咸丰元年夏 |
| 管河州判 | 谢　恕 | 江苏上元人 | 监生 | 《爵秩全览》咸丰元年夏 |
| 学正 | 士　夑 | 汉军正白旗人 | 举人 | 《爵秩全览》咸丰元年夏 |

| 职官 | 人名 | 籍贯 | 出身 | 出处及在职时间 |
|---|---|---|---|---|
| 复设训导 | 李　淑 | 汉军厢黄旗人 | 附生 | 《爵秩全览》咸丰元年夏 |
| 吏目 | 罗　璇 | 河南祥符人 | 监生 | 《爵秩全览》咸丰元年夏 |
| 知州 | 李步瀛 | 河南商城人 | 进士 | 《爵秩全览》咸丰二年冬 |
| 管河州判 | 谢　恕 | 江苏上元人 | 监生 | 《爵秩全览》咸丰二年冬 |
| 学正 | 士　燮 | 汉军正白旗人 | 举人 | 《爵秩全览》咸丰二年冬 |
| 复设训导 | 李　淑 | 汉军厢黄旗人 | 附生 | 《爵秩全览》咸丰二年冬 |
| 吏目 | 罗　璇 | 河南祥符人 | 监生 | 《爵秩全览》咸丰二年冬 |
| 知州加一级 | 李步瀛 | 河南商城人 | 进士 | 《缙绅全书》咸丰三年夏 |
| 管河州判 | 谢　恕 | 江苏上元人 | 监生 | 《缙绅全书》咸丰三年夏 |

| 职官 | 人名 | 籍贯 | 出身 | 出处及在职时间 |
|---|---|---|---|---|
| 学正 | 士 燮 | 内府正白旗人 | 举人 | 《缙绅全书》咸丰三年夏 |
| 备注：《缙绅全书》道光二十二年冬等中载其为汉军旗人 | | | | |
| 复设训导 | 李 淑 | 汉军厢黄旗人 | 附生 | 《缙绅全书》咸丰三年夏 |
| 吏目 | 罗 璇 | 河南祥符人 | 监生 | 《缙绅全书》咸丰三年夏 |
| 知州加一级 | 崔耀廷 | 山西壶关人 | 进士 | 《缙绅全书》咸丰四年春 |
| 管河州判 | 陆葆荣 | 浙江钱塘人 | 监生 | 《缙绅全书》咸丰四年春 |
| 学正 | 士 燮 | 汉军正白旗人 | 举人 | 《缙绅全书》咸丰四年春 |
| 复设训导 | 刘懋德 | 顺天人 | 举人 | 《缙绅全书》咸丰四年春 |
| 吏目 | 王 栋 | 奉天承德人 | 监生 | 《缙绅全书》咸丰四年春 |

| 职官 | 人名 | 籍贯 | 出身 | 出处及在职时间 |
|---|---|---|---|---|
| 知州 | 李步瀛 | 河南商城人 | 进士 | 《缙绅全书》咸丰四年 |
| 管河州判 | 谢 恕 | 江苏上元人 | 监生 | 《缙绅全书》咸丰四年 |
| 学正 | 士 爕 | 内府正白旗人 | 举人 | 《缙绅全书》咸丰四年 |
| 复设训导 | 王 璞 | 顺天人 | 廪贡 | 《缙绅全书》咸丰四年 |
| 吏目 | 罗 璘 | 河南祥符人 | 监生 | 《缙绅全书》咸丰四年 |
| 知州 | 邹裔淑 | 广西临桂人 | 举人 | 《爵秩全览》咸丰六年春 |
| 知州加一级 | 邹裔淑 | 广西临桂人 | 举人 | 《缙绅全书》咸丰六年春 |
| 管河州判 | 李执中 | 山东惠民人 | 拔贡 | 《缙绅全书》《爵秩全览》咸丰六年春 |
| 学正 | 士 爕 | 内府正白旗人 | 举人 | 《缙绅全书》《爵秩全览》咸丰六年春 |

| 职官 | 人名 | 籍贯 | 出身 | 出处及在职时间 |
|---|---|---|---|---|
| 复设训导 | 王璞 | 顺天人 | 拔贡 | 《缙绅全书》《爵秩全览》咸丰六年春 |
| 吏目 | 罗璈 | 河南祥符人 | 监生 | 《缙绅全书》《爵秩全览》咸丰六年春 |
| 知州 | 邹裔淑 | 广西临桂人 | 举人 | 《爵秩全览》咸丰六年夏 |
| 管河州判 | 李执中 | 浙江会稽人 | 监生 | 《爵秩全览》咸丰六年夏 |
| 学正 | 士燮 | 汉军正白旗人 | 举人 | 《爵秩全览》咸丰六年夏 |
| 复设训导 | 李淑 | 汉军厢黄旗人 | 附贡 | 《爵秩全览》咸丰六年夏 |
| 吏目 | 罗璈 | 河南祥符人 | 监生 | 《爵秩全览》咸丰六年夏 |
| 知州 | 邹裔淑 | 广西临桂人 | 举人 | 《爵秩全览》咸丰七年秋 |
| 管河州判 | 李执中 | 浙江会稽人 | 监生 | 《爵秩全览》咸丰七年秋 |

| 职官 | 人名 | 籍贯 | 出身 | 出处及在职时间 |
|---|---|---|---|---|
| 学正 | 士　燮 | 汉军正白旗人 | 举人 | 《爵秩全览》咸丰七年秋 |
| 复设训导 | 李　淑 | 汉军厢黄旗人 | 附贡 | 《爵秩全览》咸丰七年秋 |
| 吏目 | 罗　璈 | 河南祥符人 | 监生 | 《爵秩全览》咸丰七年秋 |
| 知州 | 邹裔淑 | 广西临桂人 | 举人 | 《爵秩全览》咸丰七年冬 |
| 管河州判 | 李执中 | 浙江会稽人 | 监生 | 《爵秩全览》咸丰七年冬 |
| 学正 | 士　燮 | 汉军正白旗人 | 举人 | 《爵秩全览》咸丰七年冬 |
| 复设训导 | 李　淑 | 汉军厢黄旗人 | 附贡 | 《爵秩全览》咸丰七年冬 |
| 吏目 | 罗　璈 | 河南祥符人 | 监生 | 《爵秩全览》咸丰七年冬 |
| 知州加一级 | 邹裔淑 | 广西临桂人 | 举人 | 《缙绅全书》咸丰八年冬 |

| 职官 | 人名 | 籍贯 | 出身 | 出处及在职时间 |
|---|---|---|---|---|
| 管河州判 | | 山东惠民人 | 拔贡 | 《缙绅全书》咸丰八年冬 |
| 学正 | 郝植林 | 顺天人 | 举人 | 《缙绅全书》咸丰八年冬 |
| 复设训导 | 李　淑 | 汉军厢黄旗人 | 附贡 | 《缙绅全书》咸丰八年冬 |
| 吏目 | 罗　璇 | 河南祥符人 | 监生 | 《缙绅全书》咸丰八年冬 |
| 知州加一级 | 邹裔淑 | 广西临桂人 | 举人 | 《缙绅全书》咸丰九年夏 |
| 管河州判 | 任文斗 | 山东聊城人 | 拔贡 | 《缙绅全书》咸丰九年夏 |
| 学正 | 郝植林 | 顺天人 | 举人 | 《缙绅全书》咸丰九年夏 |
| 复设训导 | 李　淑 | 汉军厢黄旗人 | 附贡 | 《缙绅全书》咸丰九年夏 |
| 吏目 | 罗　璇 | 河南祥符人 | 监生 | 《缙绅全书》咸丰九年夏 |

| 职官 | 人名 | 籍贯 | 出身 | 出处及在职时间 |
|---|---|---|---|---|
| 知州 | 高锡康 | 江苏人 | 举人 | 《缙绅全书》咸丰十年秋 |
| 管河州判 | 任文斗 | 山东聊城人 | 拔贡 | 《缙绅全书》咸丰十年秋 |
| 学正 | 郝植林 | 顺天人 | 举人 | 《缙绅全书》咸丰十年秋 |
| 复设训导 | 李　淑 | 汉军厢黄旗人 | 附贡 | 《缙绅全书》咸丰十年秋 |
| 吏目 | 罗　璬 | 河南祥符人 | 监生 | 《缙绅全书》咸丰十年秋 |
| 知州 | 高锡康 | 江苏人 | 举人 | 《缙绅全书》咸丰十年 |
| 管河州判 | 任文斗 | 山东聊城人 | 拔贡 | 《缙绅全书》咸丰十年 |
| 学正 | 郝植林 | 顺天人 | 举人 | 《缙绅全书》咸丰十年 |
| 复设训导 | 李　淑 | 汉军厢黄旗人 | 附贡 | 《缙绅全书》咸丰十年 |

| 职官 | 人名 | 籍贯 | 出身 | 出处及在职时间 |
|------|------|------|------|----------------|
| 吏目 | 罗璈 | 河南祥符人 | 监生 | 《缙绅全书》咸丰十年 |
| 管河州判 | 方汝靖 | 定远人 | 监生 | 《缙绅全书》同治四年夏 |
| 知州加一级 | | 江苏泰州人 | 举人 | 《缙绅全书》同治四年夏 |
| 管河县丞 | 方汝靖 | 安徽定远人 | 监生 | 《缙绅全书》同治四年夏 |
| 学正 | 王召卿 | 顺天人 | 举人 | 《缙绅全书》同治四年夏 |
| 复设训导 | 邢怀诚 | 顺天人 | 廪贡 | 《缙绅全书》同治四年夏 |
| 吏目 | 罗璈 | 河南祥符人 | 监生 | 《缙绅全书》同治四年夏 |
| 知州 | 唐成棣 | 江苏江都人 | 监生 | 《缙绅全书》同治五年春 |
| 管河州判 | 方汝靖 | 定远人 | 监生 | 《缙绅全书》同治五年春 |

| 职官 | 人名 | 籍贯 | 出身 | 出处及在职时间 |
|---|---|---|---|---|
| 学正 | 王召卿 | 顺天人 | 举人 | 《缙绅全书》同治五年春 |
| 复设训导 | 武承谦 | 天津人 | 廪贡 | 《缙绅全书》同治五年春 |
| 吏目 | 罗璇 | 河南祥符人 | 监生 | 《缙绅全书》同治五年春 |
| 知州 | 唐成棣 | 江苏江都人 | 监生 | 《爵秩全览》同治六年春 |
| 知州加一级 | 唐成棣 | 江苏江都人 | 监生 | 《缙绅全书》同治六年春 |
| 管河州判 | 方汝靖 | 定远人 | 监生 | 《缙绅全书》《爵秩全览》同治六年春 |
| 学正 | 王召卿 | 顺天人 | 举人 | 《缙绅全书》《爵秩全览》同治六年春 |
| 复设训导 | 武承谦 | 天津人 | 廪贡 | 《缙绅全书》《爵秩全览》同治六年春 |
| 吏目 | 张绍凯 | 浙江人 | | 《缙绅全书》《爵秩全览》同治六年春 |

| 职官 | 人名 | 籍贯 | 出身 | 出处及在职时间 |
|---|---|---|---|---|
| 知州 | 唐成棣 | 江苏江都人 | 监生 | 《缙绅全书》同治六年秋 |
| 管河州判 | 方汝靖 | 定远人 | 监生 | 《缙绅全书》同治六年秋 |
| 学正 | 王召卿 | 顺天人 | 举人 | 《缙绅全书》同治六年秋 |
| 复设训导 | 武承谦 | 天津人 | 廪贡 | 《缙绅全书》同治六年秋 |
| 吏目 | 张绍凯 | 浙江人 | | 《缙绅全书》同治六年秋 |
| 知州 | 唐成棣 | 江苏江都人 | 监生 | 《缙绅全书》同治八年春 |
| 管河州判 | 方汝靖 | 定远人 | 监生 | 《缙绅全书》同治八年春 |
| 学正 | 王召卿 | 顺天人 | 举人 | 《缙绅全书》同治八年春 |
| 复设训导 | 武承谦 | 天津人 | 廪贡 | 《缙绅全书》同治八年春 |

| 职官 | 人名 | 籍贯 | 出身 | 出处及在职时间 |
|---|---|---|---|---|
| 吏目 | 张绍凯 | 浙江人 | | 《缙绅全书》同治八年春 |
| 知州加一级 | 唐成棣 | 江苏江都人 | 监生 | 《缙绅全书》同治八年冬 |
| 管河州判 | 方汝靖 | 定远人 | 监生 | 《缙绅全书》同治八年冬 |
| 学正 | 王召卿 | 顺天人 | 举人 | 《缙绅全书》同治八年冬 |
| 复设训导 | 武承谦 | 天津人 | 廪贡 | 《缙绅全书》同治八年冬 |
| 吏目 | 张绍凯 | 浙江人 | | 《缙绅全书》同治八年冬 |
| 知州 | 锡　桂 | 满洲正蓝旗人 | 监生 | 《爵秩全览》同治九年春 |
| 管河州判 | 方汝靖 | 定远人 | 监生 | 《爵秩全览》同治九年春 |
| 学正 | 王召卿 | 顺天人 | 举人 | 《爵秩全览》同治九年春 |

| 职官 | 人名 | 籍贯 | 出身 | 出处及在职时间 |
|---|---|---|---|---|
| 复设训导 | 武承谦 | 天津人 | 廪贡 | 《爵秩全览》同治九年春 |
| 吏目 | 张绍凯 | 浙江人 | | 《爵秩全览》同治九年春 |
| 知州 | 韩 印 | 江苏江浦人 | 副榜 | 《缙绅全书》同治九年夏 |
| 管河州判 | 方汝靖 | 安徽定远人 | 监生 | 《缙绅全书》同治九年夏 |
| 学正 | 王召乡 | 顺天人 | 举人 | 《缙绅全书》同治九年夏 |
| 复设训导 | 武承谦 | 天津人 | 举人 | 《缙绅全书》同治九年夏 |
| 吏目 | 张绍凯 | 浙江嘉兴人 | 监生 | 《缙绅全书》同治九年夏 |
| 知州 | 韩 印 | 江苏江浦人 | 副榜 | 《爵秩全览》同治九年秋 |
| 管河州判 | 方汝靖 | 安徽定远人 | 监生 | 《爵秩全览》同治九年秋 |

| 职官 | 人名 | 籍贯 | 出身 | 出处及在职时间 |
|---|---|---|---|---|
| 学正 | 王召乡 | 顺天人 | 举人 | 《爵秩全览》同治九年秋 |
| 复设训导 | 武承谦 | 天津人 | 举人 | 《爵秩全览》同治九年秋 |
| 吏目 | 张绍凯 | 浙江嘉兴人 | 监生 | 《爵秩全览》同治九年秋 |
| 知州加一级 | 韩 印 | 江苏江浦人 | 副榜 | 《缙绅全书》同治九年冬 |
| 管河州判 | 方汝靖 | 安徽定远人 | 监生 | 《缙绅全书》同治九年冬 |
| 学正 | 陈朴龄 | 河间人 | 举人 | 《缙绅全书》同治九年冬 |
| 复设训导 | 武承谦 | 天津人 | 举人 | 《缙绅全书》同治九年冬 |
| 吏目 | 张绍凯 | 浙江嘉兴人 | 监生 | 《缙绅全书》同治九年冬 |
| 知州加一级 | 马绳武 | 安徽怀宁人 | 供事 | 《缙绅全书》同治十年春 |

| 职官 | 人名 | 籍贯 | 出身 | 出处及在职时间 |
|---|---|---|---|---|
| 管河州判 | 方汝靖 | 安徽定远人 | 监生 | 《缙绅全书》同治十年春 |
| 学正 | 陈朴龄 | 河间人 | 举人 | 《缙绅全书》同治十年春 |
| 复设训导 | 武承谦 | 天津人 | 举人 | 《缙绅全书》同治十年春 |
| 吏目 | 张绍凯 | 浙江嘉兴人 | 监生 | 《缙绅全书》同治十年春 |
| 知州加一级 | 马绳武 | 安徽怀宁人 | 供事 | 《缙绅全书》同治十年夏 |
| 管河州判 | 方汝靖 | 安徽定远人 | 监生 | 《缙绅全书》同治十年夏 |
| 学正 | 陈朴龄 | 河间人 | 举人 | 《缙绅全书》同治十年夏 |
| 复设训导 | 武承谦 | 天津人 | 举人 | 《缙绅全书》同治十年夏 |
| 吏目 | 张绍凯 | 浙江嘉兴人 | 监生 | 《缙绅全书》同治十年夏 |

| 职官 | 人名 | 籍贯 | 出身 | 出处及在职时间 |
|---|---|---|---|---|
| 知州加一级 | 荫 桂 | 满洲正黄旗人 | 监生 | 《缙绅全书》同治十一年夏 |
| 管河州判 | 方汝靖 | 安徽定远人 | 监生 | 《缙绅全书》同治十一年夏 |
| 学正 | 陈朴龄 | 河间人 | 举人 | 《缙绅全书》同治十一年夏 |
| 复设训导 | 武承谦 | 天津人 | 举人 | 《缙绅全书》同治十一年夏 |
| 吏目 | 张绍凯 | 浙江嘉兴人 | 监生 | 《缙绅全书》同治十一年夏 |
| 知州加一级 | 荫 桂 | 满洲正黄旗人 | 监生 | 《缙绅全书》《中枢备览》同治十一年秋 |
| 管河州判 | 方汝靖 | 安徽定远人 | 监生 | 《缙绅全书》《中枢备览》同治十一年秋 |
| 学正 | 陈朴龄 | 河间人 | 举人 | 《缙绅全书》《中枢备览》同治十一年秋 |
| 复设训导 | 武承谦 | 天津人 | 举人 | 《缙绅全书》《中枢备览》同治十一年秋 |

| 职官 | 人名 | 籍贯 | 出身 | 出处及在职时间 |
|---|---|---|---|---|
| 吏目 | 张绍凯 | 浙江嘉兴人 | 监生 | 《缙绅全书》《中枢备览》同治十一年秋 |
| 知州加一级 | 唐成棣 | 江苏江都人 | 监生 | 《缙绅全书》同治十二年冬 |
| 管河州判 | 方汝靖 | 安徽定远人 | 监生 | 《缙绅全书》同治十二年冬 |
| 学正 | 陈朴龄 | 河间人 | 举人 | 《缙绅全书》同治十二年冬 |
| 复设训导 | 武承谦 | 天津人 | 举人 | 《缙绅全书》同治十二年冬 |
| 吏目 | 张绍凯 | 浙江嘉兴人 | 监生 | 《缙绅全书》同治十二年冬 |
| 知州加一级 | 唐成栋 | 江苏江都人 | 监生 | 《缙绅全书》同治十三年春 |
| 管河州判 | 方汝靖 | 安徽定远人 | 监生 | 《缙绅全书》同治十三年春 |
| 学正 | 陈朴龄 | 河间人 | 举人 | 《缙绅全书》同治十三年春 |

| 职官 | 人名 | 籍贯 | 出身 | 出处及在职时间 |
|---|---|---|---|---|
| 复设训导 | 武承谦 | 天津人 | 举人 | 《缙绅全书》同治十三年春 |
| 吏目 | 张绍凯 | 浙江嘉善人 | 监生 | 《缙绅全书》同治十三年春 |
| 知州 | 唐成栋 | 江苏江都人 | 监生 | 《爵秩全览》同治十三年夏 |
| 管河州判 | 方汝靖 | 安徽定远人 | 监生 | 《爵秩全览》同治十三年夏 |
| 学正 | 陈朴龄 | 河间人 | 举人 | 《爵秩全览》同治十三年夏 |
| 复设训导 | 武承谦 | 天津人 | 举人 | 《爵秩全览》同治十三年夏 |
| 吏目 | 张绍凯 | 浙江嘉善人 | 监生 | 《爵秩全览》同治十三年夏 |
| 知州加一级 | 唐成栋 | 江苏江都人 | 监生 | 《缙绅全书》同治十三年秋 |
| 管河州判 | 方汝靖 | 安徽定远人 | 监生 | 《缙绅全书》同治十三年秋 |

| 职官 | 人名 | 籍贯 | 出身 | 出处及在职时间 |
|---|---|---|---|---|
| 学正 | 陈朴龄 | 河间人 | 举人 | 《缙绅全书》同治十三年秋 |
| 复设训导 | 武承谦 | 天津人 | 举人 | 《缙绅全书》同治十三年秋 |
| 吏目 | 张绍凯 | 浙江嘉善人 | 监生 | 《缙绅全书》同治十三年秋 |
| 知州加一级 | 唐成栋 | 江苏江都人 | 监生 | 《缙绅全书》《中枢备览》《爵秩全览》同治十三年冬 |
| 管河州判 | 方汝靖 | 安徽定远人 | 监生 | 《缙绅全书》《中枢备览》《爵秩全览》同治十三年冬 |
| 学正 | 陈朴龄 | 河间人 | 举人 | 《缙绅全书》《中枢备览》《爵秩全览》同治十三年冬 |
| 复设训导 | 武承谦 | 天津人 | 举人 | 《缙绅全书》《中枢备览》《爵秩全览》同治十三年冬 |
| 吏目 | 张绍凯 | 浙江嘉善人 | 监生 | 《缙绅全书》《中枢备览》《爵秩全览》同治十三年冬 |
| 知州 | 唐成栋 | 江苏江都人 | 监生 | 《爵秩全览》光绪元年夏 |

| 职官 | 人名 | 籍贯 | 出身 | 出处及在职时间 |
|---|---|---|---|---|
| 管河州判 | 方汝靖 | 安徽定远人 | 监生 | 《爵秩全览》光绪元年夏 |
| 学正 | 陈朴龄 | 河间人 | 举人 | 《爵秩全览》光绪元年夏 |
| 复设训导 | 武承谦 | 天津人 | 举人 | 《爵秩全览》光绪元年夏 |
| 吏目 | 张绍凯 | 浙江嘉善人 | 监生 | 《爵秩全览》光绪元年夏 |
| 知州 | 唐成栋 | 江苏江都人 | 监生 | 《爵秩全览》光绪元年秋 |
| 管河州判 | 方汝靖 | 安徽定远人 | 监生 | 《爵秩全览》光绪元年秋 |
| 学正 | 陈朴龄 | 河间人 | 举人 | 《爵秩全览》光绪元年秋 |
| 复设训导 | 武承谦 | 天津人 | 举人 | 《爵秩全览》光绪元年秋 |
| 吏目 | 张绍凯 | 浙江嘉善人 | 监生 | 《爵秩全览》光绪元年秋 |

| 职官 | 人名 | 籍贯 | 出身 | 出处及在职时间 |
|---|---|---|---|---|
| 知州加一级 | 唐成栋 | 江苏江都人 | 监生 | 《缙绅全书》光绪二年秋 |
| 管河州判 | 方汝靖 | 安徽定远人 | 监生 | 《缙绅全书》光绪二年秋 |
| 学正 | 陈朴龄 | 河间人 | 举人 | 《缙绅全书》光绪二年秋 |
| 复设训导 | 武承谦 | 天津人 | 举人 | 《缙绅全书》光绪二年秋 |
| 吏目 | 张绍凯 | 浙江嘉善人 | 监生 | 《缙绅全书》光绪二年秋 |
| 知州 | 唐成栋 | 江苏江都人 | 监生 | 《爵秩全览》光绪二年冬 |
| 管河州判 | 方汝靖 | 安徽定远人 | 监生 | 《爵秩全览》光绪二年冬 |
| 学正 | 陈朴龄 | 河间人 | 举人 | 《爵秩全览》光绪二年冬 |
| 复设训导 | 武承谦 | 天津人 | 举人 | 《爵秩全览》光绪二年冬 |

| 职官 | 人名 | 籍贯 | 出身 | 出处及在职时间 |
| --- | --- | --- | --- | --- |
| 吏目 | 张绍凯 | 浙江嘉善人 | 监生 | 《爵秩全览》光绪二年冬 |
| 知州加一级 | 唐成栋 | 江苏江都人 | 监生 | 《缙绅全书》《中枢备览》光绪三年夏 |
| 管河州判 | 方汝靖 | 安徽定远人 | 监生 | 《缙绅全书》《中枢备览》光绪三年夏 |
| 学正 | 陈朴龄 | 河间人 | 举人 | 《缙绅全书》《中枢备览》光绪三年夏 |
| 复设训导 | 武承谦 | 天津人 | 举人 | 《缙绅全书》《中枢备览》光绪三年夏 |
| 吏目 | 张绍凯 | 浙江嘉善人 | 监生 | 《缙绅全书》《中枢备览》光绪三年夏 |
| 知州加一级 | 唐成栋 | 江苏江都人 | 监生 | 《缙绅全书》光绪三年秋 |
| 管河州判 | 方汝靖 | 安徽定远人 | 监生 | 《缙绅全书》光绪三年秋 |
| 学正 | 陈朴龄 | 河间人 | 举人 | 《缙绅全书》光绪三年秋 |

| 职官 | 人名 | 籍贯 | 出身 | 出处及在职时间 |
|------|------|------|------|----------------|
| 复设训导 | 武承谦 | 天津人 | 举人 | 《缙绅全书》光绪三年秋 |
| 吏目 | 张绍凯 | 浙江嘉善人 | 监生 | 《缙绅全书》光绪三年秋 |
| 知州 | 唐成栋 | 江苏江都人 | 监生 | 《爵秩全览》光绪三年冬 |
| 管河州判 | 方汝靖 | 安徽定远人 | 监生 | 《爵秩全览》光绪三年冬 |
| 学正 | 陈朴龄 | 河间人 | 举人 | 《爵秩全览》光绪三年冬 |
| 复设训导 | 武承谦 | 天津人 | 举人 | 《爵秩全览》光绪三年冬 |
| 吏目 | 张绍凯 | 浙江嘉善人 | 监生 | 《爵秩全览》光绪三年冬 |
| 知州加一级 | 唐成栋 | 江苏江都人 | 监生 | 《缙绅全书》《中枢备览》光绪四年秋 |
| 管河州判 | 方汝靖 | 安徽定远人 | 监生 | 《缙绅全书》《中枢备览》光绪四年秋 |

| 职官 | 人名 | 籍贯 | 出身 | 出处及在职时间 |
|---|---|---|---|---|
| 学正 | 王杏村 | 永平人 | 举人 | 《缙绅全书》《中枢备览》光绪四年秋 |
| 复设训导 | 武承谦 | 天津人 | 举人 | 《缙绅全书》《中枢备览》光绪四年秋 |
| 吏目 | 张绍凯 | 浙江嘉善人 | 监生 | 《缙绅全书》《中枢备览》光绪四年秋 |
| 知州 | 唐成栋 | 江苏江都人 | 监生 | 《爵秩全览》光绪四年冬 |
| 管河州判 | 方汝靖 | 安徽定远人 | 监生 | 《爵秩全览》光绪四年冬 |
| 学正 | 王杏村 | 永平人 | 举人 | 《爵秩全览》光绪四年冬 |
| 复设训导 | 武承谦 | 天津人 | 举人 | 《爵秩全览》光绪四年冬 |
| 吏目 | 张绍凯 | 浙江嘉善人 | 监生 | 《爵秩全览》光绪四年冬 |
| 知州加一级 | 唐成栋 | 江苏江都人 | 监生 | 《缙绅全书》光绪五年春 |

| 职官 | 人名 | 籍贯 | 出身 | 出处及在职时间 |
|---|---|---|---|---|
| 管河州判 | 方汝靖 | 安徽定远人 | 监生 | 《缙绅全书》光绪五年春 |
| 学正 | 王杏村 | 永平人 | 举人 | 《缙绅全书》光绪五年春 |
| 复设训导 | 武承谦 | 天津人 | 举人 | 《缙绅全书》光绪五年春 |
| 吏目 | 张绍凯 | 浙江嘉善人 | 监生 | 《缙绅全书》光绪五年春 |
| 知州加一级 | 唐成栋 | 江苏江都人 | 监生 | 《缙绅全书》光绪五年秋 |
| 管河州判 | 方汝靖 | 安徽定远人 | 监生 | 《缙绅全书》光绪五年秋 |
| 学正 | 王杏村 | 永平人 | 举人 | 《缙绅全书》光绪五年秋 |
| 复设训导 | 武承谦 | 天津人 | 举人 | 《缙绅全书》光绪五年秋 |
| 吏目 | 刘式钊 | 浙江山阴人 | 监生 | 《缙绅全书》光绪五年秋 |

| 职官 | 人名 | 籍贯 | 出身 | 出处及在职时间 |
|---|---|---|---|---|
| 知州加一级 | 唐成栋 | 江苏江都人 | 监生 | 《缙绅全书》《中枢备览》光绪五年冬 |
| 管河州判 | 方汝靖 | 安徽定远人 | 监生 | 《缙绅全书》《中枢备览》光绪五年冬 |
| 学正 | 王杏村 | 永平人 | 举人 | 《缙绅全书》《中枢备览》光绪五年冬 |
| 复设训导 | 武承谦 | 天津人 | 举人 | 《缙绅全书》《中枢备览》光绪五年冬 |
| 吏目 | 刘式钊 | 浙江山阴人 | 监生 | 《缙绅全书》《中枢备览》光绪五年冬 |
| 知州加一级 |  | 江苏江都人 | 监生 | 《缙绅全书》光绪七年春 |
| 管河州判 | 方汝靖 | 安徽定远人 | 监生 | 《缙绅全书》光绪七年春 |
| 学正 | 王杏村 | 永平人 | 举人 | 《缙绅全书》光绪七年春 |
| 复设训导 | 武承谦 | 天津人 | 举人 | 《缙绅全书》光绪七年春 |

| 职官 | 人名 | 籍贯 | 出身 | 出处及在职时间 |
|---|---|---|---|---|
| 吏目 | 刘式钊 | 浙江山阴人 | 监生 | 《缙绅全书》光绪七年春 |
| 知州加一级 | 蒋蒙霈 | 江苏长洲人 | 监生 | 《缙绅全书》《爵秩全览》光绪七年冬 |
| 管河州判 | 方汝靖 | 安徽定远人 | 监生 | 《缙绅全书》《爵秩全览》光绪七年冬 |
| 学正 | 王杏村 | 永平人 | 举人 | 《缙绅全书》《爵秩全览》光绪七年冬 |
| 复设训导 | 武承谦 | 天津人 | 举人 | 《缙绅全书》《爵秩全览》光绪七年冬 |
| 吏目 | 刘式钊 | 浙江山阴人 | 监生 | 《缙绅全书》《爵秩全览》光绪七年冬 |
| 知州加一级 | 宫昱 | 江苏泰州人 | 监生 | 《缙绅全书》光绪八年冬 |
| 管河州判 | 方汝靖 | 安徽定远人 | 监生 | 《缙绅全书》光绪八年冬 |
| 学正 | 王杏村 | 永平人 | 举人 | 《缙绅全书》光绪八年冬 |

| 职官 | 人名 | 籍贯 | 出身 | 出处及在职时间 |
|---|---|---|---|---|
| 复设训导 | 武承谦 | 天津人 | 举人 | 《缙绅全书》光绪八年冬 |
| 吏目 | 刘式钊 | 浙江山阴人 | 监生 | 《缙绅全书》光绪八年冬 |
| 知州 | 宫 昱 | 江苏泰州人 | 监生 | 《爵秩全览》光绪十年夏 |
| 管河州判 | 方汝靖 | 安徽定远人 | 监生 | 《爵秩全览》光绪十年夏 |
| 学正 | 王杏村 | 永平人 | 举人 | 《爵秩全览》光绪十年夏 |
| 复设训导 | 武承谦 | 天津人 | 举人 | 《爵秩全览》光绪十年夏 |
| 吏目 | 刘式钊 | 浙江山阴人 | 监生 | 《爵秩全览》光绪十年夏 |
| 管河州判 | 方汝靖 | 安徽定远人 | 监生 | 《爵秩全览》光绪十年秋 |
| 学正 | 王杏村 | 永平人 | 举人 | 《爵秩全览》光绪十年秋 |

| 职官 | 人名 | 籍贯 | 出身 | 出处及在职时间 |
|---|---|---|---|---|
| 复设训导 | 武承谦 | 天津人 | 举人 | 《爵秩全览》光绪十年秋 |
| 吏目 | 刘式钊 | 浙江山阴人 | 监生 | 《爵秩全览》光绪十年秋 |
| 知州 | 宋彭寿 | 江苏溧阳人 | 监生 | 《爵秩全览》光绪十一年春 |
| 管河州判 | 方汝靖 | 安徽定远人 | 监生 | 《爵秩全览》光绪十一年春 |
| 学正 | 王杏村 | 永平人 | 举人 | 《爵秩全览》光绪十一年春 |
| 复设训导 | 武承谦 | 天津人 | 举人 | 《爵秩全览》光绪十一年春 |
| 吏目 | 刘式钊 | 浙江山阴人 | 监生 | 《爵秩全览》光绪十一年春 |
| 知州 | 宋彭寿 | 江苏溧阳人 | 监生 | 《爵秩全览》光绪十一年夏 |
| 管河州判 | 方汝靖 | 安徽定远人 | 监生 | 《爵秩全览》光绪十一年夏 |

| 职官 | 人名 | 籍贯 | 出身 | 出处及在职时间 |
|------|------|------|------|----------------|
| 学正 | 王杏村 | 永平人 | 举人 | 《爵秩全览》光绪十一年夏 |
| 复设训导 | 武承谦 | 天津人 | 举人 | 《爵秩全览》光绪十一年夏 |
| 吏目 | 刘式钊 | 浙江山阴人 | 监生 | 《爵秩全览》光绪十一年夏 |
| 知州 | 宋彭寿 | 江苏溧阳人 | 监生 | 《爵秩全览》光绪十一年秋 |
| 管河州判 | 方汝靖 | 安徽定远人 | 监生 | 《爵秩全览》光绪十一年秋 |
| 学正 | 王杏村 | 永平人 | 举人 | 《爵秩全览》光绪十一年秋 |
| 复设训导 | 武承谦 | 天津人 | 举人 | 《爵秩全览》光绪十一年秋 |
| 吏目 | 刘式钊 | 浙江山阴人 | 监生 | 《爵秩全览》光绪十一年秋 |
| 知州 | 宋彭寿 | 江苏溧阳人 | 监生 | 《爵秩全览》光绪十二年夏 |

| 职官 | 人名 | 籍贯 | 出身 | 出处及在职时间 |
|------|------|------|------|----------------|
| 管河州判 | 方汝靖 | 安徽定远人 | 监生 | 《爵秩全览》光绪十二年夏 |
| 学正 | 王杏村 | 永平府人 | 举人 | 《爵秩全览》光绪十二年夏 |
| 复设训导 | 武承谦 | 天津人 | 廪贡 | 《爵秩全览》光绪十二年夏 |
| 吏目 | 刘式钊 | 浙江山阴人 | 监生 | 《爵秩全览》光绪十二年夏 |
| 知州 | 宋彭寿 | 江苏溧阳人 | 监生 | 《缙绅全书》光绪十二年秋 |
| 管河州判 | 方汝靖 | 安徽定远人 | 监生 | 《缙绅全书》光绪十二年秋 |
| 学正 | 王杏村 | 永平府人 | 举人 | 《缙绅全书》光绪十二年秋 |
| 复设训导 | 许瑞麒 | 顺天人 | 廪贡 | 《缙绅全书》光绪十二年秋 |
| 吏目 | 刘式钊 | 浙江山阴人 | 监生 | 《缙绅全书》光绪十二年秋 |

| 职官 | 人名 | 籍贯 | 出身 | 出处及在职时间 |
|---|---|---|---|---|
| 知州 | 宋彭寿 | 江苏溧阳人 | 监生 | 《爵秩全览》光绪十三年春 |
| 管河州判 | 方汝靖 | 安徽定远人 | 监生 | 《爵秩全览》光绪十三年春 |
| 学正 | 王杏村 | 永平府人 | 举人 | 《爵秩全览》光绪十三年春 |
| 复设训导 | 许瑞麒 | 顺天人 | 廪贡 | 《爵秩全览》光绪十三年春 |
| 吏目 | 刘式钊 | 浙江山阴人 | 监生 | 《爵秩全览》光绪十三年春 |
| 知州 | 宋彭寿 | 江苏溧阳人 | 监生 | 《缙绅全书》《中枢备览》光绪十三年夏 |
| 管河州判 | 方汝靖 | 安徽定远人 | 监生 | 《缙绅全书》《中枢备览》光绪十三年夏 |
| 学正 | 王杏村 | 永平府人 | 举人 | 《缙绅全书》《中枢备览》光绪十三年夏 |
| 复设训导 | 许瑞麒 | 顺天人 | 廪贡 | 《缙绅全书》《中枢备览》光绪十三年夏 |

| 职官 | 人名 | 籍贯 | 出身 | 出处及在职时间 |
|------|------|------|------|----------------|
| 吏目 | 刘式钊 | 浙江山阴人 | 监生 | 《缙绅全书》《中枢备览》光绪十三年夏 |
| 知州 | 宋彭寿 | 江苏溧阳人 | 监生 | 《缙绅全书》光绪十三年冬 |
| 管河州判 | 方汝靖 | 安徽定远人 | 监生 | 《缙绅全书》光绪十三年冬 |
| 学正 | 王杏村 | 永平府人 | 举人 | 《缙绅全书》光绪十三年冬 |
| 复设训导 | 许瑞麒 | 顺天人 | 廪贡 | 《缙绅全书》光绪十三年冬 |
| 吏目 | | 浙江山阴人 | 监生 | 《缙绅全书》光绪十三年冬 |
| 知州 | 宋彭寿 | 江苏溧阳人 | 监生 | 《缙绅全书》光绪十四年夏 |
| 管河州判 | | 安徽定远人 | 监生 | 《缙绅全书》光绪十四年夏 |
| 学正 | 王杏村 | 永平府人 | 举人 | 《缙绅全书》光绪十四年夏 |

| 职官 | 人名 | 籍贯 | 出身 | 出处及在职时间 |
|---|---|---|---|---|
| 复设训导 | 许瑞麒 | 顺天人 | 廪贡 | 《缙绅全书》光绪十四年夏 |
| 吏目 | 王俊文 | 四川定远人 | 监生 | 《缙绅全书》光绪十四年夏 |
| 知州 | 宋彭寿 | 江苏溧阳人 | 监生 | 《爵秩全览》光绪十四年冬 |
| 管河州判 | 王樗 | 贵州贵阳府人 | 监生 | 《爵秩全览》光绪十四年冬 |
| 学正 | 王杏村 | 永平府人 | 举人 | 《爵秩全览》光绪十四年冬 |
| 复设训导 | 许瑞麒 | 顺天人 | 廪贡 | 《爵秩全览》光绪十四年冬 |
| 吏目 | 王俊文 | 四川定远人 | 监生 | 《爵秩全览》光绪十四年冬 |
| 知州 | 宋彭寿 | 江苏溧阳人 | 监生 | 《爵秩全览》光绪十五年夏 |
| 管河州判 | 王樗 | 贵州贵阳府人 | 监生 | 《爵秩全览》光绪十五年夏 |

| 职官 | 人名 | 籍贯 | 出身 | 出处及在职时间 |
|---|---|---|---|---|
| 学正 | 王杏村 | 永平府人 | 举人 | 《爵秩全览》光绪十五年夏 |
| 复设训导 | 许瑞麒 | 顺天人 | 廪贡 | 《爵秩全览》光绪十五年夏 |
| 吏目 | 王俊文 | 四川定远人 | 监生 | 《爵秩全览》光绪十五年夏 |
| 知州 | 宋彭寿 | 江苏溧阳人 | 监生 | 《爵秩全览》光绪十五年秋 |
| 管河州判 | 王樆 | 贵州贵阳府人 | 监生 | 《爵秩全览》光绪十五年秋 |
| 学正 | 王杏村 | 永平府人 | 举人 | 《爵秩全览》光绪十五年秋 |
| 吏目 | 王俊文 | 四川定远人 | 监生 | 《爵秩全览》光绪十五年秋 |
| 知州 | 宋彭寿 | 江苏溧阳县人 | 监生 | 《爵秩全览》光绪十五年冬 |
| 学正 | 王杏村 | 永平府人 | 举人 | 《爵秩全览》光绪十五年冬 |

| 职官 | 人名 | 籍贯 | 出身 | 出处及在职时间 |
|---|---|---|---|---|
| 管河州判 | 王槱 | 贵州贵阳府人 | 监生 | 《爵秩全览》光绪十五年冬 |
| 复设训导 | 曹锡爵 | 天津府人 | 廪贡 | 《爵秩全览》光绪十五年冬 |
| 吏目 | 王俊文 | 四川定远县人 | 监生 | 《爵秩全览》光绪十五年冬 |
| 知州 | 宋彭寿 | 江苏溧阳县人 | 监生 | 《缙绅全书》光绪十六年春 |
| 学正 | 王杏村 | 永平府人 | 举人 | 《缙绅全书》光绪十六年春 |
| 管河州判 | 王槱 | 贵州贵阳府人 | 监生 | 《缙绅全书》光绪十六年春 |
| 复设训导 | 曹锡爵 | 天津府人 | 廪贡 | 《缙绅全书》光绪十六年春 |
| 吏目 | 王俊文 | 四川定远县人 | 监生 | 《缙绅全书》光绪十六年春 |
| 知州 | 宋彭寿 | 江苏溧阳县人 | 监生 | 《缙绅全书》光绪十六年冬 |

| 职官 | 人名 | 籍贯 | 出身 | 出处及在职时间 |
|---|---|---|---|---|
| 学正 | 王杏村 | 永平府人 | 举人 | 《缙绅全书》光绪十六年冬 |
| 管河州判 | 王櫄 | 贵州贵阳府人 | 监生 | 《缙绅全书》光绪十六年冬 |
| 复设训导 | 张振玉 | 天津人 | 增贡 | 《缙绅全书》光绪十六年冬 |
| 吏目 | 王俊文 | 四川定远县人 | 监生 | 《缙绅全书》光绪十六年冬 |
| 知州 | 宋彭寿 | 江苏溧阳县人 | 监生 | 《爵秩全览》光绪十八年春 |
| 学正 | 王杏村 | 永平府人 | 举人 | 《爵秩全览》光绪十八年春 |
| 管河州判 | 邹源 | 浙江钱塘县人 | 监生 | 《爵秩全览》光绪十八年春 |
| 复设训导 | 张振玉 | 天津人 | 增贡 | 《爵秩全览》光绪十八年春 |
| 吏目 | 王俊文 | 四川定远县人 | 监生 | 《爵秩全览》光绪十八年春 |

| 职官 | 人名 | 籍贯 | 出身 | 出处及在职时间 |
|---|---|---|---|---|
| 学正 | 王杏村 | 永平府人 | 举人 | 《爵秩全览》光绪十八年秋 |
| 管河州判 | 邹 源 | 浙江钱塘县人 | 监生 | 《爵秩全览》光绪十八年秋 |
| 复设训导 | 张振玉 | 天津人 | 增贡 | 《爵秩全览》光绪十八年秋 |
| 吏目 | 王俊文 | 四川定远县人 | 监生 | 《爵秩全览》光绪十八年秋 |
| 知州 | 张祖咏 | 浙江山阴县人 | 监生 | 《爵秩全览》光绪十八年冬 |
| 学正 | 王杏村 | 永平府人 | 举人 | 《爵秩全览》光绪十八年冬 |
| 管河州判 | 邹 源 | 浙江钱塘县人 | 监生 | 《爵秩全览》光绪十八年冬 |
| 复设训导 | 张振玉 | 天津人 | 增贡 | 《爵秩全览》光绪十八年冬 |
| 吏目 | 王俊文 | 四川定远县人 | 监生 | 《爵秩全览》光绪十八年冬 |

| 职官 | 人名 | 籍贯 | 出身 | 出处及在职时间 |
|---|---|---|---|---|
| 知州 | 张祖咏 | 浙江山阴县人 | 监生 | 《缙绅全书》光绪十九年春 |
| 学正 | 王杏村 | 永平府人 | 举人 | 《缙绅全书》光绪十九年春 |
| 管河州判 | 邹　源 | 浙江钱塘县人 | 监生 | 《缙绅全书》光绪十九年春 |
| 复设训导 | 张振玉 | 天津人 | 增贡 | 《缙绅全书》光绪十九年春 |
| 吏目 | 王俊文 | 四川定远县人 | 监生 | 《缙绅全书》光绪十九年春 |
| 知州 | 张祖咏 | 浙江山阴县人 | 监生 | 《爵秩全览》光绪十九年夏 |
| 学正 | 王杏村 | 永平府人 | 举人 | 《爵秩全览》光绪十九年夏 |
| 管河州判 | 邹　源 | 浙江钱塘县人 | 监生 | 《爵秩全览》光绪十九年夏 |
| 复设训导 | 张振玉 | 天津人 | 增贡 | 《爵秩全览》光绪十九年夏 |

| 职官 | 人名 | 籍贯 | 出身 | 出处及在职时间 |
|---|---|---|---|---|
| 吏目 | 王俊文 | 四川定远县人 | 监生 | 《爵秩全览》光绪十九年夏 |
| 知州 | 张祖咏 | 浙江山阴人 | 监生 | 《爵秩全览》光绪十九年秋 |
| 管河州判 | 邹　源 | 浙江钱塘人 | 监生 | 《爵秩全览》光绪十九年秋 |
| 学正 | 王杏村 | 永平府人 | 举人 | 《爵秩全览》光绪十九年秋 |
| 复设训导 | 邱瀛洲 | 顺德府人 | 廪贡 | 《爵秩全览》光绪十九年秋 |
| 吏目 | 王俊文 | 四川定远人 | 监生 | 《爵秩全览》光绪十九年秋 |
| 知州 | 商作霖 | 河南祥符人 | 监生 | 《缙绅全书》光绪十九年冬 |
| 管河州判 | 邹　源 | 浙江钱塘人 | 监生 | 《爵秩全览》《缙绅全书》光绪十九年冬 |
| 学正 | 王杏村 | 永平府人 | 举人 | 《爵秩全览》《缙绅全书》光绪十九年冬 |

| 职官 | 人名 | 籍贯 | 出身 | 出处及在职时间 |
|---|---|---|---|---|
| 复设训导 | 邱瀛洲 | 顺德府人 | 廪贡 | 《爵秩全览》《缙绅全书》光绪十九年冬 |
| 吏目 | 王俊文 | 四川定远人 | 监生 | 《爵秩全览》《缙绅全书》光绪十九年冬 |
| 知州 | 商作霖 | 河南祥符人 | 附生 | 《缙绅全书》《中枢备览》光绪二十年夏 |
| 管河州判 | 邹　源 | 浙江钱塘人 | 监生 | 《缙绅全书》《中枢备览》光绪二十年夏 |
| 学正 | 王杏村 | 永平人 | 举人 | 《缙绅全书》《中枢备览》光绪二十年夏 |
| 复设训导 | 邱瀛洲 | 顺德人 | 廪贡 | 《缙绅全书》《中枢备览》光绪二十年夏 |
| 吏目 | 王俊文 | 四川定远人 | 监生 | 《缙绅全书》《中枢备览》光绪二十年夏 |
| 知州 | 商作霖 | 河南祥符人 | 附生 | 《爵秩全览》光绪二十年秋 |
| 管河州判 | 邹　源 | 浙江钱塘人 | 监生 | 《爵秩全览》光绪二十年秋 |

| 职官 | 人名 | 籍贯 | 出身 | 出处及在职时间 |
|------|------|------|------|----------------|
| 学正 | 王杏村 | 永平府人 | 举人 | 《爵秩全览》光绪二十年秋 |
| 复设训导 | 邱瀛洲 | 顺德府人 | 廪贡 | 《爵秩全览》光绪二十年秋 |
| 吏目 | 王俊文 | 四川定远人 | 监生 | 《爵秩全览》光绪二十年秋 |
| 知州 | 商作霖 | 河南祥符人 | 附生 | 《爵秩全览》光绪二十一年春 |
| 管河州判 | 邹 源 | 浙江钱塘人 | 监生 | 《爵秩全览》光绪二十一年春 |
| 学正 | 王杏村 | 永平府人 | 举人 | 《爵秩全览》光绪二十一年春 |
| 复设训导 | 邱瀛洲 | 顺德府人 | 廪贡 | 《爵秩全览》光绪二十一年春 |
| 知州 | 商作霖 | 河南祥符人 | 附生 | 《爵秩全览》光绪二十一年夏 |
| 管河州判 | 邹 源 | 浙江钱塘人 | 监生 | 《爵秩全览》光绪二十一年夏 |

| 职官 | 人名 | 籍贯 | 出身 | 出处及在职时间 |
|------|------|------|------|----------------|
| 学正 | 张廷钰 | 顺天府人 | 举人 | 《爵秩全览》光绪二十一年夏 |
| 复设训导 | 邱瀛洲 | 顺德府人 | 廪贡 | 《爵秩全览》光绪二十一年夏 |
| 知州 | 商作霖 | 河南祥符人 | 监生 | 《爵秩全览》光绪二十一年秋 |
| 管河州判 | 邹源 | 浙江钱塘人 | 监生 | 《爵秩全览》光绪二十一年秋 |
| 学正 | 张廷钰 | 顺天府人 | 举人 | 《爵秩全览》光绪二十一年秋 |
| 复设训导 | 邱瀛洲 | 顺德府人 | 廪贡 | 《爵秩全览》光绪二十一年秋 |
| 吏目 | 金步瀛 | 浙江山阴人 | 监生 | 《爵秩全览》光绪二十一年秋 |
| 知州 | 商作霖 | 河南祥符人 | 附生 | 《缙绅全书》光绪二十一年冬 |
| 管河州判 | 邹　源 | 浙江钱塘人 | 监生 | 《缙绅全书》光绪二十一年冬 |

| 职官 | 人名 | 籍贯 | 出身 | 出处及在职时间 |
|---|---|---|---|---|
| 学正 | 张廷钰 | 顺天人 | 举人 | 《缙绅全书》光绪二十一年冬 |
| 复设训导 | 邱瀛洲 | 顺德人 | 廪贡 | 《缙绅全书》光绪二十一年冬 |
| 吏目 | 金步瀛 | 浙江山阴人 | 监生 | 《缙绅全书》光绪二十一年冬 |
| 知州 | 商作霖 | 河南祥符人 | 附生 | 《缙绅全书》《爵秩全览》光绪二十二年春 |
| 管河州判 | 邹　源 | 浙江钱塘人 | 监生 | 《缙绅全书》《爵秩全览》光绪二十二年春 |
| 学正 | 张廷钰 | 顺天人 | 举人 | 《缙绅全书》《爵秩全览》光绪二十二年春 |
| 复设训导 | 邱瀛洲 | 顺德人 | 廪贡 | 《缙绅全书》《爵秩全览》光绪二十二年春 |
| 吏目 | 金步瀛 | 浙江山阴人 | 监生 | 《缙绅全书》《爵秩全览》光绪二十二年春 |
| 知州 | 商作霖 | 河南祥符人 | 附生 | 《爵秩全览》光绪二十二年夏 |

| 职官 | 人名 | 籍贯 | 出身 | 出处及在职时间 |
|---|---|---|---|---|
| 管河州判 | 邹　源 | 浙江钱塘人 | 监生 | 《爵秩全览》光绪二十二年夏 |
| 学正 | 张廷钰 | 顺天府人 | 举人 | 《爵秩全览》光绪二十二年夏 |
| 复设训导 | 邱瀛洲 | 顺德府人 | 廪贡 | 《爵秩全览》光绪二十二年夏 |
| 吏目 | 金步瀛 | 浙江山阴人 | 监生 | 《爵秩全览》光绪二十二年夏 |
| 知州 | 商作霖 | 河南祥符人 | 附生 | 《爵秩全览》光绪二十二年秋 |
| 管河州判 | 邹　源 | 浙江钱塘人 | 监生 | 《爵秩全览》光绪二十二年秋 |
| 学正 | 张廷钰 | 顺天府人 | 举人 | 《爵秩全览》光绪二十二年秋 |
| 复设训导 | 邱瀛洲 | 顺德府人 | 廪贡 | 《爵秩全览》光绪二十二年秋 |
| 吏目 | 金步瀛 | 浙江山阴人 | 监生 | 《爵秩全览》光绪二十二年秋 |

| 职官 | 人名 | 籍贯 | 出身 | 出处及在职时间 |
|---|---|---|---|---|
| 知州 | 商作霖 | 河南祥符人 | 附生 | 《爵秩全览》光绪二十二年冬 |
| 管河州判 | 邹 源 | 浙江钱塘人 | 监生 | 《爵秩全览》光绪二十二年冬 |
| 学正 | 张廷钰 | 顺天府人 | 举人 | 《爵秩全览》光绪二十二年冬 |
| 复设训导 | 朱凤藻 | 河间府人 | 廪贡 | 《爵秩全览》光绪二十二年冬 |
| 吏目 | 金步瀛 | 浙江山阴人 | 监生 | 《爵秩全览》光绪二十二年冬 |
| 知州 | 商作霖 | 河南祥符人 | 附生 | 《爵秩全览》光绪二十三年夏 |
| 管河州判 | 邹 源 | 浙江钱塘人 | 监生 | 《爵秩全览》光绪二十三年夏 |
| 学正 | 张廷钰 | 顺天府人 | 举人 | 《爵秩全览》光绪二十三年夏 |
| 复设训导 | 朱凤藻 | 河间府人 | 廪贡 | 《爵秩全览》光绪二十三年夏 |

| 职官 | 人名 | 籍贯 | 出身 | 出处及在职时间 |
|---|---|---|---|---|
| 吏目 | 金步瀛 | 浙江山阴人 | 监生 | 《爵秩全览》光绪二十三年夏 |
| 知州 | 商作霖 | 河南祥符人 | 附生 | 《缙绅全书》《中枢备览》光绪二十三年秋 |
| 管河州判 | 邹　源 | 浙江钱塘人 | 监生 | 《缙绅全书》《中枢备览》光绪二十三年秋 |
| 学正 | 张廷钰 | 顺天人 | 举人 | 《缙绅全书》《中枢备览》光绪二十三年秋 |
| 复设训导 | 朱凤藻 | 河间人 | 廪贡 | 《缙绅全书》《中枢备览》光绪二十三年秋 |
| 吏目 | 金步瀛 | 浙江山阴人 | 监生 | 《缙绅全书》《中枢备览》光绪二十三年秋 |
| 知州 | 商作霖 | 河南祥符人 | 附生 | 《爵秩全览》光绪二十三年冬 |
| 管河州判 | 邹　源 | 浙江钱塘人 | 监生 | 《爵秩全览》光绪二十三年冬 |
| 学正 | 张廷钰 | 顺天府人 | 举人 | 《爵秩全览》光绪二十三年冬 |

| 职官 | 人名 | 籍贯 | 出身 | 出处及在职时间 |
|---|---|---|---|---|
| 复设训导 | 朱凤藻 | 河间人 | 廪贡 | 《爵秩全览》光绪二十三年冬 |
| 吏目 | 金步瀛 | 浙江山阴人 | 监生 | 《爵秩全览》光绪二十三年冬 |
| 知州 | 商作霖 | 河南祥符人 | 附生 | 《爵秩全览》光绪二十四年春 |
| 管河州判 | 邹 源 | 浙江钱塘人 | 监生 | 《爵秩全览》光绪二十四年春 |
| 学正 | 张廷钰 | 顺天府人 | 举人 | 《爵秩全览》光绪二十四年春 |
| 复设训导 | 朱凤藻 | 河间人 | 廪贡 | 《爵秩全览》光绪二十四年春 |
| 吏目 | 金步瀛 | 浙江山阴人 | 监生 | 《爵秩全览》光绪二十四年春 |
| 知州 | 商作霖 | 河南祥符人 | 附生 | 《爵秩全览》光绪二十四年秋 |
| 管河州判 | 邹 源 | 浙江钱塘人 | 监生 | 《爵秩全览》光绪二十四年秋 |

| 职官 | 人名 | 籍贯 | 出身 | 出处及在职时间 |
|---|---|---|---|---|
| 学正 | 张廷钰 | 顺天府人 | 举人 | 《爵秩全览》光绪二十四年秋 |
| 复设训导 | 朱凤藻 | 河间人 | 廪贡 | 《爵秩全览》光绪二十四年秋 |
| 吏目 | 金步瀛 | 浙江山阴人 | 监生 | 《爵秩全览》光绪二十四年秋 |
| 知州 | 商作霖 | 河南祥符人 | 附生 | 《缙绅全书》《爵秩全览》光绪二十四年冬 |
| 管河州判 | 邹　源 | 浙江钱塘人 | 监生 | 《缙绅全书》《爵秩全览》光绪二十四年冬 |
| 学正 | 张廷钰 | 顺天府人 | 举人 | 《缙绅全书》《爵秩全览》光绪二十四年冬 |
| 复设训导 | 朱凤藻 | 河间人 | 廪贡 | 《缙绅全书》《爵秩全览》光绪二十四年冬 |
| 吏目 | 金步瀛 | 浙江山阴人 | 监生 | 《缙绅全书》《爵秩全览》光绪二十四年冬 |
| 知州 | 商作霖 | 河南祥符人 | 附生 | 《缙绅全书》《中枢备览》《爵秩全览》光绪二十五年春 |

| 职官 | 人名 | 籍贯 | 出身 | 出处及在职时间 |
|------|------|------|------|----------------|
| 管河州判 | 邹　源 | 浙江钱塘人 | 监生 | 《缙绅全书》《中枢备览》《爵秩全览》光绪二十五年春 |
| 学正 | 张廷钰 | 顺天府人 | 举人 | 《缙绅全书》《中枢备览》《爵秩全览》光绪二十五年春 |
| 复设训导 | 朱凤藻 | 河间人 | 廪贡 | 《缙绅全书》《中枢备览》《爵秩全览》光绪二十五年春 |
| 吏目 | 金步瀛 | 浙江山阴人 | 监生 | 《缙绅全书》《中枢备览》《爵秩全览》光绪二十五年春 |
| 知州 | 商作霖 | 河南祥符人 | 附生 | 《缙绅全书》《爵秩全览》光绪二十五年夏 |
| 学正 | 张廷钰 | 顺天人 | 举人 | 《缙绅全书》《爵秩全览》光绪二十五年夏 |
| 管河州判 | 邹　源 | 浙江钱塘县人 | 监生 | 《缙绅全书》《爵秩全览》光绪二十五年夏 |
| 复设训导 | 朱凤藻 | 河间人 | 廪贡 | 《缙绅全书》《爵秩全览》光绪二十五年夏 |
| 吏目 | 金步瀛 | 浙江山阴县人 | 监生 | 《缙绅全书》《爵秩全览》光绪二十五年夏 |

| 职官 | 人名 | 籍贯 | 出身 | 出处及在职时间 |
|---|---|---|---|---|
| 知州 | 商作霖 | 河南祥符人 | 附生 | 《爵秩全览》光绪二十五年秋 |
| 学正 | 张廷钰 | 顺天人 | 举人 | 《爵秩全览》光绪二十五年秋 |
| 管河州判 | 邹 源 | 浙江钱塘县人 | 监生 | 《爵秩全览》光绪二十五年秋 |
| 复设训导 | 朱凤藻 | 河间人 | 廪贡 | 《爵秩全览》光绪二十五年秋 |
| 吏目 | 金步瀛 | 浙江山阴县人 | 监生 | 《爵秩全览》光绪二十五年秋 |
| 知州 | 商作霖 | 河南祥符人 | 附生 | 《缙绅全书》《中枢备览》光绪二十五年冬 |
| 学正 | 张廷钰 | 顺天人 | 举人 | 《缙绅全书》《中枢备览》光绪二十五年冬 |
| 管河州判 | 邹 源 | 浙江钱塘县人 | 监生 | 《缙绅全书》《中枢备览》光绪二十五年冬 |
| 复设训导 | 朱凤藻 | 河间人 | 廪贡 | 《缙绅全书》《中枢备览》光绪二十五年冬 |

| 职官 | 人名 | 籍贯 | 出身 | 出处及在职时间 |
|---|---|---|---|---|
| 吏目 | 金步瀛 | 浙江山阴县人 | 监生 | 《缙绅全书》《中枢备览》光绪二十五年冬 |
| 知州 | 商作霖 | 河南祥符人 | 附生 | 《缙绅全书》《中枢备览》光绪二十六年春 |
| 学正 | 张廷钰 | 顺天人 | 举人 | 《缙绅全书》《中枢备览》光绪二十六年春 |
| 管河州判 | 邹　源 | 浙江钱塘县人 | 监生 | 《缙绅全书》《中枢备览》光绪二十六年春 |
| 复设训导 | 朱凤藻 | 河间人 | 廪贡 | 《缙绅全书》《中枢备览》光绪二十六年春 |
| 吏目 | 金步瀛 | 浙江山阴县人 | 监生 | 《缙绅全书》《中枢备览》光绪二十六年春 |
| 知州 | 商作霖 | 河南祥符人 | 附生 | 《缙绅全书》光绪二十六年夏 |
| 学正 | 张廷钰 | 顺天人 | 举人 | 《缙绅全书》光绪二十六年夏 |
| 管河州判 | 邹　源 | 浙江钱塘县人 | 监生 | 《缙绅全书》光绪二十六年夏 |

| 职官 | 人名 | 籍贯 | 出身 | 出处及在职时间 |
|---|---|---|---|---|
| 复设训导 | 朱凤藻 | 河间人 | 廪贡 | 《缙绅全书》光绪二十六年夏 |
| 吏目 | 金步瀛 | 浙江山阴县人 | 监生 | 《缙绅全书》光绪二十六年夏 |
| 知州 | 商作霖 | 河南祥符人 | 附生 | 《爵秩全览》光绪二十六年秋 |
| 学正 | 张廷钰 | 顺天人 | 举人 | 《爵秩全览》光绪二十六年秋 |
| 管河州判 | 邹 源 | 浙江钱塘县人 | 监生 | 《爵秩全览》光绪二十六年秋 |
| 复设训导 | 朱凤藻 | 河间人 | 廪贡 | 《爵秩全览》光绪二十六年秋 |
| 吏目 | 金步瀛 | 浙江山阴县人 | 监生 | 《爵秩全览》光绪二十六年秋 |
| 知州 | 商作霖 | 河南祥符人 | 附生 | 《缙绅全书》光绪二十七年春 |
| 学正 | 张廷钰 | 顺天人 | 举人 | 《缙绅全书》光绪二十七年春 |

| 职官 | 人名 | 籍贯 | 出身 | 出处及在职时间 |
|---|---|---|---|---|
| 管河州判 | 邹　源 | 浙江钱塘县人 | 监生 | 《缙绅全书》光绪二十七年春 |
| 复设训导 | 朱凤藻 | 河间人 | 廪贡 | 《缙绅全书》光绪二十七年春 |
| 吏目 | 金步瀛 | 浙江山阴县人 | 监生 | 《缙绅全书》光绪二十七年春 |
| 知州 | 商作霖 | 河南祥符人 | 附生 | 《缙绅全书》《中枢备览》《爵秩全览》光绪二十七年冬 |
| 管河州判 | 邹　源 | 浙江钱塘人 | 监生 | 《缙绅全书》《中枢备览》《爵秩全览》光绪二十七年冬 |
| 学正 | 张廷钰 | 顺天人 | 举人 | 《缙绅全书》《中枢备览》《爵秩全览》光绪二十七年冬 |
| 复设训导 | 朱凤藻 | 河间人 | 廪贡 | 《缙绅全书》《中枢备览》《爵秩全览》光绪二十七年冬 |
| 吏目 | 金步瀛 | 浙江山阴人 | 监生 | 《缙绅全书》《中枢备览》《爵秩全览》光绪二十七年冬 |
| 知州 | 商作霖 | 河南祥符人 | 附生 | 《爵秩全览》光绪二十八年春 |

| 职官 | 人名 | 籍贯 | 出身 | 出处及在职时间 |
|---|---|---|---|---|
| 管河州判 | 邹　源 | 浙江钱塘人 | 监生 | 《爵秩全览》光绪二十八年春 |
| 学正 | 张廷钰 | 顺天人 | 举人 | 《爵秩全览》光绪二十八年春 |
| 复设训导 | 朱凤藻 | 河间人 | 廪贡 | 《爵秩全览》光绪二十八年春 |
| 吏目 | 金步瀛 | 浙江山阴人 | 监生 | 《爵秩全览》光绪二十八年春 |
| 知州 | 商作霖 | 河南祥符人 | 附生 | 《缙绅全书》《中枢备览》《爵秩全览》光绪二十八年夏 |
| 管河州判 | 邹　源 | 浙江钱塘人 | 监生 | 《缙绅全书》《中枢备览》《爵秩全览》光绪二十八年夏 |
| 学正 | 王镜溪 | 河间人 | 举人 | 《缙绅全书》《中枢备览》《爵秩全览》光绪二十八年夏 |
| 复设训导 | 朱凤藻 | 河间人 | 廪贡 | 《缙绅全书》《中枢备览》《爵秩全览》光绪二十八年夏 |
| 吏目 | 金步瀛 | 浙江山阴人 | 监生 | 《缙绅全书》《中枢备览》《爵秩全览》光绪二十八年夏 |

| 职官 | 人名 | 籍贯 | 出身 | 出处及在职时间 |
|---|---|---|---|---|
| 学正 | 张廷钰 | 顺天人 | 举人 | 《爵秩全览》光绪二十八年夏 |
| 知州 | 商作霖 | 河南祥符人 | 附生 | 《爵秩全览》光绪二十八年秋 |
| 管河州判 | 邹 源 | 浙江钱塘人 | 监生 | 《爵秩全览》光绪二十八年秋 |
| 学正 | 王镜溪 | 河间人 | 举人 | 《爵秩全览》光绪二十八年秋 |
| 复设训导 | 朱凤藻 | 河间人 | 廪贡 | 《爵秩全览》光绪二十八年秋 |
| 吏目 | 金步瀛 | 浙江山阴人 | 监生 | 《爵秩全览》光绪二十八年秋 |
| 知州 | 商作霖 | 河南祥符人 | 附生 | 《缙绅全书》《中枢备览》光绪二十八年冬 |
| 管河州判 | 邹 源 | 浙江钱塘人 | 监生 | 《缙绅全书》《中枢备览》光绪二十八年冬 |
| 学正 | 王镜溪 | 河间人 | 举人 | 《缙绅全书》《中枢备览》光绪二十八年冬 |

| 职官 | 人名 | 籍贯 | 出身 | 出处及在职时间 |
|---|---|---|---|---|
| 复设训导 | 朱凤藻 | 河间人 | 廪贡 | 《缙绅全书》《中枢备览》光绪二十八年冬 |
| 吏目 | 金步瀛 | 浙江山阴人 | 监生 | 《缙绅全书》《中枢备览》光绪二十八年冬 |
| 知州 | 商作霖 | 河南祥符人 | 附生 | 《爵秩全览》《缙绅全书》《中枢备览》光绪二十九年春 |
| 管河州判 | 邹 源 | 浙江钱塘人 | 监生 | 《爵秩全览》《缙绅全书》《中枢备览》光绪二十九年春 |
| 学正 | 王镜溪 | 河间人 | 举人 | 《爵秩全览》《缙绅全书》《中枢备览》光绪二十九年春 |
| 复设训导 | 朱凤藻 | 河间人 | 廪贡 | 《爵秩全览》《缙绅全书》《中枢备览》光绪二十九年春 |
| 吏目 | 金步瀛 | 浙江山阴人 | 监生 | 《爵秩全览》《缙绅全书》《中枢备览》光绪二十九年春 |
| 知州 | 商作霖 | 河南祥符人 | 附生 | 《缙绅全书》光绪二十九年夏 |
| 管河州判 | 邹 源 | 浙江钱塘人 | 监生 | 《缙绅全书》光绪二十九年夏 |

| 职官 | 人名 | 籍贯 | 出身 | 出处及在职时间 |
|---|---|---|---|---|
| 学正 | 齐赞廷 | 永平人 | 举人 | 《缙绅全书》光绪二十九年夏 |
| 复设训导 | 朱凤藻 | 河间人 | 廪贡 | 《缙绅全书》光绪二十九年夏 |
| 吏目 | 金步瀛 | 浙江山阴人 | 监生 | 《缙绅全书》光绪二十九年夏 |
| 知州 | 商作霖 | 河南祥符人 | 附生 | 《缙绅全书》《中枢备览》《爵秩全览》光绪二十九年秋 |
| 管河州判 | 邹　源 | 浙江钱塘人 | 监生 | 《缙绅全书》《中枢备览》《爵秩全览》光绪二十九年秋 |
| 学正 | 齐赞廷 | 永平人 | 举人 | 《缙绅全书》《中枢备览》《爵秩全览》光绪二十九年秋 |
| 复设训导 | 朱凤藻 | 河间人 | 廪贡 | 《缙绅全书》《中枢备览》《爵秩全览》光绪二十九年秋 |
| 吏目 | 金步瀛 | 浙江山阴人 | 监生 | 《缙绅全书》《中枢备览》《爵秩全览》光绪二十九年秋 |
| 知州 | 商作霖 | 河南祥符人 | 附生 | 《缙绅全书》《中枢备览》光绪二十九年冬 |

| 职官 | 人名 | 籍贯 | 出身 | 出处及在职时间 |
|---|---|---|---|---|
| 管河州判 | 邹　源 | 浙江钱塘人 | 监生 | 《缙绅全书》《中枢备览》光绪二十九年冬 |
| 学正 | 齐赞廷 | 永平人 | 举人 | 《缙绅全书》《中枢备览》光绪二十九年冬 |
| 复设训导 | 朱凤藻 | 河间人 | 廪贡 | 《缙绅全书》《中枢备览》光绪二十九年冬 |
| 吏目 | 金步瀛 | 浙江山阴人 | 监生 | 《缙绅全书》《中枢备览》光绪二十九年冬 |
| 知州 | 郑思壬 | 江苏吴县人 | 监生 | 《缙绅全书》《中枢备览》光绪三十年春 |
| 管河州判 | 邹　源 | 浙江钱塘人 | 监生 | 《缙绅全书》《中枢备览》光绪三十年春 |
| 学正 | 齐赞廷 | 永平人 | 举人 | 《缙绅全书》《中枢备览》光绪三十年春 |
| 复设训导 | 朱凤藻 | 河间人 | 廪贡 | 《缙绅全书》《中枢备览》光绪三十年春 |
| 吏目 | 金步瀛 | 浙江山阴人 | 监生 | 《缙绅全书》《中枢备览》光绪三十年春 |

| 职官 | 人名 | 籍贯 | 出身 | 出处及在职时间 |
|---|---|---|---|---|
| 知州 | 郑思壬 | 江苏吴县人 | 监生 | 《缙绅全书》《中枢备览》《爵秩全览》光绪三十年夏 |
| 管河州判 | 邹　源 | 浙江钱塘人 | 监生 | 《缙绅全书》《中枢备览》《爵秩全览》光绪三十年夏 |
| 学正 | 齐赞廷 | 永平人 | 举人 | 《缙绅全书》《中枢备览》《爵秩全览》光绪三十年夏 |
| 复设训导 | 朱凤藻 | 河间人 | 廪贡 | 《缙绅全书》《中枢备览》《爵秩全览》光绪三十年夏 |
| 吏目 | 金步瀛 | 浙江山阴人 | 监生 | 《缙绅全书》《中枢备览》《爵秩全览》光绪三十年夏 |
| 知州 | 郑思壬 | 江苏吴县人 | 监生 | 《缙绅全书》光绪三十年冬 |
| 管河州判 | 邹　源 | 浙江钱塘人 | 监生 | 《缙绅全书》光绪三十年冬 |
| 学正 | 齐赞廷 | 永平人 | 举人 | 《缙绅全书》光绪三十年冬 |
| 复设训导 | 朱凤藻 | 河间人 | 廪贡 | 《缙绅全书》光绪三十年冬 |

| 职官 | 人名 | 籍贯 | 出身 | 出处及在职时间 |
|---|---|---|---|---|
| 吏目 | 王乃昌 | 浙江会稽人 | 供事 | 《缙绅全书》光绪三十年冬 |
| 知州 | 郑思壬 | 江苏吴县人 | 监生 | 《缙绅全书》《中枢备览》光绪三十一年春 |
| 学正 | 齐赞廷 | 永平人 | 举人 | 《缙绅全书》《中枢备览》光绪三十一年春 |
| 管河州判 | 邹　源 | 浙江钱塘县人 | 监生 | 《缙绅全书》《中枢备览》光绪三十一年春 |
| 复设训导 | 朱凤藻 | 河间人 | 廪贡 | 《缙绅全书》《中枢备览》光绪三十一年春 |
| 吏目 | 王乃昌 | 浙江会稽人 | 供事 | 《缙绅全书》《中枢备览》光绪三十一年春 |
| 知州 | 郑思壬 | 江苏吴县人 | 监生 | 《缙绅全书》《中枢备览》《爵秩全览》光绪三十一年夏 |
| 学正 | 齐赞廷 | 永平人 | 举人 | 《缙绅全书》《中枢备览》《爵秩全览》光绪三十一年夏 |
| 管河州判 | 邹　源 | 浙江钱塘县人 | 监生 | 《缙绅全书》《中枢备览》《爵秩全览》光绪三十一年夏 |

| 职官 | 人名 | 籍贯 | 出身 | 出处及在职时间 |
|---|---|---|---|---|
| 复设训导 | 朱凤藻 | 河间人 | 廪贡 | 《缙绅全书》《中枢备览》《爵秩全览》光绪三十一年夏 |
| 吏目 | 王乃昌 | 浙江会稽人 | 供事 | 《缙绅全书》《中枢备览》《爵秩全览》光绪三十一年夏 |
| 知州 | 郑思壬 | 江苏吴县人 | 监生 | 《爵秩全览》光绪三十一年秋 |
| 学正 | 齐赞廷 | 永平人 | 举人 | 《爵秩全览》光绪三十一年秋 |
| 管河州判 | 邹　源 | 浙江钱塘县人 | 监生 | 《爵秩全览》光绪三十一年秋 |
| 复设训导 | 朱凤藻 | 河间人 | 廪贡 | 《爵秩全览》光绪三十一年秋 |
| 吏目 | 王乃昌 | 浙江会稽人 | 供事 | 《爵秩全览》光绪三十一年秋 |
| 知州 | 郑思壬 | 江苏吴县人 | 监生 | 《爵秩全览》光绪三十一年冬 |
| 学正 | 齐赞廷 | 永平人 | 举人 | 《爵秩全览》光绪三十一年冬 |

| 职官 | 人名 | 籍贯 | 出身 | 出处及在职时间 |
|------|------|------|------|------|
| 管河州判 | 邹　源 | 浙江钱塘县人 | 监生 | 《爵秩全览》光绪三十一年冬 |
| 复设训导 | 朱凤藻 | 河间人 | 廪贡 | 《爵秩全览》光绪三十一年冬 |
| 吏目 | 王乃昌 | 浙江会稽人 | 供事 | 《爵秩全览》光绪三十一年冬 |
| 知州 | 郑思壬 | 江苏吴县人 | 监生 | 《缙绅全书》《中枢备览》《爵秩全览》光绪三十二年春 |
| 学正 | 齐赞廷 | 永平人 | 举人 | 《缙绅全书》《中枢备览》《爵秩全览》光绪三十二年春 |
| 管河州判 | 邹　源 | 浙江钱塘县人 | 监生 | 《缙绅全书》《中枢备览》《爵秩全览》光绪三十二年春 |
| 复设训导 | 朱凤藻 | 河间人 | 廪贡 | 《缙绅全书》《中枢备览》《爵秩全览》光绪三十二年春 |
| 吏目 | 王乃昌 | 浙江会稽人 | 供事 | 《缙绅全书》《中枢备览》《爵秩全览》光绪三十二年春 |
| 知州 | 郑思壬 | 江苏吴县人 | 监生 | 《缙绅全书》光绪三十二年夏 |

| 职官 | 人名 | 籍贯 | 出身 | 出处及在职时间 |
|------|------|------|------|------|
| 学正 | 齐赞廷 | 永平人 | 举人 | 《缙绅全书》光绪三十二年夏 |
| 管河州判 | 邹　源 | 浙江钱塘县人 | 监生 | 《缙绅全书》光绪三十二年夏 |
| 复设训导 | 朱凤藻 | 河间人 | 廪贡 | 《缙绅全书》光绪三十二年夏 |
| 吏目 | 王乃昌 | 浙江会稽人 | 供事 | 《缙绅全书》光绪三十二年夏 |
| 知州 | 郑思壬 | 江苏吴县人 | 监生 | 《缙绅全书》光绪三十二年秋 |
| 学正 | 齐赞廷 | 永平人 | 举人 | 《缙绅全书》光绪三十二年秋 |
| 管河州判 | 邹　源 | 浙江钱塘县人 | 监生 | 《缙绅全书》光绪三十二年秋 |
| 复设训导 | 朱凤藻 | 河间人 | 廪贡 | 《缙绅全书》光绪三十二年秋 |
| 吏目 | 王乃昌 | 浙江会稽人 | 供事 | 《缙绅全书》光绪三十二年秋 |

| 职官 | 人名 | 籍贯 | 出身 | 出处及在职时间 |
|---|---|---|---|---|
| 知州 | 郑思壬 | 江苏吴县人 | 监生 | 《缙绅全书》《爵秩全览》光绪三十二年冬 |
| 学正 | 齐赞廷 | 永平人 | 举人 | 《缙绅全书》《爵秩全览》光绪三十二年冬 |
| 管河州判 | 邹　源 | 浙江钱塘县人 | 监生 | 《缙绅全书》《爵秩全览》光绪三十二年冬 |
| 复设训导 | 朱凤藻 | 河间人 | 廪贡 | 《缙绅全书》《爵秩全览》光绪三十二年冬 |
| 吏目 | 王乃昌 | 浙江会稽人 | 供事 | 《缙绅全书》《爵秩全览》光绪三十二年冬 |
| 知州 | 郑思壬 | 江苏吴县人 | 监生 | 《爵秩全览》光绪三十三年春 |
| 学正 | 齐赞廷 | 永平人 | 举人 | 《爵秩全览》光绪三十三年春 |
| 管河州判 | 邹　源 | 浙江钱塘县人 | 监生 | 《爵秩全览》光绪三十三年春 |
| 复设训导 | 朱凤藻 | 河间人 | 廪贡 | 《爵秩全览》光绪三十三年春 |

| 职官 | 人名 | 籍贯 | 出身 | 出处及在职时间 |
|---|---|---|---|---|
| 吏目 | 王乃昌 | 浙江会稽人 | 供事 | 《爵秩全览》光绪三十三年春 |
| 知州 | 郑思壬 | 江苏吴县人 | 监生 | 《缙绅全书》《中枢备览》光绪三十三年夏 |
| 管河州判 | 邹　源 | 浙江钱塘人 | 监生 | 《缙绅全书》《中枢备览》光绪三十三年夏 |
| 学正 | 朱明藻 | 河间人 | 廪贡 | 《缙绅全书》《中枢备览》光绪三十三年夏 |
| 复设训导 | | 河间人 | 廪贡 | 《缙绅全书》《中枢备览》光绪三十三年夏 |
| 吏目 | 王乃昌 | 浙江会稽人 | 供事 | 《缙绅全书》《中枢备览》光绪三十三年夏 |
| 知州 | 郑思壬 | 江苏吴县人 | 监生 | 《爵秩全览》光绪三十三年秋 |
| 管河州判 | 邹　源 | 浙江钱塘人 | 监生 | 《爵秩全览》光绪三十三年秋 |
| 学正 | 张四维 | 承德府人 | 举人 | 《爵秩全览》光绪三十三年秋 |

| 职官 | 人名 | 籍贯 | 出身 | 出处及在职时间 |
|---|---|---|---|---|
| 吏目 | 王乃昌 | 浙江会稽人 | 供事 | 《爵秩全览》光绪三十三年秋 |
| 知州 | 郑思壬 | 江苏吴县人 | 监生 | 《爵秩全览》光绪三十三年冬 |
| 管河州判 | 邹　源 | 浙江钱塘人 | 监生 | 《爵秩全览》光绪三十三年冬 |
| 学正 | 张四维 | 承德府人 | 举人 | 《爵秩全览》光绪三十三年冬 |
| 乡学复设训导 | 朱明藻 | 河间府人 | 廪贡 | 《爵秩全览》光绪三十三年冬 |
| 吏目 | 王乃昌 | 浙江会稽人 | 供事 | 《爵秩全览》光绪三十三年冬 |
| 知州 | 郑思壬 | 江苏吴县人 | 监生 | 《爵秩全览》光绪三十四年春 |
| 管河州判 | 邹　源 | 浙江钱塘人 | 监生 | 《爵秩全览》光绪三十四年春 |
| 学正 | 张四维 | 承德府人 | 举人 | 《爵秩全览》光绪三十四年春 |

| 职官 | 人名 | 籍贯 | 出身 | 出处及在职时间 |
|---|---|---|---|---|
| 乡学复设训导 | 朱明藻 | 河间府人 | 廪贡 | 《爵秩全览》光绪三十四年春 |
| 吏目 | 王乃昌 | 浙江会稽人 | 供事 | 《爵秩全览》光绪三十四年春 |
| 知州 | 郑思壬 | 江苏吴县人 | | 最新百官绿光绪三十四年春 |
| 河州州判 | 邹 源 | 浙江钱塘人 | | 最新百官绿光绪三十四年春 |
| 吏目 | 王乃昌 | 浙江会稽人 | | 最新百官绿光绪三十四年春 |
| 知州 | 郑思壬 | 江苏吴县人 | 监生 | 《爵秩全览》光绪三十四年夏 |
| 管河州判 | 邹 源 | 浙江钱塘人 | 监生 | 《爵秩全览》光绪三十四年夏 |
| 学正 | 张四维 | 承德府人 | 举人 | 《爵秩全览》光绪三十四年夏 |
| 乡学复设训导 | 朱明藻 | 河间府人 | 廪贡 | 《爵秩全览》光绪三十四年夏 |

| 职官 | 人名 | 籍贯 | 出身 | 出处及在职时间 |
|---|---|---|---|---|
| 吏目 | 王乃昌 | 浙江会稽人 | 供事 | 《爵秩全览》光绪三十四年夏 |
| 知州 | 郑思壬 | 江苏吴县人 | 监生 | 《爵秩全览》光绪三十四年秋 |
| 管河州判 | 邹 源 | 浙江钱塘人 | 监生 | 《爵秩全览》光绪三十四年秋 |
| 学正 | 张四维 | 承德府人 | 举人 | 《爵秩全览》光绪三十四年秋 |
| 乡学复设训导 | 朱明藻 | 河间府人 | 廪贡 | 《爵秩全览》光绪三十四年秋 |
| 吏目 | 王乃昌 | 浙江会稽人 | 供事 | 《爵秩全览》光绪三十四年秋 |
| 知州 | 郑思壬 | 江苏吴县人 | 监生 | 《爵秩全览》光绪三十四年冬 |
| 管河州判 | 邹 源 | 浙江钱塘人 | 监生 | 《爵秩全览》光绪三十四年冬 |
| 学正 | 张四维 | 承德府人 | 举人 | 《爵秩全览》光绪三十四年冬 |

| 职官 | 人名 | 籍贯 | 出身 | 出处及在职时间 |
|---|---|---|---|---|
| 乡学复设训导 | 朱明藻 | 河间府人 | 廪贡 | 《爵秩全览》光绪三十四年冬 |
| 吏目 | 王乃昌 | 浙江会稽人 | 供事 | 《爵秩全览》光绪三十四年冬 |
| 知州 | 郑思壬 | 江苏吴县人 | 监生 | 《爵秩全览》宣统元年春 |
| 管河州判 | 邹 源 | 浙江钱塘人 | 监生 | 《爵秩全览》宣统元年春 |
| 学正 | 张四维 | 承德府人 | 举人 | 《爵秩全览》宣统元年春 |
| 乡学复设训导 | 朱明藻 | 河间府人 | 廪贡 | 《爵秩全览》宣统元年春 |
| 吏目 | 王乃昌 | 浙江会稽人 | 供事 | 《爵秩全览》宣统元年春 |
| 知州 | 郑思壬 | 江苏吴县人 | 监生 | 《爵秩全览》宣统元年夏 |
| 管河州判 | 邹 源 | 浙江钱塘人 | 监生 | 《爵秩全览》宣统元年夏 |

| 职官 | 人名 | 籍贯 | 出身 | 出处及在职时间 |
|---|---|---|---|---|
| 学正 | 张四维 | 承德府人 | 举人 | 《爵秩全览》宣统元年夏 |
| 乡学复设训导 | 朱明藻 | 河间府人 | 廪贡 | 《爵秩全览》宣统元年夏 |
| 吏目 | 王乃昌 | 浙江会稽人 | 供事 | 《爵秩全览》宣统元年夏 |
| 知州 | 郑思壬 | 江苏吴县人 | 监生 | 《爵秩全览》宣统元年秋 |
| 管河州判 | 邹　源 | 浙江钱塘人 | 监生 | 《爵秩全览》宣统元年秋 |
| 学正 | 张四维 | 承德府人 | 举人 | 《爵秩全览》宣统元年秋 |
| 乡学复设训导 | 朱明藻 | 河间府人 | 廪贡 | 《爵秩全览》宣统元年秋 |
| 吏目 | 王乃昌 | 浙江会稽人 | 供事 | 《爵秩全览》宣统元年秋 |
| 乡学复设训导 | 朱明藻 | 河间府人 | 廪贡 | 《爵秩全览》宣统元年冬 |

| 职官 | 人名 | 籍贯 | 出身 | 出处及在职时间 |
|---|---|---|---|---|
| 知州 | 郑思壬 | 江苏吴县人 | 监生 | 《缙绅全书》《爵秩全览》宣统元年冬 |
| 管河州判 | 邹 源 | 浙江钱塘人 | 监生 | 《缙绅全书》《爵秩全览》宣统元年冬 |
| 学正 | 张四维 | 承德人 | 举人 | 《缙绅全书》《爵秩全览》宣统元年冬 |
| 吏目 | 王乃昌 | 浙江会稽人 | 供事 | 《缙绅全书》《爵秩全览》宣统元年冬 |
| 知州 | 郑思壬 | 江苏吴县人 | 监生 | 《爵秩全览》宣统二年春 |
| 管河州判 | 邹 源 | 浙江钱塘人 | 监生 | 《爵秩全览》宣统二年春 |
| 学正 | 张四维 | 承德人 | 举人 | 《爵秩全览》宣统二年春 |
| 吏目 | 王乃昌 | 浙江会稽人 | 供事 | 《爵秩全览》宣统二年春 |
| 乡学复设训导 | 朱凤藻 | 河间府人 | 廪贡 | 《爵秩全览》宣统二年春 |

| 职官 | 人名 | 籍贯 | 出身 | 出处及在职时间 |
|---|---|---|---|---|
| 知州 | 郑思壬 | 江苏吴县人 | 监生 | 《爵秩全览》宣统二年夏 |
| 管河州判 | 邹源 | 浙江钱塘人 | 监生 | 《爵秩全览》宣统二年夏 |
| 学正 | 张四维 | 承德人 | 举人 | 《爵秩全览》宣统二年夏 |
| 吏目 | 王乃昌 | 浙江会稽人 | 供事 | 《爵秩全览》宣统二年夏 |
| 乡学复设训导 | 朱凤藻 | 河间府人 | 廪贡 | 《爵秩全览》宣统二年夏 |
| 知州 | 郑思壬 | 江苏吴县人 | 监生 | 《爵秩全览》宣统二年秋 |
| 管河州判 | 邹源 | 浙江钱塘人 | 监生 | 《爵秩全览》宣统二年秋 |
| 学正 | 张四维 | 承德人 | 举人 | 《爵秩全览》宣统二年秋 |
| 吏目 | 王乃昌 | 浙江会稽人 | 供事 | 《爵秩全览》宣统二年秋 |

| 职官 | 人名 | 籍贯 | 出身 | 出处及在职时间 |
|---|---|---|---|---|
| 乡学复设训导 | 马锡晋 | 定州人 | 举人 | 《爵秩全览》宣统二年秋 |
| 知州 | 郑思壬 | 江苏吴县人 | 监生 | 《爵秩全览》宣统二年冬 |
| 管河州判 | 邹源 | 浙江钱塘人 | 监生 | 《爵秩全览》宣统二年冬 |
| 学正 | 张四维 | 承德人 | 举人 | 《爵秩全览》宣统二年冬 |
| 吏目 | 王乃昌 | 浙江会稽人 | 供事 | 《爵秩全览》宣统二年冬 |
| 乡学复设训导 | 马锡晋 | 定州人 | 举人 | 《爵秩全览》宣统二年冬 |
| 知州 | 郑思壬 | 江苏吴县人 | 监生 | 《爵秩全览》宣统三年春 |
| 管河州判 | 邹源 | 浙江钱塘人 | 监生 | 《爵秩全览》宣统三年春 |
| 学正 | 张四维 | 承德人 | 举人 | 《爵秩全览》宣统三年春 |

| 职官 | 人名 | 籍贯 | 出身 | 出处及在职时间 |
|---|---|---|---|---|
| 吏目 | 王乃昌 | 浙江会稽人 | 供事 | 《爵秩全览》宣统三年春 |
| 乡学复设训导 | 马锡晋 | 定州人 | 举人 | 《爵秩全览》宣统三年春 |
| 知州 | 郑思壬 | 江苏吴县人 | 监生 | 《爵秩全览》宣统三年夏 |
| 管河州判 | 邹　源 | 浙江钱塘人 | 监生 | 《爵秩全览》宣统三年夏 |
| 学正 | 张四维 | 承德人 | 举人 | 《爵秩全览》宣统三年夏 |
| 吏目 | 王乃昌 | 浙江会稽人 | 供事 | 《爵秩全览》宣统三年夏 |
| 乡学复设训导 | 马锡晋 | 定州人 | 举人 | 《爵秩全览》宣统三年夏 |
| 知州 | 郑思壬 | 江苏吴县人 | 监生 | 《爵秩全览》宣统三年秋 |
| 管河州判 | 邹　源 | 浙江钱塘人 | 监生 | 《爵秩全览》宣统三年秋 |

| 职官 | 人名 | 籍贯 | 出身 | 出处及在职时间 |
|---|---|---|---|---|
| 学正 | 张四维 | 承德人 | 举人 | 《爵秩全览》宣统三年秋 |
| 吏目 | 王乃昌 | 浙江会稽人 | 供事 | 《爵秩全览》宣统三年秋 |
| 乡学复设训导 | 马锡晋 | 定州人 | 举人 | 《爵秩全览》宣统三年秋 |
| 知州 | 郑思壬 | 江苏吴县人 | 监生 | 《职官录》宣统三年冬 |
| 管河州判 | 邹 源 | 浙江钱塘人 | 监生 | 《职官录》宣统三年冬 |
| 学正 | 张四维 | 承德人 | 举人 | 《职官录》宣统三年冬 |
| 吏目 | 王乃昌 | 浙江会稽人 | 供事 | 《职官录》宣统三年冬 |
| 乡学复设训导 | 马锡晋 | 定州人 | 举人 | 《职官录》宣统三年冬 |
| 知州 | 郑思壬 | 江苏吴县人 | 监生 | 《职官录》宣统四年春 |

| 职官 | 人名 | 籍贯 | 出身 | 出处及在职时间 |
| --- | --- | --- | --- | --- |
| 管河州判 | 邹 源 | 浙江钱塘人 | 监生 | 《职官录》宣统四年春 |
| 学正 | 张四维 | 承德人 | 举人 | 《职官录》宣统四年春 |
| 吏目 | 王乃昌 | 浙江会稽人 | 供事 | 《职官录》宣统四年春 |
| 乡学复设训导 | 马锡晋 | 定州人 | 举人 | 《职官录》宣统四年春 |

# 清代安州职官类表

# 州同管州判事

| 职官 | 人名 | 籍贯 | 出身 | 出处及在职时间 |
|---|---|---|---|---|
| 州同管州判事 | 张 垚 | 直隶人 | 监生 | 《缙绅全本》乾隆二十五年冬 |
| 州同管州判事 | 张 垚 | 直隶人 | 监生 | 《缙绅全本》乾隆二十六年秋 |

# 州 判

| 职官 | 人名 | 籍贯 | 出身 | 出处及在职时间 |
|---|---|---|---|---|
| 州判 |  | 镶黄旗人 | 例监 | 《缙绅新书》乾隆十三年春 |
| 州判 | 郑俊德 | 奉天人 | 副榜 | 《缙绅全书》乾隆三十年春 |
| 州判 | 郑俊德 | 奉天人 | 副榜 | 《爵秩全本》乾隆三十年冬 |

| 职官 | 人名 | 籍贯 | 出身 | 出处及在职时间 |
|---|---|---|---|---|
| 州判 | 刘 炤 | 厢白旗汉军 | | 《道光安州志》乾隆年间 |
| 州判 | 谭湘镜 | 湖南人 | 拔贡 | 《道光安州志》乾隆年间 |
| 州判 | 沈长春 | 湖州人 | 监生 | 《道光安州志》乾隆年间 |
| 州判 | 张乐昌 | 山阴人 | 监生 | 《道光安州志》嘉庆年间 |
| 州判 | 廖功远 | 江西人 | 拔贡 | 《道光安州志》嘉庆年间 |
| 州判 | 乔 湘 | 山西人 | 贡生 | 《道光安州志》嘉庆年间 |
| 州判 | 李莹光 | 历城县人 | 监生 | 《道光安州志》道光年间 |
| 州判 | 王 煜 | 扬州府人 | 举人 | 《道光安州志》道光年间 |
| 州判 | 彭世昌 | 江西人 | 举人 | 《道光安州志》道光年间 |

| 职官 | 人名 | 籍贯 | 出身 | 出处及在职时间 |
|---|---|---|---|---|
| 州判 | 刘 芬 | 山东人 | 监生 | 《道光安州志》道光年间 |
| 州判 | 沈如潮 | 浙江人 | 举人 | 《道光安州志》道光年间 |
| 州判 | 潘 炯 | 归安人 | 举人 | 《道光安州志》道光年间 |

# 知州加一级

| 职官 | 人名 | 籍贯 | 出身 | 出处及在职时间 |
|---|---|---|---|---|
| 知州加一级 | 董 柴 | 山西介休人 | 岁贡 | 《缙绅新书》乾隆十三年春 |
| 知州加一级 | | 江苏江阴人 | 监生 | 《缙绅全书》乾隆三十年春 |
| 知州加一级 | 王 宗 | 江苏人 | 监生 | 《缙绅全书》《中枢备览》乾隆四十二年秋 |
| 知州加一级 | 罗肇远 | 湖南长沙人 | 贡生 | 《缙绅全书》《中枢备览》乾隆五十三年春 |

| 职官 | 人名 | 籍贯 | 出身 | 出处及在职时间 |
|---|---|---|---|---|
| 知州加一级 | 张家桐 | 湖南湘潭人 | 贡生 | 《缙绅全书》嘉庆二十一年冬 |
| 知州加一级 | 袁 辉 | 山东长山人 | 监生 | 《缙绅全书》嘉庆二十二年春 |
| 知州加一级 | 薛廷栋 | 浙江山阴人 | 贡生 | 《缙绅全书》（小）嘉庆二十二年冬 |
| 知州加一级 | 张家桐 | 湖南湘潭人 | 贡生 | 《缙绅全书》嘉庆二十五年夏《道光安州志》 |
| **备注：道光二十六年《安州志》中载其出身监生** | | | | |
| 知州加一级 | 蔡元禧 | 四川富顺人 | 举人 | 《缙绅全书》《中枢备览》道光四年夏 |
| 知州加一级 | 董元祯 | 四川万顺人 | 举人 | 《缙绅全书》道光七年春 |
| 知州加一级 | 胡彦升 | 安徽庐江人 | 监生 | 《缙绅全书》道光十年冬 |
| 知州加一级 | 胡彦升 | 庐江人 | 监生 | 《缙绅全书》《中枢备览》道光十三年夏 |

| 职官 | 人名 | 籍贯 | 出身 | 出处及在职时间 |
|---|---|---|---|---|
| 知州加一级 | 胡彦升 | 庐江人 | 监生 | 《缙绅全书》道光十四年春 |
| 知州加一级 | 胡彦升 | 庐江人 | 监生 | 《缙绅全书》道光十四年夏 |
| 知州加一级 | 胡彦升 | 庐江人 | 监生 | 《缙绅全书》《中枢备览》道光十六年夏 |
| 知州加一级 | 崔耀廷 | 山西人 | 廪贡 | 《缙绅全书》《中枢备览》道光二十二年春 |
| 知州加一级 | 崔耀廷 | 山西人 | 廪贡 | 《缙绅全书》道光二十二年冬 |
| 知州加一级 | 崔耀廷 | 山西人 | | 《缙绅全书》道光二十五年夏 |
| 知州加一级 | 崔耀廷 | 山西人 | | 《缙绅全书》道光二十五年秋 |
| 知州加一级 | 崔耀廷 | 山西人 | | 《爵秩全览》道光二十六年 |
| 知州加一级 | 崔耀廷 | 山西人 | | 《缙绅全书》道光二十七年夏 |

| 职官 | 人名 | 籍贯 | 出身 | 出处及在职时间 |
|---|---|---|---|---|
| 知州加一级 | 崔耀廷 | 山西人 | | 《缙绅全书》道光二十七年秋 |
| 知州加一级 | 崔耀廷 | 山西壶关人 | 进士 | 《缙绅全书》道光二十八年冬 |
| 知州加一级 | 崔耀廷 | 山西壶关人 | 进士 | 《缙绅全书》道光二十九年夏 |
| 知州加一级 | 李步瀛 | 河南商城人 | 进士 | 《缙绅全书》咸丰三年夏 |
| 知州加一级 | 崔耀廷 | 山西壶关人 | 进士 | 《缙绅全书》咸丰四年春 |
| 知州加一级 | 邹裔淑 | 广西临桂人 | 举人 | 《缙绅全书》咸丰六年春 |
| 知州加一级 | | 广西临桂人 | 举人 | 《缙绅全书》咸丰八年冬 |
| 知州加一级 | | 广西临桂人 | 举人 | 《缙绅全书》咸丰九年夏 |

| 职官 | 人名 | 籍贯 | 出身 | 出处及在职时间 |
|---|---|---|---|---|
| 知州加一级 |  | 江苏泰州人 | 举人 | 《缙绅全书》同治四年夏 |
| 知州加一级 | 唐成栋 | 江苏江都人 | 监生 | 《缙绅全书》同治六年春 |
| 知州加一级 | 唐成栋 | 江苏江都人 | 监生 | 《缙绅全书》同治八年冬 |
| 知州加一级 | 唐成栋 | 江苏江都人 | 监生 | 《缙绅全书》同治十三年春 |
| 知州加一级 | 唐成栋 | 江苏江都人 | 监生 | 《缙绅全书》同治十三年秋 |
| 知州加一级 | 唐成栋 | 江苏江都人 | 监生 | 《缙绅全书》同治十三年冬 |
| 知州加一级 | 唐成栋 | 江苏江都人 | 监生 | 《缙绅全书》《中枢备览》同治十三年冬 |
| 知州加一级 | 唐成栋 | 江苏江都人 | 监生 | 《缙绅全书》光绪二年秋 |

| 职官 | 人名 | 籍贯 | 出身 | 出处及在职时间 |
|---|---|---|---|---|
| 知州加一级 | 唐成栋 | 江苏江都人 | 监生 | 《缙绅全书》《中枢备览》光绪三年夏 |
| 知州加一级 | 唐成栋 | 江苏江都人 | 监生 | 《缙绅全书》光绪三年秋 |
| 知州加一级 | 唐成栋 | 江苏江都人 | 监生 | 《缙绅全书》《中枢备览》光绪四年秋 |
| 知州加一级 | 唐成栋 | 江苏江都人 | 监生 | 《缙绅全书》光绪五年春 |
| 知州加一级 | 唐成栋 | 江苏江都人 | 监生 | 《缙绅全书》光绪五年秋 |
| 知州加一级 | 唐成栋 | 江苏江都人 | 监生 | 《缙绅全书》《中枢备览》光绪五年冬 |
| 知州加一级 | | 江苏江都人 | 监生 | 《缙绅全书》光绪七年春 |
| 知州加一级 | 蒋蒙霖 | 江苏长洲人 | 监生 | 《缙绅全书》光绪七年冬 |

| 职官 | 人名 | 籍贯 | 出身 | 出处及在职时间 |
|---|---|---|---|---|
| 知州加一级 | 宫 昱 | 江苏泰州人 | 监生 | 《缙绅全书》光绪八年冬 |

## 知州加二级

| 职官 | 人名 | 籍贯 | 出身 | 出处及在职时间 |
|---|---|---|---|---|
| 知州加二级 | 霍裕铨 | 安徽合肥人 | 贡生 | 《缙绅全书》乾隆三十年冬 |
| 知州加二级 | 霍裕铨 | 安徽合肥人 | 贡生 | 《爵秩全本》乾隆三十三年秋 |

## 知　州

| 职官 | 人名 | 籍贯 | 出身 | 出处及在职时间 |
|---|---|---|---|---|
| 知州 | 周攀第 | 四川内江人 | 副榜进士 | 《道光安州志》顺治元年 |
| 知州 | 朱长胤 | 山东德平人 | 举人 | 《道光安州志》顺治三年 |

| 职官 | 人名 | 籍贯 | 出身 | 出处及在职时间 |
|---|---|---|---|---|
| 知州 | 陈圣治 | 辽东人 | 生员 | 《道光安州志》顺治五年 |
| 知州 | 李廷梅 | 辽东人 | | 《道光安州志》顺治七年 |
| 知州 | 曹日勉 | 浙江石门人 | 举人 | 《道光安州志》顺治十年 |
| 知州 | 张登俊 | 陕西蒲城人 | 贡生 | 《道光安州志》顺治十二年 |
| 知州 | 金朝聘 | 辽东人 | | 《道光安州志》顺治十六年 |
| 知州 | 吕振之 | 陕西临潼人 | 贡生 | 《道光安州志》康熙二年 |
| 知州 | 夏毓龙 | 辽东人 | | 《道光安州志》康熙三年 |
| 知州 | 贾应乾 | 河南汲县人 | 贡生 | 《道光安州志》康熙五年 |
| 知州 | 梁继祖 | 辽东人 | 举人 | 《道光安州志》康熙十二年 |

| 职官 | 人名 | 籍贯 | 出身 | 出处及在职时间 |
|------|------|------|------|----------------|
| 知州 | 汤濩 | 江南清河人 | 进士 | 《道光安州志》康熙十四年 |
| 知州 | 张敢 | 辽东人 | 贡生 | 《道光安州志》康熙十六年 |
| 知州 | 王朝佐 | 辽东人 | 官学生 | 《道光安州志》康熙十六年 |
| 知州 | 胡大定 | 陕西平凉人 | 进士 | 《道光安州志》康熙十九年 |
| 知州 | 许𤧚 | 歙县人 | 举人 | 《道光安州志》乾隆六年 |
| 知州 | 董荣 | | | 《道光安州志》 |
| 知州 | 张全节 | | | 《道光安州志》 |
| 知州 | 霍玉泉 | | | 《道光安州志》 |
| 知州 | 章全节 | 江苏江阴人 | 监生 | 《缙绅全本》乾隆二十五年冬 |

| 职官 | 人名 | 籍贯 | 出身 | 出处及在职时间 |
|---|---|---|---|---|
| 知州 | 章全节 | 江苏江阴人 | 监生 | 《缙绅全本》乾隆二十六年秋 |
| 知州 | 王宗 | | 监生 | 《道光安州志》乾隆四十年 |
| 知州 | 文党 | 厢蓝旗人 | | 《道光安州志》乾隆四十四年 |
| 知州 | 朱大基 | | | 《道光安州志》 |
| 知州 | 德克精额 | 旗人 | | 《道光安州志》 |
| 知州 | 刘宽 | | | 《道光安州志》 |
| 知州 | 罗肇远 | 湖南人 | 举人 | 《道光安州志》乾隆四十九年 |
| 知州 | 潘应椿 | | 举人 | 《道光安州志》 |
| 知州 | 郭照黎 | 山西人 | 举人 | 《道光安州志》乾隆五十七年 |

| 职官 | 人名 | 籍贯 | 出身 | 出处及在职时间 |
|---|---|---|---|---|
| 知州 | 吴大勋 | | 举人 | 《道光安州志》 |
| 知州 | 郎克谦 | 山西壶关县人 | 进士 | 《道光安州志》乾隆五十九年 |
| 知州 | 叶廷和 | 江南人 | 举人 | 《道光安州志》嘉庆三年 |
| 知州 | 陈锡珏 | 广西泉州人 | 监生 | 《道光安州志》嘉庆七年 |
| 知州 | 沈 锦 | 浙江湖州人 | 举人 | 《道光安州志》嘉庆七年 |
| 知州 | 张德浮 | | 举人 | 《道光安州志》 |
| 知州 | 李 焖 | 山东寿光县人 | 监生 | 《道光安州志》嘉庆十年 |
| 知州 | 邓 枞 | 湖北汉阳府人 | 举人 | 《道光安州志》嘉庆十一年 |
| 知州 | 李致祥 | 河南浙川县人 | 拔贡 | 《道光安州志》嘉庆十二年 |

| 职官 | 人名 | 籍贯 | 出身 | 出处及在职时间 |
|------|------|------|------|---------------|
| 知州 | 何承绪 | 江西星予县人 | 举人 | 《道光安州志》嘉庆二十年 |
| 知州 | 彭希曾 | 江苏长洲县人 | 副榜 | 《道光安州志》嘉庆二十年 |
| 知州 | 袁 辉 | 山东济南府人 | 监生 | 《道光安州志》嘉庆二十一年 |
| 知州 | 彭大俨 | 江西庐陵县人 | 监生 | 《道光安州志》嘉庆二十二年 |
| 知州 | 薛廷栋 | 浙江山阴人 | 贡生 | 《缙绅全书》（大）嘉庆二十二年冬 |
| 知州 | 郑承先 | 河南怀庆府人 | 监生 | 《道光安州志》嘉庆二十三年 |
| 知州 | 薛廷栋 | 浙江山阴县人 | 监生 | 《道光安州志》嘉庆二十三年 |
| 知州 | 严 性 | 安徽和州人 | 举人 | 《道光安州志》嘉庆二十四年 |
| 知州 | 包 棻 | 江西南城县人 | 举人 | 《道光安州志》道光二年 |

| 职官 | 人名 | 籍贯 | 出身 | 出处及在职时间 |
|---|---|---|---|---|
| 知州 | 茅 锡 | 山东历城县人 | 举人 | 《道光安州志》道光四年 |
| 知州 | 蔡元禧 | 四川富顺人 | 举人 | 《缙绅全书》道光四年夏 |
| 知州 | 蔡元禧 | 四川富顺县人 | 举人 | 《道光安州志》道光五年 |
| 知州 | 钱日煊 | 浙江杭州府人 | 监生 | 《道光安州志》道光六年 |
| 知州 | 蔡元禧 | 四川富顺人 | 举人 | 《爵秩全览》道光六年秋 |
| 知州 | 赵 强 | 山西绛州人 | 举人 | 《道光安州志》道光七年 |
| 知州 | 胡彦升 | 安徽庐江人 | 监生 | 《道光安州志》道光八年 |
| 知州 | 陈可珍 | 湖北江夏县人 | 举人 | 《道光安州志》道光十六年 |
| 知州 | 彭定泽 | 江西平乐人 | 进士 | 《道光安州志》道光十七年 |

| 职官 | 人名 | 籍贯 | 出身 | 出处及在职时间 |
|---|---|---|---|---|
| 知州 | 崔耀廷 | 山西壶关人 | 进士 | 《爵秩全览》道光二十八年夏 |
| 知州 | 崔耀廷 | 山西壶关人 | 进士 | 《爵秩全览》咸丰元年夏 |
| 知州 | 李步瀛 | 河南商城人 | 进士 | 《爵秩全览》咸丰二年冬 |
| 知州 | 李步瀛 | 河南商城人 | 进士 | 《缙绅全书》咸丰四年 |
| 知州 | 邹裔淑 | 广西临桂人 | 举人 | 《爵秩全览》咸丰六年春 |
| 知州 | 邹裔淑 | 广西临桂人 | 举人 | 《爵秩全览》咸丰六年夏 |
| 知州 | 邹裔淑 | 广西临桂人 | 举人 | 《爵秩全览》咸丰七年秋 |
| 知州 | 邹裔淑 | 广西临桂人 | 举人 | 《爵秩全览》咸丰七年冬 |
| 知州 | 高锡康 | 江苏人 | 举人 | 《缙绅全书》咸丰十年秋 |

| 职官 | 人名 | 籍贯 | 出身 | 出处及在职时间 |
|---|---|---|---|---|
| 知州 | 高锡康 | 江苏人 | 举人 | 《缙绅全书》咸丰十年 |
| 知州 | 唐成栋 | 江苏江都人 | 监生 | 《缙绅全书》同治五年春 |
| 知州 | 唐成栋 | 江苏江都人 | 监生 | 《爵秩全览》同治六年春 |
| 知州 | 唐成栋 | 江苏江都人 | 监生 | 《缙绅全书》同治六年春 |
| 知州 | 唐成栋 | 江苏江都人 | 监生 | 《缙绅全书》同治八年春 |
| 知州 | 锡 桂 | 满洲正蓝旗人 | 监生 | 《爵秩全览》同治九年春 |
| 知州 | 唐成栋 | 江苏江都人 | 监生 | 《爵秩全览》同治十三年夏 |
| 知州 | 唐成栋 | 江苏江都人 | 监生 | 《爵秩全览》同治十三年冬 |
| 知州 | 唐成栋 | 江苏江都人 | 监生 | 《爵秩全览》光绪元年夏 |

| 职官 | 人名 | 籍贯 | 出身 | 出处及在职时间 |
|---|---|---|---|---|
| 知州 | 唐成栋 | 江苏江都人 | 监生 | 《爵秩全览》光绪元年秋 |
| 知州 | 唐成栋 | 江苏江都人 | 监生 | 《爵秩全览》光绪二年冬 |
| 知州 | 唐成栋 | 江苏江都人 | 监生 | 《爵秩全览》光绪三年冬 |
| 知州 | 唐成栋 | 江苏江都人 | 监生 | 《爵秩全览》光绪四年冬 |
| 知州 | 蒋蒙霈 | 江苏长洲人 | 监生 | 《爵秩全览》光绪七年冬 |
| 知州 | 宫 昱 | 江苏泰州人 | 监生 | 《爵秩全览》光绪十年夏 |
| 知州 | 宋彭寿 | 江苏溧阳人 | 监生 | 《爵秩全览》光绪十一年春 |
| 知州 | 宋彭寿 | 江苏溧阳人 | 监生 | 《爵秩全览》光绪十一年夏 |

| 职官 | 人名 | 籍贯 | 出身 | 出处及在职时间 |
|---|---|---|---|---|
| 知州 | 宋彭寿 | 江苏溧阳人 | 监生 | 《爵秩全览》光绪十一年秋 |
| 知州 | 宋彭寿 | 江苏溧阳人 | 监生 | 《爵秩全览》光绪十二年夏 |
| 知州 | 宋彭寿 | 江苏溧阳人 | 监生 | 《缙绅全书》光绪十二年秋 |
| 知州 | 宋彭寿 | 江苏溧阳人 | 监生 | 《爵秩全览》光绪十三年春 |
| 知州 | 宋彭寿 | 江苏溧阳人 | 监生 | 《缙绅全书》《中枢备览》光绪十三年夏 |
| 知州 | 宋彭寿 | 江苏溧阳人 | 监生 | 《缙绅全书》光绪十三年冬 |
| 知州 | 宋彭寿 | 江苏溧阳人 | 监生 | 《缙绅全书》光绪十四年夏 |
| 知州 | 宋彭寿 | 江苏溧阳人 | 监生 | 《爵秩全览》光绪十四年冬 |
| 知州 | 宋彭寿 | 江苏溧阳人 | 监生 | 《爵秩全览》光绪十五年夏 |

| 职官 | 人名 | 籍贯 | 出身 | 出处及在职时间 |
|---|---|---|---|---|
| 知州 | 宋彭寿 | 江苏溧阳人 | 监生 | 《爵秩全览》光绪十五年秋 |
| 知州 | 张祖咏 | 浙江山阴人 | 监生 | 《爵秩全览》光绪十九年秋 |
| 知州 | 商作霖 | 河南祥符人 | 监生 | 《缙绅全书》光绪十九年冬 |
| 知州 | 商作霖 | 河南祥符人 | 附生 | 《缙绅全书》《中枢备览》光绪二十年夏 |
| 知州 | 商作霖 | 河南祥符人 | 附生 | 《爵秩全览》光绪二十年秋 |
| 知州 | 商作霖 | 河南祥符人 | 附生 | 《爵秩全览》光绪二十一年春 |
| 知州 | 商作霖 | 河南祥符人 | 附生 | 《爵秩全览》光绪二十一年夏 |
| 知州 | 商作霖 | 河南祥符人 | 监生 | 《爵秩全览》光绪二十一年秋 |
| 知州 | 商作霖 | 河南祥符人 | 附生 | 《缙绅全书》光绪二十一年冬 |

| 职官 | 人名 | 籍贯 | 出身 | 出处及在职时间 |
|------|------|------|------|---------------|
| 知州 | 商作霖 | 河南祥符人 | 附生 | 《爵秩全览》光绪二十二年春 |
| 知州 | 商作霖 | 河南祥符人 | 附生 | 《缙绅全书》光绪二十二年春 |
| 知州 | 商作霖 | 河南祥符人 | 附生 | 《爵秩全览》光绪二十二年夏 |
| 知州 | 商作霖 | 河南祥符人 | 附生 | 《爵秩全览》光绪二十二年秋 |
| 知州 | 商作霖 | 河南祥符人 | 附生 | 《爵秩全览》光绪二十二年冬 |
| 知州 | 商作霖 | 河南祥符人 | 附生 | 《爵秩全览》光绪二十三年夏 |
| 知州 | 商作霖 | 河南祥符人 | 附生 | 《缙绅全书》《中枢备览》光绪二十三年秋 |
| 知州 | 商作霖 | 河南祥符人 | 附生 | 《爵秩全览》光绪二十三年冬 |
| 知州 | 商作霖 | 河南祥符人 | 附生 | 《爵秩全览》光绪二十四年春 |

| 职官 | 人名 | 籍贯 | 出身 | 出处及在职时间 |
|---|---|---|---|---|
| 知州 | 商作霖 | 河南祥符人 | 附生 | 《爵秩全览》光绪二十四年秋 |
| 知州 | 商作霖 | 河南祥符人 | 附生 | 《爵秩全览》光绪二十四年冬 |
| 知州 | 商作霖 | 河南祥符人 | 附生 | 《缙绅全书》光绪二十四年冬 |
| 知州 | 商作霖 | 河南祥符人 | 附生 | 《爵秩全览》光绪二十五年春 |
| 知州 | 商作霖 | 河南祥符人 | 附生 | 《缙绅全书》《中枢备览》光绪二十五年春 |
| 知州 | 商作霖 | 河南祥符人 | 附生 | 《爵秩全览》光绪二十五年夏 |
| 知州 | 商作霖 | 河南祥符人 | 附生 | 《缙绅全书》《中枢备览》光绪二十七年冬 |
| 知州 | 商作霖 | 河南祥符人 | 附生 | 《爵秩全览》光绪二十八年春 |
| 知州 | 商作霖 | 河南祥符人 | 附生 | 《缙绅全书》《中枢备览》光绪二十八年夏《爵秩全览》 |

| 职官 | 人名 | 籍贯 | 出身 | 出处及在职时间 |
|---|---|---|---|---|
| 知州 | 商作霖 | 河南祥符人 | 附生 | 《爵秩全览》光绪二十八年秋 |
| 知州 | 商作霖 | 河南祥符人 | 附生 | 《缙绅全书》《中枢备览》光绪二十八年冬 |
| 知州 | 商作霖 | 河南祥符人 | 附生 | 《爵秩全览》光绪二十九年春《缙绅全书》《中枢备览》 |
| 知州 | 商作霖 | 河南祥符人 | 附生 | 《缙绅全书》光绪二十九年夏 |
| 知州 | 商作霖 | 河南祥符人 | 附生 | 《爵秩全览》光绪二十九年秋 |
| 知州 | 商作霖 | 河南祥符人 | 附生 | 《缙绅全书》《中枢备览》光绪二十九年秋 |
| 知州 | 商作霖 | 河南祥符人 | 附生 | 《缙绅全书》《中枢备览》光绪二十九年冬 |
| 知州 | 郑思壬 | 江苏吴县人 | 监生 | 《缙绅全书》《中枢备览》光绪三十年春 |
| 知州 | 郑思壬 | 江苏吴县人 | 监生 | 《爵秩全览》光绪三十年夏 |

| 职官 | 人名 | 籍贯 | 出身 | 出处及在职时间 |
|---|---|---|---|---|
| 知州 | 郑思壬 | 江苏吴县人 | 监生 | 《缙绅全书》《中枢备览》光绪三十年夏 |
| 知州 | 郑思壬 | 江苏吴县人 | 监生 | 《缙绅全书》光绪三十年冬 |
| 知州 | 郑思壬 | 江苏吴县人 | 监生 | 《缙绅全书》《中枢备览》光绪三十三年夏 |
| 知州 | 郑思壬 | 江苏吴县人 | 监生 | 《爵秩全览》光绪三十三年秋 |
| 知州 | 郑思壬 | 江苏吴县人 | 监生 | 《爵秩全览》光绪三十三年冬 |
| 知州 | 郑思壬 | 江苏吴县人 | 监生 | 《爵秩全览》最新百官录　光绪三十四年春 |
| 知州 | 郑思壬 | 江苏吴县人 | 监生 | 《爵秩全览》光绪三十四年夏 |
| 知州 | 郑思壬 | 江苏吴县人 | 监生 | 《爵秩全览》光绪三十四年秋 |
| 知州 | 郑思壬 | 江苏吴县人 | 监生 | 《爵秩全览》光绪三十四年冬 |

| 职官 | 人名 | 籍贯 | 出身 | 出处及在职时间 |
|------|------|------|------|----------------|
| 知州 | 郑思壬 | 江苏吴县人 | 监生 | 《爵秩全览》宣统元年春 |
| 知州 | 郑思壬 | 江苏吴县人 | 监生 | 《爵秩全览》宣统元年夏 |
| 知州 | 郑思壬 | 江苏吴县人 | 监生 | 《爵秩全览》宣统元年秋 |
| 知州 | 郑思壬 | 江苏吴县人 | 监生 | 《爵秩全览》宣统元年冬 |
| 知州 | 郑思壬 | 江苏吴县人 | 监生 | 《缙绅全书》宣统元年冬 |
| 知州 | 郑思壬 | 江苏吴县人 | 监生 | 《爵秩全览》宣统二年春 |
| 知州 | 郑思壬 | 江苏吴县人 | 监生 | 《爵秩全览》宣统二年夏 |
| 知州 | 郑思壬 | 江苏吴县人 | 监生 | 《爵秩全览》宣统二年秋 |
| 知州 | 郑思壬 | 江苏吴县人 | 监生 | 《爵秩全览》宣统二年冬 |

| 职官 | 人名 | 籍贯 | 出身 | 出处及在职时间 |
|---|---|---|---|---|
| 知州 | 郑思壬 | 江苏吴县人 | 监生 | 《爵秩全览》宣统三年春 |
| 知州 | 郑思壬 | 江苏吴县人 | 监生 | 《爵秩全览》宣统三年夏 |
| 知州 | 郑思壬 | 江苏吴县人 | 监生 | 《爵秩全览》宣统三年秋 |
| 知州 | 郑思壬 | 江苏吴县人 | 监生 | 《职官录》宣统三年冬 |
| 知州 | 郑思壬 | 江苏吴县人 | 监生 | 《职官录》宣统四年春 |

# 知县加一级

| 职官 | 人名 | 籍贯 | 出身 | 出处及在职时间 |
|---|---|---|---|---|
| 知县加一级 | 续俱扬 | 山西崞县人 | 举人 | 《缙绅全书》嘉庆元年春 |

| 职官 | 人名 | 籍贯 | 出身 | 出处及在职时间 |
|---|---|---|---|---|
| 知县加一级 | 续俱扬 | 山西崞县人 | 举人 | 《缙绅全书》嘉庆二年冬 |
| 知县加一级 | 陈元芳 | 云南罗平州人 | | 《缙绅全书》嘉庆九年春 |
| 知县加一级 | 陈元芳 | 云南罗平州人 | | 《缙绅全书》《中枢备览》嘉庆十一年春 |
| 知县加一级 | 庄　咏 | 山东莒州人 | | 《缙绅全书》嘉庆十七年秋 |
| 知县加一级 | 鲍承焘 | 浙江仁和人 | 进士 | 《缙绅全书》道光十六年秋 |
| 知县加一级 | 鲍承焘 | 浙江仁和人 | 进士 | 《缙绅全书》《中枢备览》道光十六年冬 |
| 知县加一级 | 伊铿额 | 满洲厢红旗人 | | 《缙绅全书》道光二十年秋 |
| 知县加一级 | 伊铿额 | 满洲厢红旗人 | | 《缙绅全书》道光二十年冬 |
| 知县加一级 | 马河图 | 河南西华人 | 廪贡 | 《缙绅全书》同治九年夏 |

| 职官 | 人名 | 籍贯 | 出身 | 出处及在职时间 |
|---|---|---|---|---|
| 知县加一级 | 马河图 | 河南西华人 | 廪贡 | 《缙绅全书》同治九年冬 |
| 知县加一级 | 马河图 | 河南西华人 | 廪贡 | 《缙绅全书》同治十年春 |
| 知县加一级 | 马河图 | 河南西华人 | 廪贡 | 《缙绅全书》同治十年夏 |
| 知县加一级 | 马河图 | 河南西华人 | 廪贡 | 《缙绅全书》同治十一年夏 |
| 知县加一级 | 马河图 | 河南西华人 | 廪贡 | 《缙绅全书》《中枢备览》同治十一年秋 |
| 知县加一级 | 马河图 | 河南西华人 | 廪贡 | 《缙绅全书》同治十二年冬 |

# 知　县

| 职官 | 人名 | 籍贯 | 出身 | 出处及在职时间 |
|---|---|---|---|---|
| 知县 | 续俱扬 | 山西崞县人 | 举人 | 《缙绅全书》嘉庆三年秋 |

| 职官 | 人名 | 籍贯 | 出身 | 出处及在职时间 |
|---|---|---|---|---|
| 知县 | 续俱扬 | 山西崞县人 | 举人 | 《缙绅全书》嘉庆三年冬 |
| 知县 | 陈元芳 | 云南罗平州人 | | 《缙绅全书》嘉庆五年冬 |
| 知县 | 陈元芳 | 云南罗平州人 | | 《缙绅全书》嘉庆十一年夏 |
| 知县 | 鲍承焘 | 浙江仁和人 | 进士 | 《缙绅全书》《爵秩全览》道光十九年夏 |
| 知县 | 马河图 | 河南西华人 | 廪贡 | 《爵秩全览》同治九年秋 |
| 知县 | 林 穗 | 福建闽县人 | 进士 | 《爵秩全览》光绪十五年冬 |
| 知县 | 林 穗 | 福建闽县人 | 进士 | 《缙绅全书》光绪十六年春 |
| 知县 | 林 穗 | 福建闽县人 | 进士 | 《缙绅全书》光绪十六年冬 |
| 知县 | 王蕙兰 | 山东长清县人 | 进士 | 《爵秩全览》光绪十八年春 |

| 职官 | 人名 | 籍贯 | 出身 | 出处及在职时间 |
|---|---|---|---|---|
| 知县 | 王蕙兰 | 山东长清县人 | 进士 | 《爵秩全览》光绪十八年秋 |
| 知县 | 王蕙兰 | 山东长清县人 | 进士 | 《爵秩全览》光绪十八年冬 |
| 知县 | 王蕙兰 | 山东长清县人 | 进士 | 《缙绅全书》光绪十九年春 |
| 知县 | 王蕙兰 | 山东长清县人 | 进士 | 《爵秩全览》光绪十九年夏 |
| 知县 | 王蕙兰 | 山东长清县人 | 进士 | 《缙绅全书》光绪二十五年夏 |
| 知县 | 王蕙兰 | 山东长清县人 | 进士 | 《爵秩全览》光绪二十五年秋 |
| 知县 | 王蕙兰 | 山东长清县人 | 进士 | 《缙绅全书》《中枢备览》光绪二十五年冬 |
| 知县 | 王蕙兰 | 山东长清县人 | 进士 | 《缙绅全书》《中枢备览》光绪二十六年春 |

| 职官 | 人名 | 籍贯 | 出身 | 出处及在职时间 |
|------|------|------|------|----------------|
| 知县 | 王蕙兰 | 山东长清县人 | 进士 | 《缙绅全书》光绪二十六年夏 |
| 知县 | 王蕙兰 | 山东长清县人 | 进士 | 《爵秩全览》光绪二十六年秋 |
| 知县 | 王蕙兰 | 山东长清县人 | 进士 | 《缙绅全书》光绪二十七年春 |
| 知县 | 王蕙兰 | 山东长清县人 | 进士 | 《爵秩全览》光绪二十七年冬 |
| 知县 | 凌洪才 | 江西万年人 | | 《缙绅全书》《中枢备览》光绪三十一年春 |
| 知县 | 凌洪才 | 江西万年人 | | 《爵秩全览》光绪三十一年夏 |
| 知县 | 凌洪才 | 江西万年人 | | 《缙绅全书》《中枢备览》光绪三十一年夏 |
| 知县 | 凌洪才 | 江西万年人 | | 《爵秩全览》光绪三十一年秋 |

| 职官 | 人名 | 籍贯 | 出身 | 出处及在职时间 |
|---|---|---|---|---|
| 知县 | 胡商彝 | 云南石屏州人 | 进士 | 《缙绅全书》光绪三十二年夏 |
| 知县 | 胡商彝 | 云南石屏州人 | 进士 | 《缙绅全书》光绪三十二年秋 |
| 知县 | 胡商彝 | 云南石屏州人 | 进士 | 《缙绅全书》光绪三十二年冬 |
| 知县 | 胡商彝 | 云南石屏州人 | 进士 | 《爵秩全览》光绪三十二年冬 |
| 知县 | 胡商彝 | 云南石屏州人 | 进士 | 《爵秩全览》光绪三十三年春 |

# 训 导

| 职官 | 人名 | 籍贯 | 出身 | 出处及在职时间 |
|---|---|---|---|---|
| 训导 | 靳 辅 | 安平人 | | 《道光安州志》顺治年间 |
| 训导 | 史国本 | 房山人 | | 《道光安州志》顺治年间 |

| 职官 | 人名 | 籍贯 | 出身 | 出处及在职时间 |
|------|------|------|------|----------------|
| 训导 | 张文士 | 晋州人 | | 《道光安州志》顺治年间 |
| 训导 | 韩章美 | 永清人 | | 《道光安州志》顺治年间 |
| 训导 | 江东一 | 遵化人 | | 《道光安州志》顺治年间 |
| 训导 | 王纳谏 | 大城人 | | 《道光安州志》顺治年间 |
| 训导 | 王家尹 | 唐山人 | | 《道光安州志》顺治年间 |
| 训导 | 韩开泰 | 景州人 | | 《道光安州志》顺治年间 |
| 训导 | 张斐 | 南皮人 | | 《道光安州志》康熙年间 |
| 训导 | 屈遂 | 通州人 | | 《道光安州志》康熙年间 |

| 职官 | 人名 | 籍贯 | 出身 | 出处及在职时间 |
|---|---|---|---|---|
| 训导 | 刘行健 | 安平人 | 岁贡 | 《缙绅全书》乾隆三十年春 |
| 训导 | 刘行健 | 安平人 | 岁贡 | 《爵秩全本》乾隆三十年冬 |
| 训导 | 朱 华 | | | 《道光安州志》乾隆年间 |
| 训导 | 包大鹤 | 涿州人 | 禀贡 | 《道光安州志》乾隆年间 |
| 训导 | 李 翰 | 蔚州人 | 举人 | 《道光安州志》乾隆年间 |
| 训导 | 师利仁 | 获鹿县人 | 禀贡 | 《道光安州志》乾隆年间 |
| 训导 | 侯 □ | | 举人 | 《道光安州志》嘉庆年间 |
| 训导 | 赵楒德 | 盛京教习 | 生员 | 《道光安州志》嘉庆年间 |
| 训导 | 王锡禄 | 锦州府人 | 举人 | 《道光安州志》嘉庆年间 |

| 职官 | 人名 | 籍贯 | 出身 | 出处及在职时间 |
|------|------|------|------|----------------|
| 训导 | 王佩之 | 吴桥县人 | 举人 | 《道光安州志》嘉庆年间 |
| 训导 | 邵自巽 | 大兴县人 | 举人 | 《道光安州志》嘉庆年间 |
| 训导 | 陈若畴 | 宛平县人 | 进士 | 《道光安州志》嘉庆年间 |
| 训导 | 王光祖 | 平谷县人 | 岁贡 | 《道光安州志》嘉庆年间 |
| 训导 | 庄济 | 大名府人 | 举人 | 《道光安州志》嘉庆年间 |
| 训导 | 刘懋德 | 宛平县人 | 举人 | 《道光安州志》嘉庆年间 |

# 学　正

| 职官 | 人名 | 籍贯 | 出身 | 出处及在职时间 |
|------|------|------|------|----------------|
| 学正 | 徐乃恒 | 广宗人 |  | 《道光安州志》顺治年间 |

| 职官 | 人名 | 籍贯 | 出身 | 出处及在职时间 |
|------|------|------|------|----------------|
| 学正 | 魏惟聪 | 南乐人 | | 《道光安州志》顺治年间 |
| 学正 | 孙启聪 | 玉田人 | 举人 | 《道光安州志》顺治年间 |
| 学正 | 张麦蛟 | 隆平人 | 举人 | 《道光安州志》顺治年间 |
| 学正 | 苏文文 | 良乡人 | | 《道光安州志》顺治年间 |
| 学正 | 朱会昌 | 大兴人 | | 《道光安州志》顺治年间 |
| 学正 | 姚时俊 | 滦州人 | | 《道光安州志》康熙年间 |
| 学正 | 马廷翰 | 东光人 | 举人 | 《道光安州志》康熙年间 |
| 学正 | 蒋泰徵 | 诸暨人 | | 《道光安州志》康熙年间 |
| 学正 | 王不骄 | 宁晋人 | 举人 | 《道光安州志》康熙年间 |

| 职官 | 人名 | 籍贯 | 出身 | 出处及在职时间 |
|---|---|---|---|---|
| 学正 | 蒋 起 | 顺天人 | 举人 | 《道光安州志》康熙年间 |
| 学正 | 陶起瀵 | 大兴人 | | 《缙绅新书》乾隆十三年春 |
| 学正 | 刘 璨 | 文安人 | 举人 | 《缙绅全本》乾隆二十五年冬 |
| 学正 | 刘 璨 | 文安人 | 举人 | 《缙绅全本》乾隆二十六年秋 |
| 学正 | 刘 璨 | 文安人 | 举人 | 《缙绅全书》乾隆三十年春 |
| 学正 | 刘 璨 | 文安人 | 举人 | 《爵秩全本》乾隆三十年冬 |
| 学正 | 王 简 | 正定人 | 拔贡 | 《爵秩全本》乾隆三十三年秋 |
| 学正 | 朱 华 | 涿州人 | 举人 | 《缙绅全书》《中枢备览》乾隆四十二年秋 |
| 学正 | 陈 振 | 文安人 | 举人 | 《缙绅全书》《中枢备览》乾隆五十三年春 |

| 职官 | 人名 | 籍贯 | 出身 | 出处及在职时间 |
|---|---|---|---|---|
| 学正 | 张清选 | 无极县人 | 举人 | 《道光安州志》乾隆年间 |
| 学正 | 朱华 | | | 《道光安州志》乾隆年间 |
| 学正 | 陈震 | 文安县人 | 举人 | 《道光安州志》乾隆年间 |
| 学正 | 高为泌 | 任丘县人 | 副榜 | 《道光安州志》乾隆年间 |
| 学正 | 马履祥 | 东光县人 | 拔贡 | 《道光安州志》乾隆年间 |
| 学正 | 边其坊 | 任丘人 | 举人 | 《缙绅全书》嘉庆二十一年冬 |
| 学正 | 常延璋 | 广平人 | 举人 | 《缙绅全书》嘉庆二十二年春 |
| 学正 | 常延璋 | 广平人 | 举人 | 《缙绅全书》（大）嘉庆二十二年冬《缙绅全书》（小） |
| 学正 | 边其坊 | 任丘人 | 举人 | 《缙绅全书》嘉庆二十五年夏 |

| 职官 | 人名 | 籍贯 | 出身 | 出处及在职时间 |
|------|------|------|------|----------------|
| 学正 | 白之论 | | 举人 | 《道光安州志》嘉庆年间 |
| 学正 | 张 嵋 | 遵化州人 | 举人 | 《道光安州志》嘉庆年间 |
| 学正 | 王学泰 | 任丘县人 | 禀贡 | 《道光安州志》嘉庆年间 |
| 学正 | 常廷璋 | 永年县人 | 举人 | 《道光安州志》嘉庆年间 |
| 学正 | 边其坊 | 任丘人 | 举人 | 《缙绅全书》《中枢备览》道光四年夏 |
| 学正 | 边其坊 | 任丘人 | 举人 | 《缙绅全书》道光四年夏 |
| 学正 | 边其坊 | 任丘人 | 举人 | 《爵秩全览》道光六年秋 |
| 学正 | 边其坊 | 任丘人 | 举人 | 《缙绅全书》道光七年春 |
| 学正 | 边其功 | 任丘人 | 举人 | 《缙绅全书》道光十年冬 |

| 职官 | 人名 | 籍贯 | 出身 | 出处及在职时间 |
|---|---|---|---|---|
| 学正 | 边其坊 | 任丘人 | 举人 | 《缙绅全书》《中枢备览》道光十三年夏 |
| 学正 | 边其坊 | 任丘人 | 举人 | 《缙绅全书》道光十四年春 |
| 学正 | 边其坊 | 任丘人 | 举人 | 《缙绅全书》道光十四年夏 |
| 学正 | 边其坊 | 任丘人 | 举人 | 《缙绅全书》《中枢备览》道光十六年夏 |
| 学正 | 边其坊 | 任丘县人 | 举人 | 《缙绅全书》《中枢备览》道光二十二年春 |
| 学正 | 士 燮 | 汉军旗人 | 举人 | 《缙绅全书》道光二十二年冬 |
| 备注：《缙绅全书》咸丰三年夏，咸丰四年载其为内府正白旗人。 | | | | |
| 学正 | 士 燮 | 汉军旗人 | 举人 | 《缙绅全书》道光二十五年夏 |
| 学正 | 士 燮 | 汉军旗人 | 举人 | 《缙绅全书》道光二十五年秋 |

| 职官 | 人名 | 籍贯 | 出身 | 出处及在职时间 |
|---|---|---|---|---|
| 学正 | 士 燮 | 汉军旗人 | 举人 | 《爵秩全览》道光二十六年 |
| 学正 | 士 燮 | 汉军旗人 | 举人 | 《缙绅全书》道光二十七年夏 |
| 学正 | 士 燮 | 汉军旗人 | 举人 | 《缙绅全书》道光二十七年秋 |
| 学正 | 士 燮 | 汉军正白旗人 | 举人 | 《爵秩全览》道光二十八年夏 |
| 学正 | 士 燮 | 汉军正白旗人 | 举人 | 《缙绅全书》道光二十八年冬 |
| 学正 | 士 燮 | 汉军正白旗人 | 举人 | 《缙绅全书》道光二十九年夏 |
| 学正 | 边其坊 | 任丘县人 | 举人 | 《道光安州志》道光年间 |
| 学正 | 士 燮 | 汉军正白旗人 | 举人 | 《爵秩全览》咸丰元年夏 |
| 学正 | 士 燮 | 汉军正白旗人 | 举人 | 《爵秩全览》咸丰二年冬 |

| 职官 | 人名 | 籍贯 | 出身 | 出处及在职时间 |
|---|---|---|---|---|
| 学正 | 士 燮 | 内府正白旗人 | 举人 | 《缙绅全书》咸丰三年夏 |
| 学正 | 士 燮 | 汉军正白旗人 | 举人 | 《缙绅全书》咸丰四年春 |
| 学正 | 士 燮 | 内府正白旗人 | 举人 | 《缙绅全书》咸丰四年 |
| 学正 | 士 燮 | 汉军正白旗人 | 举人 | 《爵秩全览》《缙绅全书》咸丰六年春 |
| 学正 | 士 燮 | 汉军正白旗人 | 举人 | 《爵秩全览》咸丰六年夏 |
| 学正 | 士 燮 | 汉军正白旗人 | 举人 | 《爵秩全览》咸丰七年秋 |
| 学正 | 士 燮 | 汉军正白旗人 | 举人 | 《爵秩全览》咸丰七年冬 |
| 学正 | 郝植林 | 顺天人 | 举人 | 《缙绅全书》咸丰八年冬 |
| 学正 | 郝植林 | 顺天人 | 举人 | 《缙绅全书》咸丰九年夏 |

| 职官 | 人名 | 籍贯 | 出身 | 出处及在职时间 |
|------|------|------|------|----------------|
| 学正 | 郝植林 | 顺天人 | 举人 | 《缙绅全书》咸丰十年秋 |
| 学正 | 郝植林 | 顺天人 | 举人 | 《缙绅全书》咸丰十年 |
| 学正 | 王召卿 | 顺天人 | 举人 | 《缙绅全书》同治四年夏 |
| 学正 | 王召卿 | 顺天人 | 举人 | 《缙绅全书》同治五年春 |
| 学正 | 王召卿 | 顺天人 | 举人 | 《爵秩全览》《缙绅全书》同治六年春 |
| 学正 | 王召卿 | 顺天人 | 举人 | 《缙绅全书》同治六年春 |
| 学正 | 王召卿 | 顺天人 | 举人 | 《缙绅全书》同治八年春 |
| 学正 | 王召卿 | 顺天人 | 举人 | 《缙绅全书》同治八年冬 |
| 学正 | 王召卿 | 顺天人 | 举人 | 《爵秩全览》同治九年春 |

| 职官 | 人名 | 籍贯 | 出身 | 出处及在职时间 |
|---|---|---|---|---|
| 学正 | 陈朴龄 | 河间人 | 举人 | 《缙绅全书》同治十三年春 |
| 学正 | 陈朴龄 | 河间人 | 举人 | 《爵秩全览》同治十三年夏 |
| 学正 | 陈朴龄 | 河间人 | 举人 | 《缙绅全书》同治十三年秋 |
| 学正 | 陈朴龄 | 河间人 | 举人 | 《缙绅全书》同治十三年冬 |
| 学正 | 陈朴龄 | 河间人 | 举人 | 《爵秩全览》同治十三年冬 |
| 学正 | 陈朴龄 | 河间人 | 举人 | 《缙绅全书》《中枢备览》同治十三年冬 |
| 学正 | 陈朴龄 | 河间人 | 举人 | 《爵秩全览》光绪元年夏 |
| 学正 | 陈朴龄 | 河间人 | 举人 | 《爵秩全览》光绪元年秋 |
| 学正 | 陈朴龄 | 河间人 | 举人 | 《缙绅全书》光绪二年秋 |

| 职官 | 人名 | 籍贯 | 出身 | 出处及在职时间 |
|---|---|---|---|---|
| 学正 | 陈朴龄 | 河间人 | 举人 | 《爵秩全览》光绪二年冬 |
| 学正 | 陈朴龄 | 河间人 | 举人 | 《缙绅全书》《中枢备览》光绪三年夏 |
| 学正 | 陈朴龄 | 河间人 | 举人 | 《缙绅全书》光绪三年秋 |
| 学正 | 陈朴龄 | 河间人 | 举人 | 《爵秩全览》光绪三年冬 |
| 学正 | 王杏村 | 永平人 | 举人 | 《缙绅全书》《中枢备览》光绪四年秋 |
| 学正 | 王杏村 | 永平人 | 举人 | 《爵秩全览》光绪四年冬 |
| 学正 | 王杏村 | 永平人 | 举人 | 《缙绅全书》光绪五年春 |
| 学正 | 王杏村 | 永平人 | 举人 | 《缙绅全书》光绪五年秋 |
| 学正 | 王杏村 | 永平人 | 举人 | 《缙绅全书》《中枢备览》光绪五年冬 |

| 职官 | 人名 | 籍贯 | 出身 | 出处及在职时间 |
|---|---|---|---|---|
| 学正 | 王杏村 | 永平人 | 举人 | 《缙绅全书》光绪七年春 |
| 学正 | 王杏村 | 永平人 | 举人 | 《爵秩全览》光绪七年冬 |
| 学正 | 王杏村 | 永平人 | 举人 | 《缙绅全书》光绪七年冬 |
| 学正 | 王杏村 | 永平人 | 举人 | 《缙绅全书》光绪八年冬 |
| 学正 | 王杏村 | 永平人 | 举人 | 《爵秩全览》光绪十年夏 |
| 学正 | 王杏村 | 永平人 | 举人 | 《爵秩全览》光绪十年秋 |
| 学正 | 王杏村 | 永平人 | 举人 | 《爵秩全览》光绪十一年春 |
| 学正 | 王杏村 | 永平人 | 举人 | 《爵秩全览》光绪十一年夏 |
| 学正 | 王杏村 | 永平人 | 举人 | 《爵秩全览》光绪十一年秋 |

| 职官 | 人名 | 籍贯 | 出身 | 出处及在职时间 |
|---|---|---|---|---|
| 学正 | 王杏村 | 永平府人 | 举人 | 《爵秩全览》光绪十二年夏 |
| 学正 | 王杏村 | 永平府人 | 举人 | 《缙绅全书》光绪十二年秋 |
| 学正 | 王杏村 | 永平府人 | 举人 | 《爵秩全览》光绪十三年春 |
| 学正 | 王杏村 | 永平府人 | 举人 | 《缙绅全书》《中枢备览》光绪十三年夏 |
| 学正 | 王杏村 | 永平府人 | 举人 | 《缙绅全书》光绪十三年冬 |
| 学正 | 王杏村 | 永平府人 | 举人 | 《缙绅全书》光绪十四年夏 |
| 学正 | 王杏村 | 永平府人 | 举人 | 《爵秩全览》光绪十四年冬 |
| 学正 | 王杏村 | 永平府人 | 举人 | 《爵秩全览》光绪十五年夏 |
| 学正 | 王杏村 | 永平府人 | 举人 | 《爵秩全览》光绪十五年秋 |

| 职官 | 人名 | 籍贯 | 出身 | 出处及在职时间 |
|---|---|---|---|---|
| 学正 | 王杏村 | 永平府人 | 举人 | 《爵秩全览》光绪十九年秋 |
| 学正 | 王杏村 | 永平人 | 举人 | 《缙绅全书》光绪十九年冬 |
| 学正 | 王杏村 | 永平府人 | 举人 | 《爵秩全览》光绪十九年冬 |
| 学正 | 王杏村 | 永平人 | 举人 | 《缙绅全书》《中枢备览》光绪二十年夏 |
| 学正 | 王杏村 | 永平府人 | 举人 | 《爵秩全览》光绪二十年秋 |
| 学正 | 王杏村 | 永平府人 | 举人 | 《爵秩全览》光绪二十一年春 |
| 学正 | 张廷钰 | 顺天府人 | 举人 | 《爵秩全览》光绪二十一年夏 |
| 学正 | 张廷钰 | 顺天府人 | 举人 | 《爵秩全览》光绪二十一年秋 |
| 学正 | 张廷钰 | 顺天人 | 举人 | 《缙绅全书》光绪二十一年冬 |

| 职官 | 人名 | 籍贯 | 出身 | 出处及在职时间 |
|---|---|---|---|---|
| 学正 | 张廷钰 | 顺天府人 | 举人 | 《爵秩全览》光绪二十二年春 |
| 学正 | 张廷钰 | 顺天人 | 举人 | 《缙绅全书》光绪二十二年春 |
| 学正 | 张廷钰 | 顺天府人 | 举人 | 《爵秩全览》光绪二十二年夏 |
| 学正 | 张廷钰 | 顺天府人 | 举人 | 《爵秩全览》光绪二十二年秋 |
| 学正 | 张廷钰 | 顺天府人 | 举人 | 《爵秩全览》光绪二十二年冬 |
| 学正 | 张廷钰 | 顺天府人 | 举人 | 《爵秩全览》光绪二十三年夏 |
| 学正 | 张廷钰 | 顺天人 | 举人 | 《缙绅全书》《中枢备览》光绪二十三年秋 |
| 学正 | 张廷钰 | 顺天府人 | 举人 | 《爵秩全览》光绪二十三年冬 |
| 学正 | 张廷钰 | 顺天府人 | 举人 | 《爵秩全览》光绪二十四年春 |

| 职官 | 人名 | 籍贯 | 出身 | 出处及在职时间 |
|---|---|---|---|---|
| 学正 | 张廷钰 | 顺天府人 | 举人 | 《爵秩全览》光绪二十四年秋 |
| 学正 | 张廷钰 | 顺天府人 | 举人 | 《爵秩全览》光绪二十四年冬 |
| 学正 | 张廷钰 | 顺天府人 | 举人 | 《缙绅全书》光绪二十四年冬 |
| 学正 | 张廷钰 | 顺天府人 | 举人 | 《爵秩全览》光绪二十五年春 |
| 学正 | 张廷钰 | 顺天府人 | 举人 | 《缙绅全书》《中枢备览》光绪二十五年春 |
| 学正 | 张廷钰 | 顺天府人 | 举人 | 《爵秩全览》光绪二十五年夏 |
| 学正 | 张廷钰 | 顺天人 | 举人 | 《缙绅全书》《中枢备览》光绪二十七年冬 |
| 学正 | 张廷钰 | 顺天人 | 举人 | 《爵秩全览》光绪二十八年春 |
| 学正 | 王镜溪 | 河间人 | 举人 | 《缙绅全书》《中枢备览》光绪二十八年夏 |

| 职官 | 人名 | 籍贯 | 出身 | 出处及在职时间 |
|---|---|---|---|---|
| 学正 | 张廷钰 | 顺天人 | 举人 | 《爵秩全览》光绪二十八年夏 |
| 学正 | 王镜溪 | 河间人 | 举人 | 《爵秩全览》光绪二十八年秋 |
| 学正 | 王镜溪 | 河间人 | 举人 | 《缙绅全书》《中枢备览》光绪二十八年冬 |
| 学正 | 王镜溪 | 河间人 | 举人 | 《爵秩全览》光绪二十九年春《缙绅全书》《中枢备览》 |
| 学正 | 齐赞廷 | 永平人 | 举人 | 《缙绅全书》光绪二十九年夏 |
| 学正 | 齐赞廷 | 永平人 | 举人 | 《爵秩全览》光绪二十九年秋 |
| 学正 | 齐赞廷 | 永平人 | 举人 | 《缙绅全书》《中枢备览》光绪二十九年秋 |
| 学正 | 齐赞廷 | 永平人 | 举人 | 《缙绅全书》《中枢备览》光绪二十九年冬 |
| 学正 | 齐赞廷 | 永平人 | 举人 | 《缙绅全书》《中枢备览》光绪三十年春 |

| 职官 | 人名 | 籍贯 | 出身 | 出处及在职时间 |
|---|---|---|---|---|
| 学正 | 齐赞廷 | 永平人 | 举人 | 《爵秩全览》光绪三十年夏 |
| 学正 | 齐赞廷 | 永平人 | 举人 | 《缙绅全书》《中枢备览》光绪三十年夏 |
| 学正 | 齐赞廷 | 永平人 | 举人 | 《缙绅全书》光绪三十年冬 |
| 学正 | 朱凤藻 | 河间人 | 廪贡 | 《缙绅全书》《中枢备览》光绪三十三年夏 |
| 学正 | 张四维 | 承德府人 | 举人 | 《爵秩全览》光绪三十三年秋 |
| 学正 | 张四维 | 承德府人 | 举人 | 《爵秩全览》光绪三十三年冬 |
| 学正 | 张四维 | 承德府人 | 举人 | 《爵秩全览》光绪三十四年春 |
| 学正 | 张四维 | 承德府人 | 举人 | 《爵秩全览》光绪三十四年夏 |
| 学正 | 张四维 | 承德府人 | 举人 | 《爵秩全览》光绪三十四年秋 |

| 职官 | 人名 | 籍贯 | 出身 | 出处及在职时间 |
|------|------|------|------|----------------|
| 学正 | 张四维 | 承德府人 | 举人 | 《爵秩全览》光绪三十四年冬 |
| 学正 | 张四维 | 承德府人 | 举人 | 《爵秩全览》宣统元年春 |
| 学正 | 张四维 | 承德府人 | 举人 | 《爵秩全览》宣统元年夏 |
| 学正 | 张四维 | 承德府人 | 举人 | 《爵秩全览》宣统元年秋 |
| 学正 | 张四维 | 承德府人 | 举人 | 《爵秩全览》宣统元年冬 |
| 学正 | 张四维 | 承德人 | 举人 | 《缙绅全书》宣统元年冬 |
| 学正 | 张四维 | 承德人 | 举人 | 《爵秩全览》宣统二年春 |
| 学正 | 张四维 | 承德人 | 举人 | 《爵秩全览》宣统二年夏 |
| 学正 | 张四维 | 承德人 | 举人 | 《爵秩全览》宣统二年秋 |

| 职官 | 人名 | 籍贯 | 出身 | 出处及在职时间 |
|------|------|------|------|----------------|
| 学正 | 张四维 | 承德人 | 举人 | 《爵秩全览》宣统二年冬 |
| 学正 | 张四维 | 承德人 | 举人 | 《爵秩全览》宣统三年春 |
| 学正 | 张四维 | 承德人 | 举人 | 《爵秩全览》宣统三年夏 |
| 学正 | 张四维 | 承德人 | 举人 | 《爵秩全览》宣统三年秋 |
| 学正 | 张四维 | 承德人 | 举人 | 《职官录》宣统三年冬 |
| 学正 | 张四维 | 承德人 | 举人 | 《职官录》宣统四年春 |

## 乡学复设训导

| 职官 | 人名 | 籍贯 | 出身 | 出处及在职时间 |
|------|------|------|------|----------------|
| 乡学复设训导 | 朱凤藻 | 河间府人 | 廪贡 | 《爵秩全览》光绪三十三年冬 |

| 职官 | 人名 | 籍贯 | 出身 | 出处及在职时间 |
|---|---|---|---|---|
| 乡学复设训导 | 朱凤藻 | 河间府人 | 廪贡 | 《爵秩全览》光绪三十四年春 |
| 乡学复设训导 | 朱凤藻 | 河间府人 | 廪贡 | 《爵秩全览》光绪三十四年夏 |
| 乡学复设训导 | 朱凤藻 | 河间府人 | 廪贡 | 《爵秩全览》光绪三十四年秋 |
| 乡学复设训导 | 朱凤藻 | 河间府人 | 廪贡 | 《爵秩全览》光绪三十四年冬 |
| 乡学复设训导 | 朱凤藻 | 河间府人 | 廪贡 | 《爵秩全览》宣统元年春 |
| 乡学复设训导 | 朱凤藻 | 河间府人 | 廪贡 | 《爵秩全览》宣统元年夏 |
| 乡学复设训导 | 朱凤藻 | 河间府人 | 廪贡 | 《爵秩全览》宣统元年秋 |
| 乡学复设训导 | 朱凤藻 | 河间府人 | 廪贡 | 《爵秩全览》宣统元年冬 |

| 职官 | 人名 | 籍贯 | 出身 | 出处及在职时间 |
|---|---|---|---|---|
| 乡学复设训导 | 朱凤藻 | 河间府人 | 廪贡 | 《爵秩全览》宣统二年春 |
| 乡学复设训导 | 朱凤藻 | 河间府人 | 廪贡 | 《爵秩全览》宣统二年夏 |
| 乡学复设训导 | 马锡晋 | 定州人 | 举人 | 《爵秩全览》宣统二年秋 |
| 乡学复设训导 | 马锡晋 | 定州人 | 举人 | 《爵秩全览》宣统二年冬 |
| 乡学复设训导 | 马锡晋 | 定州人 | 举人 | 《爵秩全览》宣统三年春 |
| 乡学复设训导 | 马锡晋 | 定州人 | 举人 | 《爵秩全览》宣统三年夏 |
| 乡学复设训导 | 马锡晋 | 定州人 | 举人 | 《爵秩全览》宣统三年秋 |
| 乡学复设训导 | 马锡晋 | 定州人 | 举人 | 《职官录》宣统三年冬 |

| 职官 | 人名 | 籍贯 | 出身 | 出处及在职时间 |
|---|---|---|---|---|
| 乡学复设训导 | 马锡晋 | 定州人 | 举人 | 《职官录》宣统四年春 |

## 县丞管吏目事加一级

| 职官 | 人名 | 籍贯 | 出身 | 出处及在职时间 |
|---|---|---|---|---|
| 县丞管吏目事加一级 | 潘钦元 | 江苏人 | 监生 | 《爵秩全本》乾隆三十年冬 |
| 县丞管吏目事加一级 | 潘钦元 | 江苏人 | 监生 | 《爵秩全本》乾隆三十三年秋 |

## 县　丞

| 职官 | 人名 | 籍贯 | 出身 | 出处及在职时间 |
|---|---|---|---|---|
| 县丞 | 王凤楷 | 浙江长兴人 | 监生 | 《缙绅全书》道光十六年秋 |

| 职官 | 人名 | 籍贯 | 出身 | 出处及在职时间 |
|---|---|---|---|---|
| 县丞 | 王凤楷 | 浙江长兴人 | 监生 | 《缙绅全书》《中枢备览》道光十六年冬 |
| 县丞 | 王凤楷 | 浙江长兴人 | 监生 | 《缙绅全书》《爵秩全览》道光十九年夏 |
| 县丞 | 王凤楷 | 浙江长兴人 | 监生 | 《缙绅全书》道光二十年秋 |
| 县丞 | 王凤楷 | 浙江长兴人 | 监生 | 《缙绅全书》道光二十年冬 |
| 县丞 | 王广爱 | 山东济宁州人 | 廪贡 | 《缙绅全书》同治九年夏 |
| 县丞 | 王广爱 | 山东济宁州人 | 廪贡 | 《爵秩全览》同治九年秋 |
| 县丞 | 王广爱 | 山东济宁州人 | 廪贡 | 《缙绅全书》同治九年冬 |
| 县丞 | 王广爱 | 山东济宁州人 | 廪贡 | 《缙绅全书》同治十年春 |
| 县丞 | 王广爱 | 山东济宁州人 | 廪贡 | 《缙绅全书》同治十年夏 |

| 职官 | 人名 | 籍贯 | 出身 | 出处及在职时间 |
|---|---|---|---|---|
| 县丞 | | 山东济宁州人 | 廪贡 | 《缙绅全书》同治十一年夏 |
| 县丞 | | 山东济宁州人 | 廪贡 | 《缙绅全书》《中枢备览》同治十一年秋 |
| 县丞 | 陆师瑗 | 浙江钱塘人 | 监生 | 《缙绅全书》同治十二年冬 |
| 县丞 | 许文宝 | 河南丙黄人 | 监生 | 《缙绅全书》光绪十六年春 |
| 县丞 | 许文宝 | 河南丙黄人 | 监生 | 《缙绅全书》光绪十六年冬 |
| 县丞 | 许文宝 | 河南丙黄人 | 监生 | 《爵秩全览》光绪十八年春 |
| 县丞 | 许文宝 | 河南丙黄人 | 监生 | 《爵秩全览》光绪十八年秋 |
| 县丞 | 许文宝 | 河南丙黄人 | 监生 | 《爵秩全览》光绪十八年冬 |

| 职官 | 人名 | 籍贯 | 出身 | 出处及在职时间 |
|------|------|------|------|----------------|
| 县丞 | 许文宝 | 河南丙黄人 | 监生 | 《缙绅全书》光绪十九年春 |
| 县丞 | 许文宝 | 河南丙黄人 | 监生 | 《爵秩全览》光绪十九年夏 |
| 县丞 | 多 仁 | 蒙古正蓝旗人 | 监生 | 《缙绅全书》光绪二十五年夏 |
| 县丞 | 多 仁 | 蒙古正蓝旗人 | 监生 | 《爵秩全览》光绪二十五年秋 |
| 县丞 | 多 仁 | 蒙古正蓝旗人 | 监生 | 《缙绅全书》《中枢备览》光绪二十五年冬 |
| 县丞 | 多 仁 | 蒙古正蓝旗人 | 监生 | 《缙绅全书》《中枢备览》光绪二十六年春 |
| 县丞 | 多 仁 | 蒙古正蓝旗人 | 监生 | 《缙绅全书》光绪二十六年夏 |
| 县丞 | 多 仁 | 蒙古正蓝旗人 | 监生 | 《爵秩全览》光绪二十六年秋 |

| 职官 | 人名 | 籍贯 | 出身 | 出处及在职时间 |
|---|---|---|---|---|
| 县丞 | 多 仁 | 蒙古正蓝旗人 | 监生 | 《缙绅全书》光绪二十七年春 |
| 县丞 | 多 仁 | 蒙古正蓝旗人 | 监生 | 《爵秩全览》光绪二十七年冬 |
| 县丞 | 王广益 | 浙江山阴人 | 监生 | 《缙绅全书》《中枢备览》光绪三十一年春 |
| 县丞 | 王广益 | 浙江山阴人 | 监生 | 《爵秩全览》光绪三十一年夏 |
| 县丞 | 王广益 | 浙江山阴人 | 监生 | 《缙绅全书》《中枢备览》光绪三十一年夏 |
| 县丞 | 王广益 | 浙江山阴人 | 监生 | 《爵秩全览》光绪三十一年秋 |
| 县丞 | 王广益 | 浙江山阴人 | 监生 | 《爵秩全览》光绪三十一年冬 |
| 县丞 | 王广益 | 浙江山阴人 | 监生 | 《爵秩全览》光绪三十二年春 |

| 职官 | 人名 | 籍贯 | 出身 | 出处及在职时间 |
|------|------|------|------|----------------|
| 县丞 | 王广益 | 浙江山阴人 | 监生 | 《缙绅全书》《中枢备览》光绪三十二年春 |
| 县丞 | 王广益 | 浙江山阴人 | 监生 | 《缙绅全书》光绪三十二年夏 |
| 县丞 | 王广益 | 浙江山阴人 | 监生 | 《缙绅全书》光绪三十二年秋 |
| 县丞 | 王广益 | 浙江山阴人 | 监生 | 《缙绅全书》光绪三十二年冬 |
| 县丞 | 王广益 | 浙江山阴人 | 监生 | 《爵秩全览》光绪三十二年冬 |
| 县丞 | 王广益 | 浙江山阴人 | 监生 | 《爵秩全览》光绪三十三年春 |

# 同　知

| 职官 | 人名 | 籍贯 | 出身 | 出处及在职时间 |
|------|------|------|------|----------------|
| 同知 | 赵明远 | 绍兴人 | 选贡 | 《道光安州志》顺治年间 |

| 职官 | 人名 | 籍贯 | 出身 | 出处及在职时间 |
|------|------|------|------|----------------|
| 同知 | 王子望 | 河州人 | 选贡 | 《道光安州志》顺治年间 |
| 同知 | 李咸亨 | 陕西人 | 功贡 | 《道光安州志》顺治年间 |
| 同知 | 张调鼎 | 陕西人 | 岁贡 | 《道光安州志》顺治年间 |

# 吏目加一级

| 职官 | 人名 | 籍贯 | 出身 | 出处及在职时间 |
|------|------|------|------|----------------|
| 吏目加一级 | 赖文成 | 江西上犹人 | 保举 | 《缙绅全书》嘉庆二十一年冬 |
| 吏目加一级 | 陶建遐 | 江西新城人 | 监生 | 《缙绅全书》嘉庆二十二年春 |
| 吏目加一级 | 赖文成 | 江西上犹人 | 保举 | 《缙绅全书》嘉庆二十五年夏 |

| 职官 | 人名 | 籍贯 | 出身 | 出处及在职时间 |
|---|---|---|---|---|
| 吏目加一级 | 赖文成 | 江西上犹人 | 保举 | 《缙绅全书》《中枢备览》道光四年夏 |

# 吏 目

| 职官 | 人名 | 籍贯 | 出身 | 出处及在职时间 |
|---|---|---|---|---|
| 吏目 | 叶汝懋 | 余姚人 | | 《道光安州志》顺治年间 |
| 吏目 | 吴三省 | 麻城人 | | 《道光安州志》顺治年间 |
| 吏目 | 吕捷 | 徽州人 | | 《道光安州志》顺治年间 |
| 吏目 | 金钺 | 苏州人 | | 《道光安州志》顺治年间 |
| 吏目 | 王国勋 | 辽东人 | 监生 | 《道光安州志》康熙年间 |
| 吏目 | 许开勋 | 河南禹州人 | | 《缙绅新书》乾隆十三年春 |

| 职官 | 人名 | 籍贯 | 出身 | 出处及在职时间 |
|---|---|---|---|---|
| 吏目 | 王师德 | 浙江会稽人 | 监生 | 《缙绅全本》乾隆二十五年冬 |
| 吏目 | 王师德 | 浙江会稽人 | 监生 | 《缙绅全本》乾隆二十六年秋 |
| 吏目 | 乐洪大 | 江西东乡人 | 监生 | 《缙绅全书》乾隆三十年春 |
| 吏目 | 高日升 | 安徽贵池人 | | 《缙绅全书》《中枢备览》乾隆四十二年秋 |
| 吏目 | 韩梦坚 | 河南孟县人 | 监生 | 《缙绅全书》《中枢备览》乾隆五十三年春 |
| 吏目 | 王名屿 | 江宁县人 | 监生 | 《道光安州志》乾隆年间 |
| 吏目 | 裘　白 | 绍兴人 | 监生 | 《道光安州志》乾隆年间 |
| 吏目 | 陶建遐 | 江西新城人 | 监生 | 《缙绅全书》（大）嘉庆二十二年冬《缙绅全书》（小） |
| 吏目 | 韩毅仁 | 苏州人 | 监生 | 《道光安州志》嘉庆年间 |

| 职官 | 人名 | 籍贯 | 出身 | 出处及在职时间 |
|------|------|------|------|----------------|
| 吏目 | 谢时敏 | 苏州人 | 监生 | 《道光安州志》嘉庆年间 |
| 吏目 | 龚 鏵 | 安徽州人 | 监生 | 《道光安州志》嘉庆年间 |
| 吏目 | 李连城 | 济南府人 | 吏员 | 《道光安州志》嘉庆年间 |
| 吏目 | 冯舞阶 | 山西人 | 优贡 | 《道光安州志》嘉庆年间 |
| 吏目 | 张安国 | 龙泉县人 | 监生 | 《道光安州志》嘉庆年间 |
| 吏目 | 黄士楸 | 福建人 | 监生 | 《道光安州志》嘉庆年间 |
| 吏目 | 俞石麟 | 海宁州人 | 监生 | 《道光安州志》嘉庆年间 |
| 吏目 | 江承耀 | 钱塘县人 | 监生 | 《道光安州志》嘉庆年间 |
| 吏目 | 李殿兰 | 肇庆府人 | 监生 | 《道光安州志》嘉庆年间 |

| 职官 | 人名 | 籍贯 | 出身 | 出处及在职时间 |
|---|---|---|---|---|
| 吏目 | 陶建遐 | 建昌府人 | 监生 | 《道光安州志》嘉庆年间 |
| 吏目 | 李敦寿 | 潼川府人 | 行武 | 《道光安州志》嘉庆年间 |
| 吏目 | 赖文成 | 江西上犹人 | 保举 | 《缙绅全书》道光四年夏 |
| 吏目 | 周元亨 | 浙江山阴人 | | 《爵秩全览》道光六年秋 |
| 吏目 | 周元亨 | 浙江山阴人 | 议叙 | 《缙绅全书》道光七年春 |
| 吏目 | 陶维锦 | 浙江会稽人 | 监生 | 《缙绅全书》道光十年冬 |
| 吏目 | 张若兰 | 山西人 | 监生 | 《缙绅全书》《中枢备览》道光十三年夏 |
| 吏目 | 张若兰 | 山西人 | 监生 | 《缙绅全书》道光十四年春 |
| 吏目 | 张若兰 | 山西人 | 监生 | 《缙绅全书》道光十四年夏 |

| 职官 | 人名 | 籍贯 | 出身 | 出处及在职时间 |
|---|---|---|---|---|
| 吏目 | 张若兰 | 山西人 | 监生 | 《缙绅全书》《中枢备览》道光十六年夏 |
| 吏目 | 韩作谋 | 河南夏邑人 | 廪贡 | 《缙绅全书》《中枢备览》道光二十二年春 |
| 吏目 | 韩作谋 | 河南夏邑人 | 廪贡 | 《缙绅全书》道光二十二年冬 |
| 吏目 | 王　栋 | 顺天承德人 | 监生 | 《缙绅全书》道光二十五年夏 |
| 吏目 | 王　栋 | 顺天承德人 | 监生 | 《缙绅全书》道光二十五年秋 |
| 吏目 | 王　栋 | 顺天承德人 | 监生 | 《爵秩全览》道光二十六年 |
| 吏目 | 王　栋 | 顺天承德人 | 监生 | 《缙绅全书》道光二十七年夏 |
| 吏目 | 王　栋 | 顺天承德人 | 监生 | 《缙绅全书》道光二十七年秋 |
| 吏目 | 王　栋 | 奉天承德人 | 监生 | 《爵秩全览》道光二十八年夏 |

| 职官 | 人名 | 籍贯 | 出身 | 出处及在职时间 |
|---|---|---|---|---|
| 吏目 | 王 栋 | 奉天承德人 | 监生 | 《缙绅全书》道光二十八年冬 |
| 吏目 | 罗 璇 | 河南祥符人 | 监生 | 《缙绅全书》道光二十九年夏 |
| 吏目 | 额文成 | 上犹县人 | 监生 | 《道光安州志》道光年间 |
| 吏目 | 王 珪 | 山阴县人 | 监生 | 《道光安州志》道光年间 |
| 吏目 | 周元亨 | 山阴县人 | 供使 | 《道光安州志》道光年间 |
| 吏目 | 王鹤龄 | 太原府人 | 监生 | 《道光安州志》道光年间 |
| 吏目 | 张大治 | 吴县人 | 监生 | 《道光安州志》道光年间 |
| 吏目 | 王心培 | 文登县人 | 监生 | 《道光安州志》道光年间 |
| 吏目 | 陶维锦 | 绍兴府人 | 监生 | 《道光安州志》道光年间 |

| 职官 | 人名 | 籍贯 | 出身 | 出处及在职时间 |
|---|---|---|---|---|
| 吏目 | 张　□ | 山西汾阳县人 | 监生 | 《道光安州志》道光年间 |
| 吏目 | 罗　璇 | 河南祥符人 | 监生 | 《爵秩全览》咸丰元年夏 |
| 吏目 | 罗　璇 | 河南祥符人 | 监生 | 《爵秩全览》咸丰二年冬 |
| 吏目 | 罗　璇 | 河南祥符人 | 监生 | 《缙绅全书》咸丰三年夏 |
| 吏目 | 王　栋 | 奉天承德人 | 监生 | 《缙绅全书》咸丰四年春 |
| 吏目 | 罗　璇 | 河南祥符人 | 监生 | 《缙绅全书》咸丰四年 |
| 吏目 | 罗　璇 | 河南祥符人 | 监生 | 《爵秩全览》《缙绅全书》咸丰六年春 |
| 吏目 | 罗　璇 | 河南祥符人 | 监生 | 《爵秩全览》咸丰六年夏 |
| 吏目 | 罗　璇 | 河南祥符人 | 监生 | 《爵秩全览》咸丰七年秋 |

| 职官 | 人名 | 籍贯 | 出身 | 出处及在职时间 |
|---|---|---|---|---|
| 吏目 | 罗 璈 | 河南祥符人 | 监生 | 《爵秩全览》咸丰七年冬 |
| 吏目 | 罗 璈 | 河南祥符人 | 监生 | 《缙绅全书》咸丰八年冬 |
| 吏目 | 罗 璈 | 河南祥符人 | 监生 | 《缙绅全书》咸丰九年夏 |
| 吏目 | 罗 璈 | 河南祥符人 | 监生 | 《缙绅全书》咸丰十年秋 |
| 吏目 | 罗 璈 | 河南祥符人 | 监生 | 《缙绅全书》咸丰十年 |
| 吏目 | 罗 璈 | 河南祥符人 | 监生 | 《缙绅全书》同治四年夏 |
| 吏目 | 罗 璈 | 河南祥符人 | 监生 | 《缙绅全书》同治五年春 |
| 吏目 | 张绍凯 | 浙江人 | | 《爵秩全览》《缙绅全书》同治六年春 |
| 吏目 | 张绍凯 | 浙江人 | | 《缙绅全书》同治六年春 |

| 职官 | 人名 | 籍贯 | 出身 | 出处及在职时间 |
|------|------|------|------|----------------|
| 吏目 | 张绍凯 | 浙江人 | | 《缙绅全书》同治八年春 |
| 吏目 | 张绍凯 | 浙江人 | | 《缙绅全书》同治八年冬 |
| 吏目 | 张绍凯 | 浙江人 | | 《爵秩全览》同治九年春 |
| 吏目 | 张绍凯 | 浙江嘉善人 | 监生 | 《缙绅全书》同治十三年春 |
| 吏目 | 张绍凯 | 浙江嘉善人 | 监生 | 《爵秩全览》同治十三年夏 |
| 吏目 | 张绍凯 | 浙江嘉善人 | 监生 | 《缙绅全书》同治十三年秋 |
| 吏目 | 张绍凯 | 浙江嘉善人 | 监生 | 《缙绅全书》同治十三年冬 |
| 吏目 | 张绍凯 | 浙江嘉善人 | 监生 | 《爵秩全览》同治十三年冬 |
| 吏目 | 张绍凯 | 浙江嘉善人 | 监生 | 《缙绅全书》《中枢备览》同治十三年冬 |

| 职官 | 人名 | 籍贯 | 出身 | 出处及在职时间 |
|------|------|------|------|----------------|
| 吏目 | 张绍凯 | 浙江嘉善人 | 监生 | 《爵秩全览》光绪元年夏 |
| 吏目 | 张绍凯 | 浙江嘉善人 | 监生 | 《爵秩全览》光绪元年秋 |
| 吏目 | 张绍凯 | 浙江嘉善人 | 监生 | 《缙绅全书》光绪二年秋 |
| 吏目 | 张绍凯 | 浙江嘉善人 | 监生 | 《爵秩全览》光绪二年冬 |
| 吏目 | 张绍凯 | 浙江嘉善人 | 监生 | 《缙绅全书》《中枢备览》光绪三年夏 |
| 吏目 | 张绍凯 | 浙江嘉善人 | 监生 | 《缙绅全书》光绪三年秋 |
| 吏目 | 张绍凯 | 浙江嘉善人 | 监生 | 《爵秩全览》光绪三年冬 |
| 吏目 | 张绍凯 | 浙江嘉善人 | 监生 | 《缙绅全书》《中枢备览》光绪四年秋 |
| 吏目 | 张绍凯 | 浙江嘉善人 | 监生 | 《爵秩全览》光绪四年冬 |

| 职官 | 人名 | 籍贯 | 出身 | 出处及在职时间 |
|---|---|---|---|---|
| 吏目 | 张绍凯 | 浙江嘉善人 | 监生 | 《缙绅全书》光绪五年春 |
| 吏目 | 刘式钊 | 浙江山阴人 | 监生 | 《缙绅全书》光绪五年秋 |
| 吏目 | 刘式钊 | 浙江山阴人 | 监生 | 《缙绅全书》《中枢备览》光绪五年冬 |
| 吏目 | 刘式钊 | 浙江山阴人 | 监生 | 《缙绅全书》光绪七年春 |
| 吏目 | 刘式钊 | 浙江山阴人 | 监生 | 《爵秩全览》光绪七年冬 |
| 吏目 | 刘式钊 | 浙江山阴人 | 监生 | 《缙绅全书》光绪七年冬 |
| 吏目 | 刘式钊 | 浙江山阴人 | 监生 | 《缙绅全书》光绪八年冬 |
| 吏目 | 刘式钊 | 浙江山阴人 | 监生 | 《爵秩全览》光绪十年夏 |
| 吏目 | 刘式钊 | 浙江山阴人 | 监生 | 《爵秩全览》光绪十年秋 |

| 职官 | 人名 | 籍贯 | 出身 | 出处及在职时间 |
|---|---|---|---|---|
| 吏目 | 刘式钊 | 浙江山阴人 | 监生 | 《爵秩全览》光绪十一年春 |
| 吏目 | 刘式钊 | 浙江山阴人 | 监生 | 《爵秩全览》光绪十一年夏 |
| 吏目 | 刘式钊 | 浙江山阴人 | 监生 | 《爵秩全览》光绪十一年秋 |
| 吏目 | 刘式钊 | 浙江山阴人 | 监生 | 《爵秩全览》光绪十二年夏 |
| 吏目 | 刘式钊 | 浙江山阴人 | 监生 | 《缙绅全书》光绪十二年秋 |
| 吏目 | 刘式钊 | 浙江山阴人 | 监生 | 《爵秩全览》光绪十三年春 |
| 吏目 | 刘式钊 | 浙江山阴人 | 监生 | 《缙绅全书》《中枢备览》光绪十三年夏 |
| 吏目 | | 浙江山阴人 | 监生 | 《缙绅全书》光绪十三年冬 |
| 吏目 | 王俊文 | 四川定远人 | 监生 | 《缙绅全书》光绪十四年夏 |

| 职官 | 人名 | 籍贯 | 出身 | 出处及在职时间 |
|---|---|---|---|---|
| 吏目 | 王俊文 | 四川定远人 | 监生 | 《爵秩全览》光绪十四年冬 |
| 吏目 | 王俊文 | 四川定远人 | 监生 | 《爵秩全览》光绪十五年夏 |
| 吏目 | 王俊文 | 四川定远人 | 监生 | 《爵秩全览》光绪十五年秋 |
| 吏目 | 王俊文 | 四川定远人 | 监生 | 《爵秩全览》光绪十九年秋 |
| 吏目 | 王俊文 | 四川定远人 | 监生 | 《缙绅全书》光绪十九年冬 |
| 吏目 | 王俊文 | 四川定远人 | 监生 | 《爵秩全览》光绪十九年冬 |
| 吏目 | 王俊文 | 四川定远人 | 监生 | 《缙绅全书》《中枢备览》光绪二十年夏 |
| 吏目 | 王俊文 | 四川定远人 | 监生 | 《爵秩全览》光绪二十年秋 |

| 职官 | 人名 | 籍贯 | 出身 | 出处及在职时间 |
|---|---|---|---|---|
| 吏目 | 金步瀛 | 浙江山阴人 | 监生 | 《爵秩全览》光绪二十一年秋 |
| 吏目 | 金步瀛 | 浙江山阴人 | 监生 | 《缙绅全书》光绪二十一年冬 |
| 吏目 | 金步瀛 | 浙江山阴人 | 监生 | 《爵秩全览》光绪二十二年春 |
| 吏目 | 金步瀛 | 浙江山阴人 | 监生 | 《缙绅全书》光绪二十二年春 |
| 吏目 | 金步瀛 | 浙江山阴人 | 监生 | 《爵秩全览》光绪二十二年夏 |
| 吏目 | 金步瀛 | 浙江山阴人 | 监生 | 《爵秩全览》光绪二十二年秋 |
| 吏目 | 金步瀛 | 浙江山阴人 | 监生 | 《爵秩全览》光绪二十二年冬 |
| 吏目 | 金步瀛 | 浙江山阴人 | 监生 | 《爵秩全览》光绪二十三年夏 |

| 职官 | 人名 | 籍贯 | 出身 | 出处及在职时间 |
|---|---|---|---|---|
| 吏目 | 金步瀛 | 浙江山阴人 | 监生 | 《缙绅全书》《中枢备览》光绪二十三年秋 |
| 吏目 | 金步瀛 | 浙江山阴人 | 监生 | 《爵秩全览》光绪二十三年冬 |
| 吏目 | 金步瀛 | 浙江山阴人 | 监生 | 《爵秩全览》光绪二十四年春 |
| 吏目 | 金步瀛 | 浙江山阴人 | 监生 | 《爵秩全览》光绪二十四年秋 |
| 吏目 | 金步瀛 | 浙江山阴人 | 监生 | 《爵秩全览》光绪二十四年冬 |
| 吏目 | 金步瀛 | 浙江山阴人 | 监生 | 《缙绅全书》光绪二十四年冬 |
| 吏目 | 金步瀛 | 浙江山阴人 | 监生 | 《爵秩全览》光绪二十五年春 |
| 吏目 | 金步瀛 | 浙江山阴人 | 监生 | 《缙绅全书》《中枢备览》光绪二十五年春 |
| 吏目 | 金步瀛 | 浙江山阴人 | 监生 | 《爵秩全览》光绪二十五年夏 |

| 职官 | 人名 | 籍贯 | 出身 | 出处及在职时间 |
|---|---|---|---|---|
| 吏目 | 金步瀛 | 浙江山阴人 | 监生 | 《缙绅全书》《中枢备览》光绪二十七年冬 |
| 吏目 | 金步瀛 | 浙江山阴人 | 监生 | 《爵秩全览》光绪二十八年春 |
| 吏目 | 金步瀛 | 浙江山阴人 | 监生 | 《缙绅全书》《中枢备览》光绪二十八年夏《爵秩全览》 |
| 吏目 | 金步瀛 | 浙江山阴人 | 监生 | 《爵秩全览》光绪二十八年秋 |
| 吏目 | 金步瀛 | 浙江山阴人 | 监生 | 《缙绅全书》《中枢备览》光绪二十八年冬 |
| 吏目 | 金步瀛 | 浙江山阴人 | 监生 | 《爵秩全览》光绪二十九年春《缙绅全书》《中枢备览》 |
| 吏目 | 金步瀛 | 浙江山阴人 | 监生 | 《缙绅全书》光绪二十九年夏 |
| 吏目 | 金步瀛 | 浙江山阴人 | 监生 | 《爵秩全览》光绪二十九年秋 |
| 吏目 | 金步瀛 | 浙江山阴人 | 监生 | 《缙绅全书》《中枢备览》光绪二十九年秋 |

| 职官 | 人名 | 籍贯 | 出身 | 出处及在职时间 |
|---|---|---|---|---|
| 吏目 | 金步瀛 | 浙江山阴人 | 监生 | 《缙绅全书》《中枢备览》光绪二十九年冬 |
| 吏目 | 金步瀛 | 浙江山阴人 | 监生 | 《缙绅全书》《中枢备览》光绪三十年春 |
| 吏目 | 金步瀛 | 浙江山阴人 | 监生 | 《爵秩全览》光绪三十年夏 |
| 吏目 | 金步瀛 | 浙江山阴人 | 监生 | 《缙绅全书》《中枢备览》光绪三十年夏 |
| 吏目 | 王乃昌 | 浙江会稽人 | 供事 | 《缙绅全书》光绪三十年冬 |
| 吏目 | 王乃昌 | 浙江会稽人 | 供事 | 《缙绅全书》《中枢备览》光绪三十三年夏 |
| 吏目 | 王乃昌 | 浙江会稽人 | 供事 | 《爵秩全览》光绪三十三年秋 |
| 吏目 | 王乃昌 | 浙江会稽人 | 供事 | 《爵秩全览》光绪三十三年冬 |

| 职官 | 人名 | 籍贯 | 出身 | 出处及在职时间 |
|------|------|------|------|----------------|
| 吏目 | 王乃昌 | 浙江会稽人 | 供事 | 《爵秩全览》最新百官录　光绪三十四年春 |
| 吏目 | 王乃昌 | 浙江会稽人 | 供事 | 《爵秩全览》光绪三十四年夏 |
| 吏目 | 王乃昌 | 浙江会稽人 | 供事 | 《爵秩全览》光绪三十四年秋 |
| 吏目 | 王乃昌 | 浙江会稽人 | 供事 | 《爵秩全览》光绪三十四年冬 |
| 吏目 | 王乃昌 | 浙江会稽人 | 供事 | 《爵秩全览》宣统元年春 |
| 吏目 | 王乃昌 | 浙江会稽人 | 供事 | 《爵秩全览》宣统元年夏 |
| 吏目 | 王乃昌 | 浙江会稽人 | 供事 | 《爵秩全览》宣统元年秋 |
| 吏目 | 王乃昌 | 浙江会稽人 | 供事 | 《爵秩全览》宣统元年冬 |

| 职官 | 人名 | 籍贯 | 出身 | 出处及在职时间 |
|---|---|---|---|---|
| 吏目 | 王乃昌 | 浙江会稽人 | 供事 | 《缙绅全书》宣统元年冬 |
| 吏目 | 王乃昌 | 浙江会稽人 | 供事 | 《爵秩全览》宣统二年春 |
| 吏目 | 王乃昌 | 浙江会稽人 | 供事 | 《爵秩全览》宣统二年夏 |
| 吏目 | 王乃昌 | 浙江会稽人 | 供事 | 《爵秩全览》宣统二年秋 |
| 吏目 | 王乃昌 | 浙江会稽人 | 供事 | 《爵秩全览》宣统二年冬 |
| 吏目 | 王乃昌 | 浙江会稽人 | 供事 | 《爵秩全览》宣统三年春 |
| 吏目 | 王乃昌 | 浙江会稽人 | 供事 | 《爵秩全览》宣统三年夏 |
| 吏目 | 王乃昌 | 浙江会稽人 | 供事 | 《爵秩全览》宣统三年秋 |
| 吏目 | 王乃昌 | 浙江会稽人 | 供事 | 《职官录》宣统三年冬 |

| 职官 | 人名 | 籍贯 | 出身 | 出处及在职时间 |
|------|------|------|------|----------------|
| 吏目 | 王乃昌 | 浙江会稽人 | 供事 | 《职官录》宣统四年春 |

## 教谕管复设训导事

| 职官 | 人名 | 籍贯 | 出身 | 出处及在职时间 |
|------|------|------|------|----------------|
| 教谕管复设训导事 | 张清远 | 无极人 | 举人 | 《爵秩全本》乾隆三十三年秋 |

## 教　谕

| 职官 | 人名 | 籍贯 | 出身 | 出处及在职时间 |
|------|------|------|------|----------------|
| 教谕 | 杨　铭 | 容城人 | 举人 | 《缙绅全书》嘉庆元年春 |
| 教谕 | 杨　铭 | 容城人 | 举人 | 《缙绅全书》嘉庆二年冬 |

| 职官 | 人名 | 籍贯 | 出身 | 出处及在职时间 |
|---|---|---|---|---|
| 教谕 | 杨铭 | 容城人 | 举人 | 《缙绅全书》嘉庆三年秋 |
| 教谕 | 杨铭 | 容城人 | 举人 | 《缙绅全书》嘉庆三年冬 |
| 教谕 | 杨铭 | 容城人 | 举人 | 《缙绅全书》嘉庆五年冬 |
| 教谕 | 潘检 | 广平人 | 举人 | 《缙绅全书》嘉庆九年春 |
| 教谕 | 潘检 | 广平人 | 举人 | 《缙绅全书》《中枢备览》嘉庆十一年春 |
| 教谕 | 潘检 | 广平人 | 举人 | 《缙绅全书》嘉庆十一年夏 |
| 教谕 | 宋去疾 | 宣化府人 | 举人 | 《缙绅全书》嘉庆十七年秋 |
| 教谕 | 陈若畴 | 宛平县人 | 进士 | 《缙绅全书》道光十六年秋 |
| 教谕 | 陈若畴 | 宛平县人 | 进士 | 《缙绅全书》《中枢备览》道光十六年冬 |

| 职官 | 人名 | 籍贯 | 出身 | 出处及在职时间 |
|---|---|---|---|---|
| 教谕 | 马书田 | 乐亭人 | 举人 | 《缙绅全书》《爵秩全览》道光十九年夏 |
| 教谕 | 马书田 | 乐亭人 | 举人 | 《缙绅全书》道光二十年秋 |
| 教谕 | 马书田 | 乐亭人 | 举人 | 《缙绅全书》道光二十年冬 |
| 教谕 | 陈九成 | 保定府人 | 举人 | 《缙绅全书》同治九年夏 |
| 教谕 | 陈九成 | 保定府人 | 举人 | 《爵秩全览》同治九年秋 |
| 教谕 | 陈九成 | 保定府人 | 举人 | 《缙绅全书》同治九年冬 |
| 教谕 | 陈九成 | 保定府人 | 举人 | 《缙绅全书》同治十年春 |
| 教谕 | 陈九成 | 保定府人 | 举人 | 《缙绅全书》同治十年夏 |
| 教谕 | 陈九成 | 保定府人 | 举人 | 《缙绅全书》同治十一年夏 |

| 职官 | 人名 | 籍贯 | 出身 | 出处及在职时间 |
|---|---|---|---|---|
| 教谕 | 陈九成 | 保定府人 | 举人 | 《缙绅全书》《中枢备览》同治十一年秋 |
| 教谕 | 陈九成 | 保定府人 | 举人 | 《缙绅全书》同治十二年冬 |
| 教谕 | 张保元 | 保定府人 | 举人 | 《爵秩全览》光绪十五年冬 |
| 教谕 | 张保元 | 保定府人 | 举人 | 《缙绅全书》光绪十六年春 |
| 教谕 | 张保元 | 保定府人 | 举人 | 《缙绅全书》光绪十六年冬 |
| 教谕 | 张保元 | 保定府人 | 举人 | 《爵秩全览》光绪十八年春 |
| 教谕 | 张保元 | 保定府人 | 举人 | 《爵秩全览》光绪十八年秋 |
| 教谕 | 张保元 | 保定府人 | 举人 | 《爵秩全览》光绪十八年冬 |
| 教谕 | 张保元 | 保定府人 | 举人 | 《缙绅全书》光绪十九年春 |

| 职官 | 人名 | 籍贯 | 出身 | 出处及在职时间 |
|---|---|---|---|---|
| 教谕 | 张保元 | 保定府人 | 举人 | 《爵秩全览》光绪十九年夏 |
| 教谕 | 徐维域 | 天津人 | 举人 | 《缙绅全书》光绪二十五年夏 |
| 教谕 | 徐维域 | 天津人 | 举人 | 《爵秩全览》光绪二十五年秋 |
| 教谕 | 徐维域 | 天津人 | 举人 | 《缙绅全书》《中枢备览》光绪二十五年冬 |
| 教谕 | 徐维域 | 天津人 | 举人 | 《缙绅全书》《中枢备览》光绪二十六年春 |
| 教谕 | 徐维域 | 天津人 | 举人 | 《缙绅全书》光绪二十六年夏 |
| 教谕 | 徐维域 | 天津人 | 举人 | 《爵秩全览》光绪二十六年秋 |
| 教谕 | 徐维域 | 天津人 | 举人 | 《缙绅全书》光绪二十七年春 |
| 教谕 | 徐维域 | 天津人 | 举人 | 《爵秩全览》光绪二十七年冬 |

| 职官 | 人名 | 籍贯 | 出身 | 出处及在职时间 |
|---|---|---|---|---|
| 教谕 | 徐维域 | 天津人 | 举人 | 《缙绅全书》《中枢备览》光绪三十一年春 |
| 教谕 | 徐维域 | 天津人 | 举人 | 《爵秩全览》光绪三十一年夏 |
| 教谕 | 徐维域 | 天津人 | 举人 | 《缙绅全书》《中枢备览》光绪三十一年夏 |
| 教谕 | 徐维域 | 天津人 | 举人 | 《爵秩全览》光绪三十一年秋 |
| 教谕 | 徐维域 | 天津人 | 举人 | 《爵秩全览》光绪三十一年冬 |
| 教谕 | 徐维域 | 天津人 | 举人 | 《爵秩全览》光绪三十二年春 |
| 教谕 | 徐维域 | 天津人 | 举人 | 《缙绅全书》《中枢备览》光绪三十二年春 |
| 教谕 | 徐维域 | 天津人 | 举人 | 《缙绅全书》光绪三十二年夏 |
| 教谕 | 徐维域 | 天津人 | 举人 | 《缙绅全书》光绪三十二年秋 |

| 职官 | 人名 | 籍贯 | 出身 | 出处及在职时间 |
|------|------|------|------|----------------|
| 教谕 | 徐维域 | 天津人 | 举人 | 《缙绅全书》光绪三十二年冬 |
| 教谕 | 徐维域 | 天津人 | 举人 | 《爵秩全览》光绪三十二年冬 |
| 教谕 | 徐维域 | 天津人 | 举人 | 《爵秩全览》光绪三十三年春 |

# 管河主簿

| 职官 | 人名 | 籍贯 | 出身 | 出处及在职时间 |
|------|------|------|------|----------------|
| 管河主簿 | 张乐昌 | 浙江山阴人 | 监生 | 《缙绅全书》嘉庆元年春 |
| 管河主簿 | 薛介廷 | 陕西雒南人 | 岁贡 | 《缙绅全书》嘉庆二年冬 |
| 管河主簿 | 薛介廷 | 陕西雒南人 | 岁贡 | 《缙绅全书》嘉庆三年秋 |
| 管河主簿 | 张允杰 | 山西临汾人 | 贡生 | 《缙绅全书》嘉庆三年冬 |

| 职官 | 人名 | 籍贯 | 出身 | 出处及在职时间 |
|---|---|---|---|---|
| 管河主簿 | 张允杰 | 山西临汾人 | 贡生 | 《缙绅全书》嘉庆五年冬 |
| 管河主簿 | 聂　恭 | 江西新淦人 | 监生 | 《缙绅全书》嘉庆九年春 |
| 管河主簿 | 李廷珍 | 山东历城人 | 监生 | 《缙绅全书》《中枢备览》嘉庆十一年春 |
| 管河主簿 | 李廷珍 | 山东历城人 | 监生 | 《缙绅全书》嘉庆十一年夏 |
| 管河主簿 | | 山西介休人 | | 《缙绅全书》嘉庆十七年秋 |
| 管河州判 | 郑俊德 | 奉天人 | 副榜 | 《爵秩全本》乾隆三十三年秋 |

# 管河州判

| 职官 | 人名 | 籍贯 | 出身 | 出处及在职时间 |
|---|---|---|---|---|
| 管河州判 | 王　锭 | 江苏人 | 副贡 | 《缙绅全书》《中枢备览》乾隆四十二年秋 |

| 职官 | 人名 | 籍贯 | 出身 | 出处及在职时间 |
|------|------|------|------|----------------|
| 管河州判 | 刘 炤 | 奉天人 | 监生 | 《缙绅全书》《中枢备览》乾隆五十三年春 |
| 管河州判 | 廖功远 | 江西高安人 | 拔贡 | 《缙绅全书》嘉庆二十一年冬 |
| 管河州判 | 廖功远 | 江西高安人 | 拔贡 | 《缙绅全书》嘉庆二十二年春 |
| 管河州判 | 廖功远 | 江西高安人 | 拔贡 | 《缙绅全书》（大）嘉庆二十二年冬《缙绅全书》（小） |
| 管河州判 | 廖功远 | 江西高安人 | 拔贡 | 《缙绅全书》嘉庆二十五年夏 |
| 管河州判 | 刘 芬 | 山东单县人 | | 《缙绅全书》《中枢备览》道光四年夏 |
| 管河州判 | 刘 芬 | 山东单县人 | | 《缙绅全书》道光四年夏 |
| 管河州判 | 刘 芬 | 山东单县人 | | 《爵秩全览》道光六年秋 |
| 管河州判 | 刘 芳 | 山东人 | | 《缙绅全书》道光七年春 |

| 职官 | 人名 | 籍贯 | 出身 | 出处及在职时间 |
|---|---|---|---|---|
| 管河州判 | 彭世昌 | 江西乐平人 | | 《缙绅全书》道光十年冬 |
| 管河州判 | 潘 炯 | 浙江归安人 | 监生 | 《缙绅全书》《中枢备览》道光十三年夏 |
| 管河州判 | 潘 炯 | 浙江归安人 | 监生 | 《缙绅全书》道光十四年春 |
| 管河州判 | 潘 炯 | 浙江归安人 | 监生 | 《缙绅全书》道光十四年夏 |
| 管河州判 | 潘 炯 | 浙江归安人 | 监生 | 《缙绅全书》《中枢备览》道光十六年夏 |
| 管河州判 | 冯文焕 | 浙江平湖人 | 监生 | 《缙绅全书》《中枢备览》道光二十二年春 |
| 管河州判 | 冯文焕 | 浙江平湖人 | 监生 | 《缙绅全书》道光二十二年冬 |
| 管河州判 | 冯文焕 | 浙江平湖人 | 监生 | 《缙绅全书》道光二十五年夏 |
| 管河州判 | 冯文焕 | 浙江平湖人 | 监生 | 《缙绅全书》道光二十五年秋 |

| 职官 | 人名 | 籍贯 | 出身 | 出处及在职时间 |
|------|------|------|------|----------------|
| 管河州判 | 陆葆荣 | 浙江钱塘人 | 监生 | 《爵秩全览》道光二十六年 |
| 管河州判 | 陆葆荣 | 浙江钱塘人 | 监生 | 《缙绅全书》道光二十七年夏 |
| 管河州判 | 陆葆荣 | 浙江钱塘人 | 监生 | 《缙绅全书》道光二十七年秋 |
| 管河州判 | 陆葆荣 | 浙江钱塘人 | 监生 | 《爵秩全览》道光二十八年夏 |
| 管河州判 | 陆葆荣 | 浙江钱塘人 | 监生 | 《缙绅全书》道光二十八年冬 |
| 管河州判 | 陆葆荣 | 浙江钱塘人 | 监生 | 《缙绅全书》道光二十九年夏 |
| 管河州判 | 谢恕 | 江苏上元人 | 监生 | 《爵秩全览》咸丰元年夏 |
| 管河州判 | 谢恕 | 江苏上元人 | 监生 | 《爵秩全览》咸丰二年冬 |
| 管河州判 | 谢恕 | 江苏上元人 | 监生 | 《缙绅全书》咸丰三年夏 |

| 职官 | 人名 | 籍贯 | 出身 | 出处及在职时间 |
|---|---|---|---|---|
| 管河州判 | 陆葆荣 | 浙江钱塘人 | 监生 | 《缙绅全书》咸丰四年春 |
| 管河州判 | 谢恕 | 江苏上元人 | 监生 | 《缙绅全书》咸丰四年 |
| 管河州判 | 李执中 | 浙江会稽人 | 监生 | 《爵秩全览》《缙绅全书》咸丰六年春 |
| 管河州判 | 李执中 | 浙江会稽人 | 监生 | 《爵秩全览》咸丰六年夏 |
| 管河州判 | 李执中 | 浙江会稽人 | 监生 | 《爵秩全览》咸丰七年秋 |
| 管河州判 | 李执中 | 浙江会稽人 | 监生 | 《爵秩全览》咸丰七年冬 |
| 管河州判 | | 山东惠民人 | 拔贡 | 《缙绅全书》咸丰八年冬 |
| 管河州判 | 任文斗 | 山东聊城人 | 拔贡 | 《缙绅全书》咸丰九年夏 |
| 管河州判 | 任文斗 | 山东聊城人 | 拔贡 | 《缙绅全书》咸丰十年秋 |

| 职官 | 人名 | 籍贯 | 出身 | 出处及在职时间 |
|---|---|---|---|---|
| 管河州判 | 任文斗 | 山东聊城人 | 拔贡 | 《缙绅全书》咸丰十年 |
| 管河州判 | 方汝靖 | 定远人 | 监生 | 《缙绅全书》同治四年夏 |
| 管河州判 | 方汝靖 | 定远人 | 监生 | 《缙绅全书》同治五年春 |
| 管河州判 | 方汝靖 | 定远人 | 监生 | 《爵秩全览》《缙绅全书》同治六年春 |
| 管河州判 | 方汝靖 | 定远人 | 监生 | 《缙绅全书》同治六年春 |
| 管河州判 | 方汝靖 | 定远人 | 监生 | 《缙绅全书》同治八年春 |
| 管河州判 | 方汝靖 | 定远人 | 监生 | 《缙绅全书》同治八年冬 |
| 管河州判 | 方汝靖 | 定远人 | 监生 | 《爵秩全览》同治九年春 |
| 管河州判 | 方汝靖 | 安徽定远人 | 监生 | 《缙绅全书》同治十三年春 |

| 职官 | 人名 | 籍贯 | 出身 | 出处及在职时间 |
|---|---|---|---|---|
| 管河州判 | 方汝靖 | 安徽定远人 | 监生 | 《爵秩全览》同治十三年夏 |
| 管河州判 | 方汝靖 | 安徽定远人 | 监生 | 《缙绅全书》同治十三年秋 |
| 管河州判 | 方汝靖 | 安徽定远人 | 监生 | 《缙绅全书》同治十三年冬 |
| 管河州判 | 方汝靖 | 安徽定远人 | 监生 | 《爵秩全览》同治十三年冬 |
| 管河州判 | 方汝靖 | 安徽定远人 | 监生 | 《缙绅全书》《中枢备览》同治十三年冬 |
| 管河州判 | 方汝靖 | 安徽定远人 | 监生 | 《爵秩全览》光绪元年夏 |
| 管河州判 | 方汝靖 | 安徽定远人 | 监生 | 《爵秩全览》光绪元年秋 |
| 管河州判 | 方汝靖 | 安徽定远人 | 监生 | 《缙绅全书》光绪二年秋 |
| 管河州判 | 方汝靖 | 安徽定远人 | 监生 | 《爵秩全览》光绪二年冬 |

| 职官 | 人名 | 籍贯 | 出身 | 出处及在职时间 |
|------|------|------|------|------|
| 管河州判 | 方汝靖 | 安徽定远人 | 监生 | 《缙绅全书》《中枢备览》光绪三年夏 |
| 管河州判 | 方汝靖 | 安徽定远人 | 监生 | 《缙绅全书》光绪三年秋 |
| 管河州判 | 方汝靖 | 安徽定远人 | 监生 | 《爵秩全览》光绪三年冬 |
| 管河州判 | 方汝靖 | 安徽定远人 | 监生 | 《缙绅全书》《中枢备览》光绪四年秋 |
| 管河州判 | 方汝靖 | 安徽定远人 | 监生 | 《爵秩全览》光绪四年冬 |
| 管河州判 | 方汝靖 | 安徽定远人 | 监生 | 《缙绅全书》光绪五年春 |
| 管河州判 | 方汝靖 | 安徽定远人 | 监生 | 《缙绅全书》光绪五年秋 |
| 管河州判 | 方汝靖 | 安徽定远人 | 监生 | 《缙绅全书》《中枢备览》光绪五年冬 |
| 管河州判 | 方汝靖 | 安徽定远人 | 监生 | 《缙绅全书》光绪七年春 |

| 职官 | 人名 | 籍贯 | 出身 | 出处及在职时间 |
|---|---|---|---|---|
| 管河州判 | 方汝靖 | 安徽定远人 | 监生 | 《爵秩全览》光绪七年冬 |
| 管河州判 | 方汝靖 | 安徽定远人 | 监生 | 《缙绅全书》光绪七年冬 |
| 管河州判 | 方汝靖 | 安徽定远人 | 监生 | 《缙绅全书》光绪八年冬 |
| 管河州判 | 方汝靖 | 安徽定远人 | 监生 | 《爵秩全览》光绪十年夏 |
| 管河州判 | 方汝靖 | 安徽定远人 | 监生 | 《爵秩全览》光绪十年秋 |
| 管河州判 | 方汝靖 | 安徽定远人 | 监生 | 《爵秩全览》光绪十一年春 |
| 管河州判 | 方汝靖 | 安徽定远人 | 监生 | 《爵秩全览》光绪十一年夏 |
| 管河州判 | 方汝靖 | 安徽定远人 | 监生 | 《爵秩全览》光绪十一年秋 |
| 管河州判 | 方汝靖 | 安徽定远人 | 监生 | 《爵秩全览》光绪十二年夏 |

| 职官 | 人名 | 籍贯 | 出身 | 出处及在职时间 |
|---|---|---|---|---|
| 管河州判 | 方汝靖 | 安徽定远人 | 监生 | 《缙绅全书》光绪十二年秋 |
| 管河州判 | 方汝靖 | 安徽定远人 | 监生 | 《爵秩全览》光绪十三年春 |
| 管河州判 | 方汝靖 | 安徽定远人 | 监生 | 《缙绅全书》《中枢备览》光绪十三年夏 |
| 管河州判 | 方汝靖 | 安徽定远人 | 监生 | 《缙绅全书》光绪十三年冬 |
| 管河州判 |  | 安徽定远人 | 监生 | 《缙绅全书》光绪十四年夏 |
| 管河州判 | 王樵 | 贵州贵阳府人 | 监生 | 《爵秩全览》光绪十四年冬 |
| 管河州判 | 王樵 | 贵州贵阳府人 | 监生 | 《爵秩全览》光绪十五年夏 |
| 管河州判 | 王樵 | 贵州贵阳府人 | 监生 | 《爵秩全览》光绪十五年秋 |
| 管河州判 | 邹源 | 浙江钱塘人 | 监生 | 《爵秩全览》光绪十九年秋 |

| 职官 | 人名 | 籍贯 | 出身 | 出处及在职时间 |
|------|------|------|------|---------------|
| 管河州判 | 邹　源 | 浙江钱塘人 | 监生 | 《缙绅全书》光绪十九年冬 |
| 管河州判 | 邹　源 | 浙江钱塘人 | 监生 | 《爵秩全览》光绪十九年冬 |
| 管河州判 | 邹　源 | 浙江钱塘人 | 监生 | 《缙绅全书》《中枢备览》光绪二十年夏 |
| 管河州判 | 邹　源 | 浙江钱塘人 | 监生 | 《爵秩全览》光绪二十年秋 |
| 管河州判 | 邹　源 | 浙江钱塘人 | 监生 | 《爵秩全览》光绪二十一年春 |
| 管河州判 | 邹　源 | 浙江钱塘人 | 监生 | 《爵秩全览》光绪二十一年夏 |
| 管河州判 | 邹　源 | 浙江钱塘人 | 监生 | 《爵秩全览》光绪二十一年秋 |
| 管河州判 | 邹　源 | 浙江钱塘人 | 监生 | 《缙绅全书》光绪二十一年冬 |
| 管河州判 | 邹　源 | 浙江钱塘人 | 监生 | 《爵秩全览》光绪二十二年春 |

| 职官 | 人名 | 籍贯 | 出身 | 出处及在职时间 |
|---|---|---|---|---|
| 管河州判 | 邹 源 | 浙江钱塘人 | 监生 | 《缙绅全书》光绪二十二年春 |
| 管河州判 | 邹 源 | 浙江钱塘人 | 监生 | 《爵秩全览》光绪二十二年夏 |
| 管河州判 | 邹 源 | 浙江钱塘人 | 监生 | 《爵秩全览》光绪二十二年秋 |
| 管河州判 | 邹 源 | 浙江钱塘人 | 监生 | 《爵秩全览》光绪二十二年冬 |
| 管河州判 | 邹 源 | 浙江钱塘人 | 监生 | 《爵秩全览》光绪二十三年夏 |
| 管河州判 | 邹 源 | 浙江钱塘人 | 监生 | 《缙绅全书》《中枢备览》光绪二十三年秋 |
| 管河州判 | 邹 源 | 浙江钱塘人 | 监生 | 《爵秩全览》光绪二十三年冬 |
| 管河州判 | 邹 源 | 浙江钱塘人 | 监生 | 《爵秩全览》光绪二十四年春 |
| 管河州判 | 邹 源 | 浙江钱塘人 | 监生 | 《爵秩全览》光绪二十四年秋 |

| 职官 | 人名 | 籍贯 | 出身 | 出处及在职时间 |
|---|---|---|---|---|
| 管河州判 | 邹　源 | 浙江钱塘人 | 监生 | 《爵秩全览》光绪二十四年冬 |
| 管河州判 | 邹　源 | 浙江钱塘人 | 监生 | 《缙绅全书》光绪二十四年冬 |
| 管河州判 | 邹　源 | 浙江钱塘人 | 监生 | 《爵秩全览》光绪二十五年春 |
| 管河州判 | 邹　源 | 浙江钱塘人 | 监生 | 《缙绅全书》《中枢备览》光绪二十五年春 |
| 管河州判 | 邹　源 | 浙江钱塘人 | 监生 | 《爵秩全览》光绪二十五年夏 |
| 管河州判 | 邹　源 | 浙江钱塘人 | 监生 | 《缙绅全书》《中枢备览》光绪二十七年冬 |
| 管河州判 | 邹　源 | 浙江钱塘人 | 监生 | 《爵秩全览》光绪二十八年春 |
| 管河州判 | 邹　源 | 浙江钱塘人 | 监生 | 《缙绅全书》《中枢备览》光绪二十八年夏《爵秩全览》 |
| 管河州判 | 邹　源 | 浙江钱塘人 | 监生 | 《爵秩全览》光绪二十八年秋 |

| 职官 | 人名 | 籍贯 | 出身 | 出处及在职时间 |
|------|------|------|------|----------------|
| 管河州判 | 邹　源 | 浙江钱塘人 | 监生 | 《缙绅全书》《中枢备览》光绪二十八年冬 |
| 管河州判 | 邹　源 | 浙江钱塘人 | 监生 | 《爵秩全览》光绪二十九年春《缙绅全书》《中枢备览》 |
| 管河州判 | 邹　源 | 浙江钱塘人 | 监生 | 《缙绅全书》光绪二十九年夏 |
| 管河州判 | 邹　源 | 浙江钱塘人 | 监生 | 《爵秩全览》光绪二十九年秋 |
| 管河州判 | 邹　源 | 浙江钱塘人 | 监生 | 《缙绅全书》《中枢备览》光绪二十九年秋 |
| 管河州判 | 邹　源 | 浙江钱塘人 | 监生 | 《缙绅全书》《中枢备览》光绪二十九年冬 |
| 管河州判 | 邹　源 | 浙江钱塘人 | 监生 | 《缙绅全书》《中枢备览》光绪三十年春 |
| 管河州判 | 邹　源 | 浙江钱塘人 | 监生 | 《爵秩全览》光绪三十年夏 |
| 管河州判 | 邹　源 | 浙江钱塘人 | 监生 | 《缙绅全书》《中枢备览》光绪三十年夏 |

| 职官 | 人名 | 籍贯 | 出身 | 出处及在职时间 |
|---|---|---|---|---|
| 管河州判 | 邹　源 | 浙江钱塘人 | 监生 | 《缙绅全书》光绪三十年冬 |
| 管河州判 | 邹　源 | 浙江钱塘人 | 监生 | 《缙绅全书》《中枢备览》光绪三十三年夏 |
| 管河州判 | 邹　源 | 浙江钱塘人 | 监生 | 《爵秩全览》光绪三十三年秋 |
| 管河州判 | 邹　源 | 浙江钱塘人 | 监生 | 《爵秩全览》光绪三十三年冬 |
| 管河州判 | 邹　源 | 浙江钱塘人 | 监生 | 《爵秩全览》最新百官录　光绪三十四年春 |
| 管河州判 | 邹　源 | 浙江钱塘人 | 监生 | 《爵秩全览》光绪三十四年夏 |
| 管河州判 | 邹　源 | 浙江钱塘人 | 监生 | 《爵秩全览》光绪三十四年秋 |
| 管河州判 | 邹　源 | 浙江钱塘人 | 监生 | 《爵秩全览》光绪三十四年冬 |
| 管河州判 | 邹　源 | 浙江钱塘人 | 监生 | 《爵秩全览》宣统元年春 |
| 管河州判 | 邹　源 | 浙江钱塘人 | 监生 | 《爵秩全览》宣统元年夏 |

| 职官 | 人名 | 籍贯 | 出身 | 出处及在职时间 |
|---|---|---|---|---|
| 管河州判 | 邹　源 | 浙江钱塘人 | 监生 | 《爵秩全览》宣统元年秋 |
| 管河州判 | 邹　源 | 浙江钱塘人 | 监生 | 《爵秩全览》宣统元年冬 |
| 管河州判 | 邹　源 | 浙江钱塘人 | 监生 | 《缙绅全书》宣统元年冬 |
| 管河州判 | 邹　源 | 浙江钱塘人 | 监生 | 《爵秩全览》宣统二年春 |
| 管河州判 | 邹　源 | 浙江钱塘人 | 监生 | 《爵秩全览》宣统二年夏 |
| 管河州判 | 邹　源 | 浙江钱塘人 | 监生 | 《爵秩全览》宣统二年秋 |
| 管河州判 | 邹　源 | 浙江钱塘人 | 监生 | 《爵秩全览》宣统二年冬 |
| 管河州判 | 邹　源 | 浙江钱塘人 | 监生 | 《爵秩全览》宣统三年春 |
| 管河州判 | 邹　源 | 浙江钱塘人 | 监生 | 《爵秩全览》宣统三年夏 |
| 管河州判 | 邹　源 | 浙江钱塘人 | 监生 | 《爵秩全览》宣统三年秋 |

| 职官 | 人名 | 籍贯 | 出身 | 出处及在职时间 |
|------|------|------|------|----------------|
| 管河州判 | 邹　源 | 浙江钱塘人 | 监生 | 《职官录》宣统三年冬 |
| 管河州判 | 邹　源 | 浙江钱塘人 | 监生 | 《职官录》宣统四年春 |

# 管河县丞

| 职官 | 人名 | 籍贯 | 出身 | 出处及在职时间 |
|------|------|------|------|----------------|
| 管河县丞 | 方汝靖 | 安徽定远人 | 监生 | 《缙绅全书》同治四年夏 |

# 复设训导

| 职官 | 人名 | 籍贯 | 出身 | 出处及在职时间 |
|------|------|------|------|----------------|
| 复设训导 | 张　载 | 霸州人 | 岁贡 | 《缙绅新书》乾隆十三年春 |

| 职官 | 人名 | 籍贯 | 出身 | 出处及在职时间 |
|------|------|------|------|---------------|
| 复设训导 | 杜懋曾 | 宁河人 | 廪贡 | 《缙绅全本》乾隆二十五年冬 |
| 复设训导 | 杜懋曾 | 宁河人 | 廪贡 | 《缙绅全本》乾隆二十六年秋 |
| 复设训导 | 张清远 | 无极人 | 举人 | 《缙绅全书》《中枢备览》乾隆四十二年秋 |
| 复设训导 | 李瀚 | 蔚州人 | 举人 | 《缙绅全书》《中枢备览》乾隆五十三年春 |
| 复设训导 | 郭子瞻 | 武强人 | 举人 | 《缙绅全书》嘉庆元年春 |
| 复设训导 | 郭子瞻 | 武强人 | 举人 | 《缙绅全书》嘉庆二年冬 |
| 复设训导 | 郭子瞻 | 武强人 | 举人 | 《缙绅全书》嘉庆三年秋 |
| 复设训导 | 郭子瞻 | 武强人 | 举人 | 《缙绅全书》嘉庆三年冬 |
| 复设训导 | 陈沐 | 抚宁人 | 举人 | 《缙绅全书》嘉庆五年冬 |

| 职官 | 人名 | 籍贯 | 出身 | 出处及在职时间 |
|------|------|------|------|----------------|
| 复设训导 | 王作楳 | 遵化州人 | 举人 | 《缙绅全书》嘉庆九年春 |
| 复设训导 | 王作楳 | 遵化州人 | 举人 | 《缙绅全书》《中枢备览》嘉庆十一年春 |
| 复设训导 | 王作楳 | 遵化州人 | 举人 | 《缙绅全书》嘉庆十一年夏 |
| 复设训导 | 牛广士 | 静海人 | 廪贡 | 《缙绅全书》嘉庆十七年秋 |
| 复设训导 | 邵自巽 | 顺天人 | 举人 | 《缙绅全书》嘉庆二十一年冬 |
| 复设训导 | 邵自巽 | 顺天人 | 举人 | 《缙绅全书》嘉庆二十二年春 |
| 复设训导 | 邵自巽 | 顺天人 | 举人 | 《缙绅全书》（大）嘉庆二十二年冬《缙绅全书》（小） |
| 复设训导 | 邵自巽 | 顺天人 | 举人 | 《缙绅全书》嘉庆二十五年夏 |
| 复设训导 | 刘懋德 | 顺天人 | 举人 | 《缙绅全书》《中枢备览》道光四年夏 |

| 职官 | 人名 | 籍贯 | 出身 | 出处及在职时间 |
|------|------|------|------|----------------|
| 复设训导 | 刘懋德 | 顺天人 | 举人 | 《缙绅全书》道光四年夏 |
| 复设训导 | 刘懋德 | 顺天人 | 举人 | 《爵秩全览》道光六年秋 |
| 复设训导 | 刘懋德 | 顺天人 | 举人 | 《缙绅全书》道光七年春 |
| 复设训导 | 刘懋德 | 顺天人 | 举人 | 《缙绅全书》道光十年冬 |
| 复设训导 | 刘懋德 | 顺天人 | 举人 | 《缙绅全书》《中枢备览》道光十三年夏 |
| 复设训导 | 刘懋德 | 顺天人 | 举人 | 《缙绅全书》道光十四年春 |
| 复设训导 | 刘懋德 | 顺天人 | 举人 | 《缙绅全书》道光十四年夏 |
| 复设训导 | 刘懋德 | 顺天人 | 举人 | 《缙绅全书》《中枢备览》道光十六年夏 |
| 复设训导 | 李 缜 | 迁安人 | 廪贡 | 《缙绅全书》道光十六年秋 |

| 职官 | 人名 | 籍贯 | 出身 | 出处及在职时间 |
|---|---|---|---|---|
| 复设训导 | 李 缜 | 迁安人 | 廪贡 | 《缙绅全书》《中枢备览》道光十六年冬 |
| 复设训导 | 李 缜 | 迁安人 | 廪贡 | 《缙绅全书》《爵秩全览》道光十九年夏 |
| 复设训导 | 李 缜 | 迁安人 | 廪贡 | 《缙绅全书》道光二十年秋 |
| 复设训导 | 李 缜 | 迁安人 | 廪贡 | 《缙绅全书》道光二十年冬 |
| 复设训导 | 刘懋德 | 顺天人 | 举人 | 《缙绅全书》《中枢备览》道光二十二年春 |
| 复设训导 | 刘懋德 | 顺天人 | 举人 | 《缙绅全书》道光二十二年冬 |
| 复设训导 | 刘懋德 | 顺天人 | 举人 | 《缙绅全书》道光二十五年夏 |
| 复设训导 | 刘懋德 | 顺天人 | 举人 | 《缙绅全书》道光二十五年秋 |
| 复设训导 | 刘懋德 | 顺天人 | 举人 | 《爵秩全览》道光二十六年 |

| 职官 | 人名 | 籍贯 | 出身 | 出处及在职时间 |
|------|------|------|------|----------------|
| 复设训导 | 刘懋德 | 顺天人 | 举人 | 《缙绅全书》道光二十七年夏 |
| 复设训导 | 刘懋德 | 顺天人 | 举人 | 《缙绅全书》道光二十七年秋 |
| 复设训导 | 刘懋德 | 顺天府人 | 举人 | 《爵秩全览》道光二十八年夏 |
| 复设训导 | 刘懋德 | 顺天府人 | 举人 | 《缙绅全书》道光二十八年冬 |
| 复设训导 | 刘懋德 | 顺天府人 | 举人 | 《缙绅全书》道光二十九年夏 |
| 复设训导 | 李 淑 | 汉军厢黄旗人 | 附生 | 《爵秩全览》咸丰元年夏 |
| 复设训导 | 李 淑 | 汉军厢黄旗人 | 附生 | 《爵秩全览》咸丰二年冬 |
| 复设训导 | 李 淑 | 汉军厢黄旗人 | 附生 | 《缙绅全书》咸丰三年夏 |
| 复设训导 | 刘懋德 | 顺天人 | 举人 | 《缙绅全书》咸丰四年春 |

| 职官 | 人名 | 籍贯 | 出身 | 出处及在职时间 |
|---|---|---|---|---|
| 复设训导 | 王 璞 | 顺天人 | 廪贡 | 《缙绅全书》咸丰四年 |
| 复设训导 | 王 璞 | 顺天府人 | 廪贡 | 《爵秩全览》《缙绅全书》咸丰六年春 |
| 复设训导 | 李 淑 | 汉军厢黄旗人 | 副贡 | 《爵秩全览》咸丰六年夏 |
| 复设训导 | 李 淑 | 汉军厢黄旗人 | 副贡 | 《爵秩全览》咸丰七年秋 |
| 复设训导 | 李 淑 | 汉军厢黄旗人 | 副贡 | 《爵秩全览》咸丰七年冬 |
| 复设训导 | 李 淑 | 汉军厢黄旗人 | 副贡 | 《缙绅全书》咸丰八年冬 |
| 复设训导 | 李 淑 | 汉军厢黄旗人 | 副贡 | 《缙绅全书》咸丰九年夏 |
| 复设训导 | 李 淑 | 汉军厢黄旗人 | 副贡 | 《缙绅全书》咸丰十年秋 |
| 复设训导 | 李 淑 | 汉军厢黄旗人 | 副贡 | 《缙绅全书》咸丰十年 |

| 职官 | 人名 | 籍贯 | 出身 | 出处及在职时间 |
|---|---|---|---|---|
| 复设训导 | 邢怀诚 | 顺天人 | 廪贡 | 《缙绅全书》同治四年夏 |
| 复设训导 | 武承谦 | 天津人 | 廪贡 | 《缙绅全书》同治五年春 |
| 复设训导 | 武承谦 | 天津人 | 廪贡 | 《爵秩全览》《缙绅全书》同治六年春 |
| 复设训导 | 武承谦 | 天津人 | 廪贡 | 《缙绅全书》同治六年春 |
| 复设训导 | 武承谦 | 天津人 | 廪贡 | 《缙绅全书》同治八年春 |
| 复设训导 | 武承谦 | 天津人 | 廪贡 | 《缙绅全书》同治八年冬 |
| 复设训导 | 武承谦 | 天津人 | 廪贡 | 《爵秩全览》同治九年春 |
| 复设训导 | 王庆善 | 保定人 | 廪贡 | 《缙绅全书》同治九年夏 |
| 复设训导 | 王庆善 | 保定人 | 廪贡 | 《爵秩全览》同治九年秋 |

| 职官 | 人名 | 籍贯 | 出身 | 出处及在职时间 |
|---|---|---|---|---|
| 复设训导 | 王庆善 | 保定人 | 廪贡 | 《缙绅全书》同治九年冬 |
| 复设训导 | 王庆善 | 保定人 | 廪贡 | 《缙绅全书》同治十年春 |
| 复设训导 | 王庆善 | 保定人 | 廪贡 | 《缙绅全书》同治十年夏 |
| 复设训导 | 王庆善 | 保定人 | 廪贡 | 《缙绅全书》同治十一年夏 |
| 复设训导 | 王庆善 | 保定人 | 廪贡 | 《缙绅全书》《中枢备览》同治十一年秋 |
| 复设训导 | 王庆善 | 保定人 | 廪贡 | 《缙绅全书》同治十二年冬 |
| 复设训导 | 武承谦 | 天津人 | 举人 | 《缙绅全书》同治十三年春 |
| 复设训导 | 武承谦 | 天津人 | 举人 | 《爵秩全览》同治十三年夏 |
| 复设训导 | 武承谦 | 天津人 | 举人 | 《缙绅全书》同治十三年秋 |

| 职官 | 人名 | 籍贯 | 出身 | 出处及在职时间 |
|---|---|---|---|---|
| 复设训导 | 武承谦 | 天津人 | 举人 | 《缙绅全书》同治十三年冬 |
| 复设训导 | 武承谦 | 天津人 | 举人 | 《爵秩全览》同治十三年冬 |
| 复设训导 | 武承谦 | 天津人 | 举人 | 《缙绅全书》《中枢备览》同治十三年冬 |
| 复设训导 | 武承谦 | 天津人 | 举人 | 《爵秩全览》光绪元年夏 |
| 复设训导 | 武承谦 | 天津人 | 举人 | 《爵秩全览》光绪元年秋 |
| 复设训导 | 武承谦 | 天津人 | 举人 | 《缙绅全书》光绪二年秋 |
| 复设训导 | 武承谦 | 天津人 | 举人 | 《爵秩全览》光绪二年冬 |
| 复设训导 | 武承谦 | 天津人 | 举人 | 《缙绅全书》《中枢备览》光绪三年夏 |
| 复设训导 | 武承谦 | 天津人 | 举人 | 《缙绅全书》光绪三年秋 |

| 职官 | 人名 | 籍贯 | 出身 | 出处及在职时间 |
|---|---|---|---|---|
| 复设训导 | 武承谦 | 天津人 | 举人 | 《爵秩全览》光绪三年冬 |
| 复设训导 | 武承谦 | 天津人 | 举人 | 《缙绅全书》《中枢备览》光绪四年秋 |
| 复设训导 | 武承谦 | 天津人 | 举人 | 《爵秩全览》光绪四年冬 |
| 复设训导 | 武承谦 | 天津人 | 举人 | 《缙绅全书》光绪五年春 |
| 复设训导 | 武承谦 | 天津人 | 举人 | 《缙绅全书》光绪五年秋 |
| 复设训导 | 武承谦 | 天津人 | 举人 | 《缙绅全书》《中枢备览》光绪五年冬 |
| 复设训导 | 武承谦 | 天津人 | 举人 | 《缙绅全书》光绪七年春 |
| 复设训导 | 武承谦 | 天津人 | 举人 | 《爵秩全览》光绪七年冬 |
| 复设训导 | 武承谦 | 天津人 | 举人 | 《缙绅全书》光绪七年冬 |

| 职官 | 人名 | 籍贯 | 出身 | 出处及在职时间 |
|---|---|---|---|---|
| 复设训导 | 武承谦 | 天津人 | 举人 | 《缙绅全书》光绪八年冬 |
| 复设训导 | 武承谦 | 天津人 | 举人 | 《爵秩全览》光绪十年夏 |
| 复设训导 | 武承谦 | 天津人 | 举人 | 《爵秩全览》光绪十年秋 |
| 复设训导 | 武承谦 | 天津人 | 举人 | 《爵秩全览》光绪十一年春 |
| 复设训导 | 武承谦 | 天津人 | 举人 | 《爵秩全览》光绪十一年夏 |
| 复设训导 | 武承谦 | 天津人 | 举人 | 《爵秩全览》光绪十一年秋 |
| 复设训导 | 武承谦 | 天津人 | 廪贡 | 《爵秩全览》光绪十二年夏 |
| 复设训导 | 许瑞麒 | 顺天人 | 廪贡 | 《缙绅全书》光绪十二年秋 |
| 复设训导 | 许瑞麒 | 顺天人 | 廪贡 | 《爵秩全览》光绪十三年春 |

| 职官 | 人名 | 籍贯 | 出身 | 出处及在职时间 |
|------|------|------|------|------|
| 复设训导 | 许瑞麒 | 顺天人 | 廪贡 | 《缙绅全书》《中枢备览》光绪十三年夏 |
| 复设训导 | 许瑞麒 | 顺天人 | 廪贡 | 《缙绅全书》光绪十三年冬 |
| 复设训导 | 许瑞麒 | 顺天人 | 廪贡 | 《缙绅全书》光绪十四年夏 |
| 复设训导 | 许瑞麒 | 顺天人 | 廪贡 | 《爵秩全览》光绪十四年冬 |
| 复设训导 | 许瑞麒 | 顺天人 | 廪贡 | 《爵秩全览》光绪十五年夏 |
| 复设训导 | | | | 《爵秩全览》光绪十五年秋 |
| 复设训导 | 贺澎 | 深州人 | 廪贡 | 《爵秩全览》光绪十五年冬 |
| 复设训导 | 贺澎 | 深州人 | 廪贡 | 《缙绅全书》光绪十六年春 |
| 复设训导 | 贺澎 | 深州人 | 廪贡 | 《缙绅全书》光绪十六年冬 |

| 职官 | 人名 | 籍贯 | 出身 | 出处及在职时间 |
|---|---|---|---|---|
| 复设训导 | 贺　澎 | 深州人 | 廪贡 | 《爵秩全览》光绪十八年春 |
| 复设训导 | 贺　澎 | 深州人 | 廪贡 | 《爵秩全览》光绪十八年秋 |
| 复设训导 | 贺　澎 | 深州人 | 廪贡 | 《爵秩全览》光绪十八年冬 |
| 复设训导 | 贺　澎 | 深州人 | 廪贡 | 《缙绅全书》光绪十九年春 |
| 复设训导 | 贺　澎 | 深州人 | 廪贡 | 《爵秩全览》光绪十九年夏 |
| 复设训导 | 邱瀛洲 | 顺德府人 | 廪贡 | 《爵秩全览》光绪十九年秋 |
| 复设训导 | 邱瀛洲 | 顺德人 | 廪贡 | 《缙绅全书》光绪十九年冬 |
| 复设训导 | 邱瀛洲 | 顺德府人 | 廪贡 | 《爵秩全览》光绪十九年冬 |
| 复设训导 | 邱瀛洲 | 顺德人 | 廪贡 | 《缙绅全书》《中枢备览》光绪二十年夏 |

| 职官 | 人名 | 籍贯 | 出身 | 出处及在职时间 |
|---|---|---|---|---|
| 复设训导 | 邱瀛洲 | 顺德府人 | 廪贡 | 《爵秩全览》光绪二十年秋 |
| 复设训导 | 邱瀛洲 | 顺德府人 | 廪贡 | 《爵秩全览》光绪二十一年春 |
| 复设训导 | 邱瀛洲 | 顺德府人 | 廪贡 | 《爵秩全览》光绪二十一年夏 |
| 复设训导 | 邱瀛洲 | 顺德府人 | 廪贡 | 《爵秩全览》光绪二十一年秋 |
| 复设训导 | 邱瀛洲 | 顺德人 | 廪贡 | 《缙绅全书》光绪二十一年冬 |
| 复设训导 | 邱瀛洲 | 顺德府人 | 廪贡 | 《爵秩全览》光绪二十二年春 |
| 复设训导 | 邱瀛洲 | 顺德人 | 廪贡 | 《缙绅全书》光绪二十二年春 |
| 复设训导 | 邱瀛洲 | 顺德府人 | 廪贡 | 《爵秩全览》光绪二十二年夏 |
| 复设训导 | 邱瀛洲 | 顺德府人 | 廪贡 | 《爵秩全览》光绪二十二年秋 |

| 职官 | 人名 | 籍贯 | 出身 | 出处及在职时间 |
|---|---|---|---|---|
| 复设训导 | 朱凤藻 | 河间府人 | 廪贡 | 《爵秩全览》光绪二十二年冬 |
| 复设训导 | 朱凤藻 | 河间府人 | 廪贡 | 《爵秩全览》光绪二十三年夏 |
| 复设训导 | 朱凤藻 | 河间人 | 廪贡 | 《缙绅全书》《中枢备览》光绪二十三年秋 |
| 复设训导 | 朱凤藻 | 河间人 | 廪贡 | 《爵秩全览》光绪二十三年冬 |
| 复设训导 | 朱凤藻 | 河间人 | 廪贡 | 《爵秩全览》光绪二十四年春 |
| 复设训导 | 朱凤藻 | 河间人 | 廪贡 | 《爵秩全览》光绪二十四年秋 |
| 复设训导 | 朱凤藻 | 河间人 | 廪贡 | 《爵秩全览》光绪二十四年冬 |
| 复设训导 | 朱凤藻 | 河间人 | 廪贡 | 《缙绅全书》光绪二十四年冬 |
| 复设训导 | 朱凤藻 | 河间人 | 廪贡 | 《爵秩全览》光绪二十五年春 |

| 职官 | 人名 | 籍贯 | 出身 | 出处及在职时间 |
|---|---|---|---|---|
| 复设训导 | 朱凤藻 | 河间人 | 廪贡 | 《缙绅全书》《中枢备览》光绪二十五年春 |
| 复设训导 | 朱凤藻 | 河间人 | 廪贡 | 《爵秩全览》光绪二十五年夏 |
| 复设训导 | 贺 澎 | 深州人 | 廪贡 | 《缙绅全书》光绪二十五年夏 |
| 复设训导 | 贺 澎 | 深州人 | 廪贡 | 《爵秩全览》光绪二十五年秋 |
| 复设训导 | 贺 澎 | 深州人 | 廪贡 | 《缙绅全书》《中枢备览》光绪二十五年冬 |
| 复设训导 | 贺 澎 | 深州人 | 廪贡 | 《缙绅全书》《中枢备览》光绪二十六年春 |
| 复设训导 | 贺 澎 | 深州人 | 廪贡 | 《缙绅全书》光绪二十六年夏 |
| 复设训导 | 贺 澎 | 深州人 | 廪贡 | 《爵秩全览》光绪二十六年秋 |
| 复设训导 | 贺 澎 | 深州人 | 廪贡 | 《缙绅全书》光绪二十七年春 |

| 职官 | 人名 | 籍贯 | 出身 | 出处及在职时间 |
|---|---|---|---|---|
| 复设训导 | 贺 澎 | 深州人 | 廪贡 | 《爵秩全览》光绪二十七年冬 |
| 复设训导 | 朱凤藻 | 河间人 | 廪贡 | 《缙绅全书》《中枢备览》光绪二十七年冬 |
| 复设训导 | 朱凤藻 | 河间人 | 廪贡 | 《爵秩全览》光绪二十八年春 |
| 复设训导 | 朱凤藻 | 河间人 | 廪贡 | 《缙绅全书》《中枢备览》光绪二十八年夏《爵秩全览》 |
| 复设训导 | 朱凤藻 | 河间人 | 廪贡 | 《爵秩全览》光绪二十八年秋 |
| 复设训导 | 朱凤藻 | 河间人 | 廪贡 | 《缙绅全书》《中枢备览》光绪二十八年冬 |
| 复设训导 | 朱凤藻 | 河间人 | 廪贡 | 《爵秩全览》光绪二十九年春《缙绅全书》《中枢备览》 |
| 复设训导 | 朱凤藻 | 河间人 | 廪贡 | 《缙绅全书》光绪二十九年夏 |
| 复设训导 | 朱凤藻 | 河间人 | 廪贡 | 《爵秩全览》光绪二十九年秋 |

| 职官 | 人名 | 籍贯 | 出身 | 出处及在职时间 |
|---|---|---|---|---|
| 复设训导 | 朱凤藻 | 河间人 | 廪贡 | 《缙绅全书》《中枢备览》光绪二十九年秋 |
| 复设训导 | 朱凤藻 | 河间人 | 廪贡 | 《缙绅全书》《中枢备览》光绪二十九年冬 |
| 复设训导 | 朱凤藻 | 河间人 | 廪贡 | 《缙绅全书》《中枢备览》光绪三十年春 |
| 复设训导 | 朱凤藻 | 河间人 | 廪贡 | 《爵秩全览》光绪三十年夏 |
| 复设训导 | 朱凤藻 | 河间人 | 廪贡 | 《缙绅全书》《中枢备览》光绪三十年夏 |
| 复设训导 | 朱凤藻 | 河间人 | 廪贡 | 《缙绅全书》光绪三十年冬 |
| 复设训导 | 赵墭 | 赵州人 | 副贡 | 《缙绅全书》《中枢备览》光绪三十一年春 |
| 复设训导 | 阎宝田 | 冀州人 | 副贡 | 《爵秩全览》光绪三十一年夏 |
| 复设训导 | 阎宝田 | 冀州人 | 副贡 | 《缙绅全书》《中枢备览》光绪三十一年夏 |

| 职官 | 人名 | 籍贯 | 出身 | 出处及在职时间 |
|---|---|---|---|---|
| 复设训导 | 阎宝田 | 冀州人 | 副贡 | 《爵秩全览》光绪三十一年秋 |
| 复设训导 | 阎宝田 | 冀州人 | 副贡 | 《爵秩全览》光绪三十一年冬 |
| 复设训导 | 阎宝田 | 冀州人 | 副贡 | 《爵秩全览》光绪三十二年春 |
| 复设训导 | 阎宝田 | 冀州人 | 副贡 | 《缙绅全书》《中枢备览》光绪三十二年春 |
| 复设训导 | 阎宝田 | 冀州人 | 副贡 | 《缙绅全书》光绪三十二年夏 |
| 复设训导 | 阎宝田 | 冀州人 | 副贡 | 《缙绅全书》光绪三十二年秋 |
| 复设训导 | 阎宝田 | 冀州人 | 副贡 | 《缙绅全书》光绪三十二年冬 |
| 复设训导 | 阎宝田 | 冀州人 | 副贡 | 《爵秩全览》光绪三十二年冬 |
| 复设训导 | 阎宝田 | 冀州人 | 副贡 | 《爵秩全览》光绪三十三年春 |

| 职官 | 人名 | 籍贯 | 出身 | 出处及在职时间 |
|------|------|------|------|----------------|
| 复设训导 | | 河间人 | 廪贡 | 《缙绅全书》《中枢备览》光绪三十三年夏 |

# 典　史

| 职官 | 人名 | 籍贯 | 出身 | 出处及在职时间 |
|------|------|------|------|----------------|
| 典史 | 郎振祖 | 浙江慈溪人 | 监生 | 《缙绅全书》嘉庆元年春 |
| 典史 | 宋廷相 | 浙江山阴人 | 监生 | 《缙绅全书》嘉庆二年冬 |
| 典史 | 宋廷相 | 浙江山阴人 | 监生 | 《缙绅全书》嘉庆三年秋 |
| 典史 | 宋廷相 | 浙江山阴人 | 监生 | 《缙绅全书》嘉庆三年冬 |
| 典史 | 宋廷相 | 浙江山阴人 | 监生 | 《缙绅全书》嘉庆五年冬 |
| 典史 | 黄克昌 | 江苏武进人 | 监生 | 《缙绅全书》嘉庆九年春 |

| 职官 | 人名 | 籍贯 | 出身 | 出处及在职时间 |
|---|---|---|---|---|
| 典史 | 黄克昌 | 江苏武进人 | 监生 | 《缙绅全书》《中枢备览》嘉庆十一年春 |
| 典史 | 黄克昌 | 江苏武进人 | 监生 | 《缙绅全书》嘉庆十一年夏 |
| 典史 | 曹书年 | 安徽贵池人 | 监生 | 《缙绅全书》嘉庆十七年秋 |
| 典史 | 徐成珍 | 四川崇庆州人 | 吏员 | 《缙绅全书》道光十六年秋 |
| 典史 | 徐成珍 | 四川崇庆州人 | 吏员 | 《缙绅全书》《中枢备览》道光十六年冬 |
| 典史 | 徐成珍 | 四川崇庆州人 | 吏员 | 《缙绅全书》《爵秩全览》道光十九年夏 |
| 典史 | 徐成珍 | 四川崇庆州人 | 吏员 | 《缙绅全书》道光二十年秋 |
| 典史 | 徐成珍 | 四川崇庆州人 | 吏员 | 《缙绅全书》道光二十年冬 |
| 典史 | 陈廷杲 | 浙江桐乡人 | 监生 | 《缙绅全书》同治九年夏 |

| 职官 | 人名 | 籍贯 | 出身 | 出处及在职时间 |
|---|---|---|---|---|
| 典史 | | | | 《爵秩全览》同治九年秋 |
| 典史 | | 浙江桐乡人 | 监生 | 《缙绅全书》同治九年冬 |
| 典史 | 陈廷杲 | 浙江桐乡人 | 监生 | 《缙绅全书》同治十年春 |
| 典史 | | 浙江桐乡人 | 监生 | 《缙绅全书》同治十年夏 |
| 典史 | 李　灿 | 云南太和人 | 监生 | 《缙绅全书》同治十一年夏 |
| 典史 | 李　灿 | 云南太和人 | 监生 | 《缙绅全书》《中枢备览》同治十一年秋 |
| 典史 | 李　灿 | 云南太和人 | 监生 | 《缙绅全书》同治十二年冬 |
| 典史 | 杨春晖 | 江西安义县人 | 监生 | 《爵秩全览》光绪十五年冬 |
| 典史 | 杨春晖 | 江西安义县人 | 监生 | 《缙绅全书》光绪十六年春 |

| 职官 | 人名 | 籍贯 | 出身 | 出处及在职时间 |
|---|---|---|---|---|
| 典史 | | 江西安义县人 | 监生 | 《缙绅全书》光绪十六年冬 |
| 典史 | 章平封 | 浙江山阴县人 | 吏员 | 《爵秩全览》光绪十八年春 |
| 典史 | 章平封 | 浙江山阴县人 | 吏员 | 《爵秩全览》光绪十八年秋 |
| 典史 | 章平封 | 浙江山阴县人 | 吏员 | 《爵秩全览》光绪十八年冬 |
| 典史 | 章平封 | 浙江山阴县人 | 吏员 | 《缙绅全书》光绪十九年春 |
| 典史 | 章平封 | 浙江山阴县人 | 吏员 | 《爵秩全览》光绪十九年夏 |
| 典史 | 章平封 | 浙江山阴县人 | 吏员 | 《缙绅全书》光绪二十五年夏 |
| 典史 | 章平封 | 浙江山阴县人 | 吏员 | 《爵秩全览》光绪二十五年秋 |
| 典史 | 章平封 | 浙江山阴县人 | 吏员 | 《缙绅全书》《中枢备览》光绪二十五年冬 |

| 职官 | 人名 | 籍贯 | 出身 | 出处及在职时间 |
|---|---|---|---|---|
| 典史 | 章平封 | 浙江山阴县人 | 吏员 | 《缙绅全书》《中枢备览》光绪二十六年春 |
| 典史 | 章平封 | 浙江山阴县人 | 吏员 | 《缙绅全书》光绪二十六年夏 |
| 典史 | 章平封 | 浙江山阴县人 | 吏员 | 《爵秩全览》光绪二十六年秋 |
| 典史 | 章平封 | 浙江山阴县人 | 吏员 | 《缙绅全书》光绪二十七年春 |
| 典史 | 章平封 | 浙江山阴县人 | 吏员 | 《爵秩全览》光绪二十七年冬 |
| 典史 | 章平封 | 浙江山阴县人 | 吏员 | 《缙绅全书》《中枢备览》光绪三十一年春 |
| 典史 | 章平封 | 浙江山阴县人 | 吏员 | 《爵秩全览》光绪三十一年夏 |
| 典史 | 章平封 | 浙江山阴县人 | 吏员 | 《缙绅全书》《中枢备览》光绪三十一年夏 |
| 典史 | 章平封 | 浙江山阴县人 | 吏员 | 《爵秩全览》光绪三十一年秋 |

| 职官 | 人名 | 籍贯 | 出身 | 出处及在职时间 |
|---|---|---|---|---|
| 典史 | 章平封 | 浙江山阴县人 | 吏员 | 《爵秩全览》光绪三十一年冬 |
| 典史 | 章平封 | 浙江山阴县人 | 吏员 | 《爵秩全览》光绪三十二年春 |
| 典史 | 章平封 | 浙江山阴县人 | 吏员 | 《缙绅全书》《中枢备览》光绪三十二年春 |
| 典史 | 章平封 | 浙江山阴县人 | 吏员 | 《缙绅全书》光绪三十二年夏 |
| 典史 | 章平封 | 浙江山阴县人 | 吏员 | 《缙绅全书》光绪三十二年秋 |
| 典史 | 章平封 | 浙江山阴县人 | 吏员 | 《缙绅全书》光绪三十二年冬 |
| 典史 | 章平封 | 浙江山阴县人 | 吏员 | 《爵秩全览》光绪三十二年冬 |
| 典史 | 章平封 | 浙江山阴县人 | 吏员 | 《爵秩全览》光绪三十三年春 |

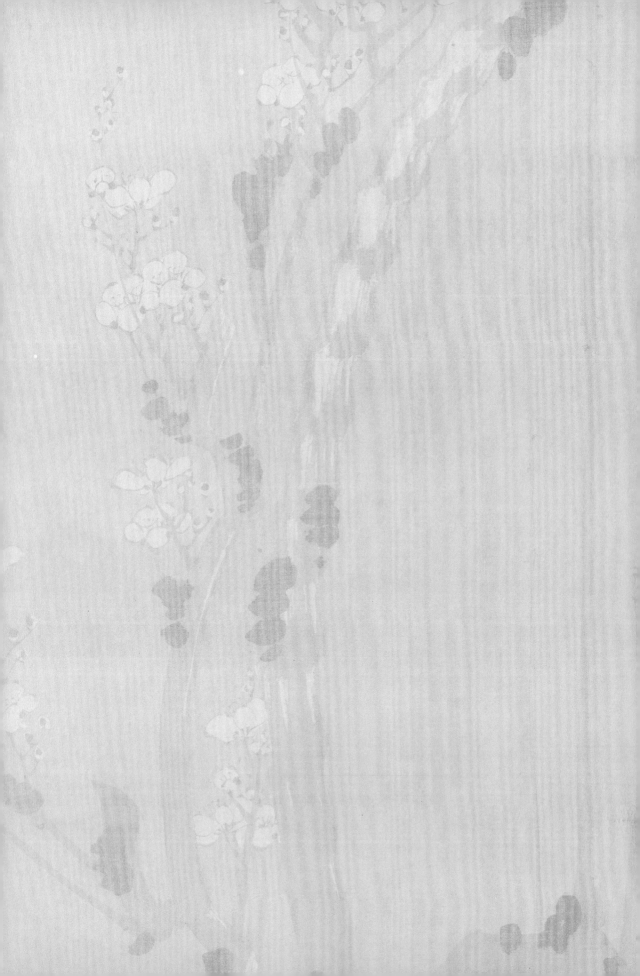